Liberdade,
um problema
do nosso tempo

Amana Mattos

Liberdade,
um problema do nosso tempo

os sentidos de liberdade para os jovens no contemporâneo

ISBN — 978-85-225-1283-6
Copyright © Amana Mattos

Direitos desta edição reservados à
EDITORA FGV
Rua Jornalista Orlando Dantas, 37
22231-010 — Rio de Janeiro, RJ — Brasil
Tels.: 0800-021-7777 — (21) 3799-4427
Fax: (21) 3799-4430
e-mail: editora@fgv.br — pedidoseditora@fgv.br
web site: www.fgv.br/editora

Impresso no Brasil / Printed in Brazil

Todos os direitos reservados. A reprodução não autorizada desta publicação, no todo ou em parte, constitui violação do copyright (Lei nº 9.610/98).

Os conceitos emitidos neste livro são de inteira responsabilidade dos autores.

1ª edição — 2012.

Revisão de originais: Fernanda Villa Nova de Mello
Editoração eletrônica e capa: Ilustrarte Design e Produção Editorial
Revisão: Jun Shimada e Joana Milli

Ficha catalográfica elaborada pela Biblioteca Mario Henrique Simonsen/FGV

    Mattos, Amana
        Liberdade, um problema do nosso tempo : os sentidos de liberdade para os jovens no contemporâneo / Amana Mattos. – Rio de Janeiro : Editora FGV, 2012.
        272 p.

    Inclui bibliografia.
    ISBN: 978-85-225-1283-6

    1. Liberdade. 2. Liberalismo. I. Fundação Getulio Vargas. II. Título.

CDD – 123.5

*Para minha avó Leusa (em memória),
que costurou, confeitou e coloriu
minhas lembranças à beira-mar*

SUMÁRIO

PREFÁCIO 9

AGRADECIMENTOS 13

INTRODUÇÃO 21

CAPÍTULO 1
Liberdade como conceito teórico:
coordenadas para pensar a sociedade atual 31
Uma subjetividade liberal? 32
A liberdade dos modernos e o desinvestimento do espaço público 42
Liberdade negativa: o conceito de liberdade liberal 46
A liberdade como exercício da individualidade e dos interesses privados ... 54
A busca pelo consenso e a defesa dos interesses individuais 67

CAPÍTULO 2
Da criança da psicologia do desenvolvimento
ao cidadão da política liberal 77
A psicologia do desenvolvimento e a formação do cidadão 80
*A consolidação da psicologia do desenvolvimento:
pressupostos, práticas, teorias* 86

A psicologia e a formação do sujeito universal:
o traçado do caminho necessário *98*

As críticas da teoria feminista: quem é o sujeito da liberdade, afinal? *114*

Liberdade e juventude: alguns apontamentos atuais *124*

CAPÍTULO 3
Aproximações entre liberdade e política: a relação conflituosa
com o outro, o dissenso nas questões coletivas 129

Alteridade e liberdade: a dimensão inerradicável do mal-estar *132*

A política e o indivíduo como um valor *149*

Liberdade e política: para além do jogo democrático do consenso *155*

CAPÍTULO 4
Onde começa a liberdade do outro? As falas dos jovens
e os sentidos de liberdade... 175

Os grupos de reflexão: uma opção metodológica *177*

Com quem e como pesquisar: os grupos participantes
e o roteiro das oficinas *179*

O outro como limite para a liberdade individual *187*

"Ser livre é fazer o que eu quiser." Mas... o que eu quero?
E o que o outro tem a ver com isso? *209*

Liberdade: uma palavra, múltiplos sentidos *219*

CAPÍTULO 5
Ser jovem, ser livre: tensão e conflitos
na busca por independência e autonomia 227

Quando liberdade é assunto em família *228*

Reflexões sobre autonomia, responsabilidade, independência *243*

Ser jovem e ser livre: uma equação possível? *253*

CONSIDERAÇÕES FINAIS................................. 257

REFERÊNCIAS 265

PREFÁCIO

Em 1929, Virgínia Woolf publicou seu ensaio intitulado "Um quarto próprio", fruto de duas palestras proferidas na Sociedade das Artes, em Newnham e Girton, em outubro de 1928. Convidada para falar acerca da relação entre mulheres e ficção, Virgínia Woolf apresenta sua tese: uma mulher precisa ter um teto próprio e dinheiro se deseja escrever ficção. De forma original, faz uma apresentação em que evita basear-se na *verdade*, pois tem críticas a essa posição. O que pode dizer é a sua *opinião*, e convoca as mulheres presentes a tirar suas próprias conclusões. O trabalho de Amana Mattos, por vários momentos, me remeteu a fragmentos do livro de Woolf, e dois aspectos me chamaram a atenção, além do interesse explícito de ambas pelos problemas da liberdade.

O primeiro aspecto se refere à tese de Woolf sobre a necessidade de as mulheres terem um quarto próprio. Diferentemente do que a plateia presente poderia esperar, Virgínia Woolf não se detém na discussão acerca da *natureza* da mulher e se ela poderia ou teria habilidades para escrever ficção; analisa e problematiza qual a sua *condição* na sociedade naquele momento. Quando assinala a necessidade de a mulher ter um quarto e rendimentos próprios, discute a noção de autonomia, e faz a denúncia da precariedade em que vivem as mulheres. Usa como exemplo a mulher inglesa, que, até o final do século XIX, não podia ter propriedades, estava restrita ao âmbito doméstico e à procriação, e não participava dos negócios e de discussões que se referiam à vida pública. Em "Um quarto próprio", Virgínia Woolf concorda com uma expressão da época que dizia que nenhuma mulher jamais poderia alcançar o gênio de Shakespeare, mas inverte o sentido misógino de tal afirmação. Para Woolf, a atividade literária, a renda e propriedade não poderiam ser *dádivas da natureza*, mas determinantes primordiais que propiciam a instrução e a aquisição de um *quarto próprio*. O talento criador não poderia ser exclusividade dos homens só porque eles ocupam lugar privilegiado na sociedade. Woolf articula gênero e classe social, e mostra como a liberdade individual se relaciona com a classe. Ao abordar temas caros ao pensamento ocidental, como a liberdade e a paz, indica que aquilo que é tomado como natural e universal são noções parciais e não consideram, no caso da sua reflexão, as mulheres e os operários. Woolf já anunciava alguns paradoxos que seriam foco de análises da teoria política feminista.

Em seu estudo, Amana Mattos propõe politizar a ideia de liberdade abrangendo os sentidos que os jovens lhe dão no contemporâneo. Assim como Virgínia Woolf, a autora dialoga com cenas da vida cotidiana e, principalmente, com jovens de "carne e osso", apresentando problematizações e questionamentos acerca da ideia de liberdade predominante nas sociedades contemporâneas. Na perspectiva liberal, a sociedade é reduzida ao somatório de indivíduos, e a ideia de progresso associada ao desenvolvimento, bem como as ideias de mérito e a-historicidade seriam os marcos metafísicos do ideal de liberdade. Na perspectiva liberal, a liberdade, em todas as instâncias da vida, não exigiria "um quarto próprio ou rendimentos anuais", como projeta Woolf.

O sentido negativo de liberdade, como discutido neste livro, prepondera e encontra-se presente em diversas dimensões da vida social, entre elas a ciência psicológica. De forma mais específica, a psicologia do desenvolvimento e suas concepções sobre infância, adolescência e juventude são marcadas por uma concepção de sujeito universal e centrado, em desenvolvimento e em iniciação no mundo adulto-liberal. Ao enfatizar essa crítica, Mattos explicita dilemas e paradoxos importantes para pensarmos a vida social, a dimensão do outro e do conflito, a ética e o bem comum. A articulação de aspectos da teoria política feminista com a concepção de política como conflito, bem como os questionamentos dos jovens participantes da pesquisa, possibilitam a problematização da concepção liberal de liberdade, ajudando a explicitar este paradoxo: a liberdade é, ao mesmo tempo, uma categoria universal e historicamente contingente. A autora expressa que a constituição do sujeito se dá em relação com a sociedade, ao mesmo tempo em que a sociedade apresenta limites para a individualidade.

Caberia, então, como fez a feminista inglesa, não perguntar pela natureza ou pela verdade da liberdade, mas perguntar pela *condição* de ser livre nas sociedades contemporâneas. Amana Mattos faz um movimento semelhante em seu trabalho, e este é o segundo aspecto que me fez relacioná-lo ao ensaio de Woolf. A autora traz uma contribuição a mais, pois propõe um diálogo entre os pensadores liberais da liberdade, seus críticos e os jovens do Sudeste brasileiro, com o intuito de identificar os sentidos que estes dão à liberdade — e é surpreendente como "filosofam", expressam esses sentidos em suas vidas, problematizando a condição juvenil e a sua relação com a liberdade. Os jovens nos apresentam elementos que dizem de uma sociedade específica, com uma história colonial, patriarcal, autoritária e adultocêntrica, marcada por complexidades que também colocam em tensão a universalidade da noção de liberdade.

Para os que se interessam pela liberdade e pela política, este é um trabalho que contribui para a desconstrução do liberalismo que marca as sociedades contemporâneas, e isso é feito por um percurso argumentativo que coloca em relação teóricos da política e a posição dos jovens no contexto contemporâneo, valorizando uma perspectiva metodológica que exigiu a interação, o debate e o conflito com jovens diversos. Esse exercício analítico oferece ferramentas importantes para entendermos como uma perspectiva vai se constituindo como hegemônica e se reproduzindo como tal; esta é uma contribuição importante desse estudo.

Compartilho esses pensamentos provocados pela leitura de *Liberdade, um problema do nosso tempo: os sentidos de liberdade para os jovens no contemporâneo*, e espero que outras tantas *opiniões* possam surgir.

CLAUDIA MAYORGA
Professora adjunta — Departamento de Psicologia
da Universidade Federal de Minas Gerais (UFMG)
Agosto de 2012

AGRADECIMENTOS

Terminar este livro é colocar um ponto final em uma longa trajetória. Acho que posso ver seu início se definir quando escolhi o tema para minha monografia: motivada pelas oficinas com jovens que estavam sendo realizadas em minha iniciação científica na época, e por todas as discussões que tínhamos na supervisão, decidi escrever sobre a individualidade e a liberdade como valores marcantes nesses grupos. Desde então, fui lapidando o tema e meu interesse com a ajuda dos comentários, sugestões e revisões de minha orientadora de mestrado e doutorado, Lucia Rabello de Castro. Agradeço afetuosamente a Lucia, que acolheu minha vontade de escrever e pesquisar, construindo comigo esse percurso.

Antes de qualquer abordagem teórica do tema, a liberdade tem sido um assunto que me intriga e mobiliza desde os primeiros anos de minha adolescência, quando vivi incontáveis conflitos com meus pais na tensão de negociar limites e conseguir concessões. Como explicar a eles a importância definitiva de ir a uma festa ou de fazer determinada viagem que, então, me pareciam inadiáveis, imprescindíveis? Numa casa com regras e horários muito marcados, com conversas frequentes sobre as condições necessárias para que as filhas ganhassem sua "independência" (que, como na maioria das casas de classe média, significava ter o próprio dinheiro, a própria casa e se manter sozinha), sempre me vi às voltas com a responsabilidade por minhas ações, tendo que me haver com as delícias e as consequências de minhas decisões. Vejo hoje que muito do que realizei em minha vida foi inspirado nos sentidos que liberdade e responsabilidade foram ganhando para mim, em minhas conquistas, em minhas relações. E reconheço que sempre encontrei em minha família grande estímulo para trilhar a carreira acadêmica. A meus pais, Vania e Guilherme, agradeço por toda a confiança que depositaram em mim, pelos limites e pelas justificativas, por todo o carinho e palavras de apoio, nunca me deixando duvidar de meu desejo. Às irmãs Maíra e Táia, pela presença constante em todos os momentos de minha vida — ao meu lado, via internet, ou no meu coração. Mais do que irmãs, são minhas grandes parceiras nessa estrada.

No mestrado, o tema da liberdade foi ganhando contornos de um problema de pesquisa, e eu me vi diante da necessidade de pensar algo que se colocava como um interesse pessoal, um assunto que me mobilizava, a partir de uma perspectiva teórica consistente. Entretanto, meus primeiros manuscritos se referiam criticamente a uma vaga ideia de liberdade própria do "neoliberalismo", em que eu buscava denunciar um estilo de vida individualista, consumista e competitivo. Ficava evidente uma posição, mas não a sua justificativa, o que a tornava extremamente vulnerável, até mesmo ingênua. Em uma de nossas supervisões, Lucia me disse algo que trago comigo até hoje: "Não subestime seu adversário!". A partir daí, mergulhei na leitura dos autores liberais, de seus comentadores e de seus críticos. Organizei, para construir minha própria questão de pesquisa, um campo que é relativamente inexplorado pelos estudantes de psicologia: o das teorias políticas.

Não posso dizer que hoje nutro forte simpatia pela maioria das posições defendidas pelos autores liberais. Entretanto, surpreendo-

Agradecimentos

-me sempre ao constatar a influência que o liberalismo teve (e tem) nos valores de nossa sociedade, nos pressupostos dos mais variados campos de pensamento, nas artes, na moda, na organização do espaço urbano... Por tudo isso, reconheço o peso dessa tradição e de suas proposições, que continuam se renovando. O fato de manter minhas reservas (hoje, certamente, mais esclarecidas) ao liberalismo deve-se a uma característica muito própria do pensamento liberal: trata-se, em nossos dias, de um pensamento hegemônico, que provém das "partes que são contadas" da sociedade, como diria Rancière. É um pensamento que demanda um requisito básico para que os sujeitos — ou as ideias, teorias, posições — sejam aceitos e reconhecidos na convivência política ou no debate intelectual. Esse requisito é a aceitação prévia, ainda que muitas vezes não explícita, dos valores centrais do liberalismo (como o individualismo, a liberdade individual como exercício de independência, a tolerância, o consenso, o direito à propriedade privada etc.). Este livro foi escrito na tentativa de narrar outros caminhos para a ideia de liberdade, apontando rachaduras e problemas na retórica liberal dominante de nossa sociedade, contando, para isso, com o olhar e comentários perspicazes dos jovens que participaram desse estudo.

Em meu doutorado, já me sentindo mais à vontade com o campo teórico escolhido, tive a oportunidade única de realizar um estágio doutoral na Rutgers University, em Nova Jersey, Estados Unidos. Com a bolsa de doutorado sanduíche concedida pela Coordenação de Aperfeiçoamento de Pessoal de Nível Superior (Capes), pela qual agradeço sinceramente, pude me dedicar intensamente aos estudos, conhecendo de perto e em seu cotidiano a sociedade norte-americana, que encarna o valor liberal da liberdade em toda a sua complexidade.

Sem dúvidas, essa viagem foi um divisor de águas em minha pesquisa, por ter descortinado um mundo de possibilidades culturais, intelectuais e de vida que, até então, me eram remotas. Com a acolhida calorosa da professora Ann Mische, que aceitou me receber sob sua co-orientação no Departamento de Sociologia, fui recebida da melhor maneira possível para viver essa experiência. Agradeço de coração a Ann, por seu esforço para conseguir efetivar minha ida a despeito de todos os prazos e burocracias, pela alegria de compartilharmos ideias e impressões em suas aulas e nos jantares em sua casa, e por ter me apresentado a Jeremy, seu filho de então 3 anos, que se tornou meu grande companheiro em conversas, jogos e brincadeiras. À amiga Anannya, agradeço por ter sido tão atenciosa e presente. A Giovana, agradeço pela amizade e por tudo o que vivemos juntas nessa verdadeira experiência etnográfica que foram nossas viagens.

O período nos Estados Unidos foi importante para que eu pudesse repensar os sentidos do termo "liberal". Apresentar meu projeto de pesquisa de forma que os estudantes e professores do departamento me compreendessem foi um desafio. Rapidamente, me dei conta de uma obviedade: em terras estadunidenses, ser liberal é, em primeira instância, opor-se aos republicanos. Estes, por sua vez, estão frequentemente associados a posições conservadoras, de direita (ou mesmo de ultradireita). Na democracia dos Estados Unidos, ser liberal significa, muitas vezes, aproximar-se de posições e causas que, no Brasil, são relacionadas à "esquerda", e muitas das críticas e observações que eu trazia em meu trabalho definitivamente soavam *meaningless* para os colegas norte-americanos. Essa e outras pequenas confusões fizeram parte de minhas tentativas de compartilhar meu estudo com outros pesquisadores e certamente enriqueceram e multiplicaram os matizes de meu trabalho.

Desse período, recolhi muitas histórias e impressões. A experiência da liberdade liberal foi algo vivido por mim intensamente, e o exercício da reflexão crítica foi necessário para conseguir dar sentido a tudo o que estava acontecendo. As surpresas eram cotidianas. Como não estranhar o mal-estar já na chegada, na interminável fila da imigração composta por indivíduos "não brancos" aguardando, ansiosos, a aprovação de sua entrada em território americano? Como não ficar impactada com as facilidades intermináveis do *american way of life*, como água quente e potável nas torneiras, as incríveis e práticas embalagens, a calefação perfeita de casas e universidades, os carpetes fofos, a praticidade das máquinas de lavar, secar, abrir, separar? Como não ficar perdida nos corredores intermináveis de supermercados e lojas de departamentos, nos quais há tantas opções de marcas, tipos e sabores para um mesmo produto, tornando a escolha angustiante?

De volta ao Brasil, retomei meu trabalho de campo com outro fôlego e novas ideias. Sinto que tive tempo suficiente para planejar o formato das oficinas que realizei, tornando-as uma parte importantíssima de meu trabalho. Nos encontros com os jovens, o trabalho teórico pôde mostrar suas falhas e potencialidades, e eu pude pensar os sentidos de liberdade a partir das falas e questionamentos de cada participante. Surgiram afetos, tensões, indignações e risos que adensaram e aprofundaram minha discussão. Os jovens falaram de maneira muito sincera e aberta sobre suas experiências, e a convivência nos grupos foi fundamental para pensarmos juntos as questões que desenvolvo neste livro. Agradeço aos professores e educadores Maria Clara Borges, Vicente Pereira Jr., Rosane Pereira Carvalho, Glória Vianna e Silvana Bayma, por terem me recebido em suas instituições, me aproximando dos jovens. Em especial, agradeço aos jovens que aceitaram participar das oficinas, que compartilharam comigo suas ideias, seus pensamentos, suas impressões. Suas falas foram fundamentais para que eu pudesse pensar o problema da liberdade de uma perspectiva viva e presente. A cada um deles, meu *muito obrigada*.

Este livro foi gestado em um ambiente de constantes trocas acadêmicas e afetivas com amigos e pessoas muito queridas. Aos amigos André, Filipe, Rômulo e Thiago, agradeço por compartilharem comigo o estudo árduo, mas também o entendimento fecundo, estando presentes, nessas linhas, cada um à sua maneira. Agradeço ao amigo Cabral por acompanhar, desde muito cedo, essa trajetória, compartilhando suas dúvidas e suas organizações esclarecedoras, e colocando questões certeiras que me guiaram até aqui.

Às amigas Silvia, Rogéria, Patrícia e Claudinha, agradeço profundamente por tudo o que cada uma significa para mim, pelas descobertas, pela sabedoria, pelos sufocos divididos, pelas palavras ditas, ouvidas, pontuadas. Pela *sisterhood* que construímos ao longo dos anos, para o que der e vier.

Aos compadres Bruno e Geísa, agradeço pela amizade incondicional e por terem me apresentado ao amor com nome de Vicente.

Ao querido Vini, agradeço pela amizade gaiata — *a rolling stone don't gather no moss*.

Aos novos amigos Débora, Felipe Quest e Alberto, por compartilharem o entusiasmo e o gosto pelas letras. A Tião, Tereza e aos amigos do Sujinho, pelo carinho de todos os dias. A Rodrigo, pela companhia espirituosa e calorosa em boa parte deste percurso.

Agradeço a toda a equipe do Núcleo Interdisciplinar de Pesquisa e Intercâmbio para a Infância e a Adolescência Contemporâneas da Universidade Federal do Rio de Janeiro (Nipiac/UFRJ) pelas trocas e discussões que me ajudaram a construir esta pesquisa. Em especial, agradeço aos amigos Beatriz, Conceição, Felipe, Rafael e Suzana, pelo estímulo e pelas incontáveis conversas acadêmicas e boêmias que tivemos — e que deram um colorido especial à escrita por vezes tão solitária.

Agradeço aos meus tios Valdir e Diva pelas palavras de incentivo, pela força. Ao meu avô Valdir, por toda a importância que tem em minha vida, sempre inventando adivinhações e jogos de palavras.

Aos meus avós Therezinha e Jayme Mattos, pela grandeza de sua história e pelo afeto compartilhado.

Ao amigo Marco Aurélio, por cada conversa que enriqueceu este trabalho, pela amizade instigante e divertida. Aos amigos Ariane e Jorge, por me fazerem renovar os votos numa vida acadêmica prazerosa, com sua generosidade e parceria. A Mazinho, pela companhia doce e elegante.

Por fim, gostaria de encerrar estes agradecimentos registrando que tenho uma dívida profunda com a educação pública deste país. Minha trajetória acadêmica se realizou em uma universidade pública de excelência, e pude desenvolver meus estudos, desde o início da graduação, graças a diversas bolsas, apoios e fomentos que recebi. Agradeço em especial à Capes pela bolsa de doutorado a mim concedida. Hoje, como professora do Instituto de Psicologia da Universidade do Estado do Rio de Janeiro (Uerj), percebo que tenho pela frente o enorme desafio de transmitir às minhas alunas e aos meus alunos o gosto pela pesquisa, pelas questões teóricas e políticas que façam da psicologia um campo atual e de disputas. Sem dúvidas, os estudantes têm sido meus grandes parceiros na busca por outros olhares para os problemas da liberdade no mundo em que vivemos.

INTRODUÇÃO

Em outubro de 2009, uma jovem estudante de Turismo de uma universidade particular do interior de São Paulo foi hostilizada e humilhada pelos colegas ao chegar ao campus. Os jovens que a xingavam e agrediam verbalmente estavam indignados com a roupa usada pela estudante: um vestido rosa curto, considerado por eles impróprio para o ambiente acadêmico. A confusão foi enorme, e a jovem só conseguiu deixar o campus sendo escoltada por policiais militares, sob gritaria e insultos. Dias depois, a universidade expulsou a estudante, alegando que seu comportamento feria "os princípios éticos, a dignidade acadêmica e a moralidade". O caso ganhou projeção nacional em toda a mídia, e a decisão da universidade foi considerada por muitos como intolerante e preconceituosa.

Em maio de 2008, o então deputado Álvaro Lins (atualmente cassado) redigiu uma lei estadual aprovada pela Assembleia Legislativa do Estado do Rio de Janeiro (Alerj) que dispunha sobre a realização de "festas rave" e "bailes do tipo funk". A lei determinava o cumprimento de inúmeras exigências para a autorização desses eventos (que deveria ser dada pela Polícia Militar local), praticamente impossibilitando a realização de bailes funk em favelas cariocas. Profissionais e apreciadores do gênero denunciaram que a lei estava sendo usada inconstitucionalmente por policiais para reprimir o funk nas favelas em qualquer tipo de execução: doméstica, em festas particulares, em sons de automóveis. Em setembro de 2009, após intensa mobilização de jovens funkeiros e profissionais do funk, a lei foi revogada. A discussão em torno da proibição de bailes funk é constante e acalorada na sociedade carioca. Para uns, o funk está sendo tratado preconceituosamente como caso de polícia, e não como manifestação cultural. Para outros, o funk deve ser proibido por fazer apologia ao tráfico de drogas e à pornografia. O debate envolve moradores de favelas, jovens funkeiros, policiais militares, professores universitários, jornalistas e políticos.

No carnaval de 2010, durante o desfile de um bloco carnavalesco em um bairro nobre da Zona Sul do Rio de Janeiro, um senhor aposentado se sentiu incomodado ao presenciar um beijo entre duas jovens, uma de 17 e outra de 18 anos, e chamou a polícia por suspeita de pedofilia. Ao chegar ao local e constatar do que se tratava efetivamente a denúncia, um dos policiais disse ao aposentado que a situação não configurava crime, e que a polícia não deveria intervir. O senhor não ficou satisfeito e acusou o policial de não querer "cumprir o seu dever". Os policiais levaram para a delegacia os envolvidos na confusão, que só depois de muitas horas foram liberados. O incidente, que ganhou destaque na mídia, causou muita confusão no local e bate-boca entre policiais, foliões e o aposentado, que foi acusado pelos presentes de homofobia.

Apesar de bem diferentes entre si, as situações descritas acima possuem um ponto em comum: todas envolvem a difícil convivência com o outro na cidade, e estão diretamente relacionadas a jovens. Palavras como "intolerância", "desrespeito", "limites" e "direitos" estiveram presentes na discussão da opinião pública e nas conversas em círculos privados que se seguiram a cada um desses acontecimentos. A tensão constante entre os grupos, os indivíduos

Introdução

e as instituições envolvidos foi o ingrediente principal, e não por acaso a força policial e a Justiça estiveram presentes nesses conflitos para encaminhar seus desfechos, nunca satisfazendo a todos os envolvidos. Vemos que a ideia de *liberdade*, em diferentes acepções, perpassa cada uma dessas histórias e toca cada um de seus participantes.

Liberdade é um valor central nas sociedades democráticas. Mas não apenas isso: nas sociedades democráticas modernas, "ser livre" é direito almejado por todos e prazer a ser usufruído na esfera privada. Os embaraços que podem ocorrer no exercício da liberdade são marcados pelos conflitos originados a partir de atos que inevitavelmente envolvem outros indivíduos, perturbam limites, questionam convenções e costumes já estabelecidos. Dependendo de como se entenda "ser livre", esses conflitos podem ser menosprezados, radicalizados, negociados, reconhecidos e, até mesmo, valorizados. A questão é que "liberdade", ainda que seja uma palavra muito usada em nossa sociedade, está longe de possuir uma definição inequívoca.

A questão central que desenvolvo neste trabalho gira em torno da definição da ideia de liberdade no mundo atual. Exploro teoricamente esse conceito para, em seguida, me deter no campo empírico, isto é, na investigação sobre como jovens de diferentes classes sociais experimentam e significam a liberdade em suas vidas. Entendo que alguns aspectos contextuais da contemporaneidade[1] estão

---

[1] Utilizo o conceito de contemporaneidade aqui para designar o período que se inaugura na primeira metade do século XX, em que o mundo passa por grandes mudanças estruturais: duas grandes guerras mundiais, uma forte crise econômica, grandes avanços nas ciências e nas tecnologias. Além disso, são também marcas a cultura de consumo, a massificação da informação através dos meios de comunicação e a globalização. Existem muitas discussões a respeito da caracterização desse período, se ele pode ser entendido como um momento posterior à modernidade, com características distintas; ou se pode ser pensado como um período cujas qualidades ou traços marcantes são exacerbações de características já presentes na modernidade. Assumo esta segunda posição como orientação para pensar o momento atual: entendo que o individualismo, a valorização da esfera privada e a política democrática representativa são características da modernidade que se mantêm — exacerbando-se — na contemporaneidade.

intimamente ligados à ideia de liberdade como algo a ser perseguido, exercitado, ampliado na vida dos indivíduos moradores das grandes cidades. Tais aspectos são o individualismo, a cultura do consumo, a multiplicação dos vínculos pessoais, o desprendimento em relação às tradições e aos costumes, a flexibilização das relações amorosas e de trabalho, entre outras características marcantes do mundo de hoje.

Nesse cenário, é significativo que o jovem esteja vivendo uma etapa de vida associada pelo senso comum ao pleno exercício da liberdade. De maneira geral, a juventude é pensada em nossa sociedade como o período em que o indivíduo pode "viver mais livremente", pois, por não ter tantos compromissos sociais com trabalho ou família, poderia exercitar a liberdade de escolha em momentos que serão decisivos para sua vida futura (escolha da profissão, do parceiro amoroso, de sua "identidade" estética). Além disso, reuniria qualidades próprias dessa idade (saúde, beleza, vitalidade, vigor físico etc.) que são socialmente relacionadas à ideia de liberdade.

A apreensão social da juventude descrita acima é sem dúvida muito geral e nebulosa. Encontraríamos inúmeras construções sociais sobre essa etapa da vida e esse grupo etário-social — "os jovens"— se fôssemos investigar as representações sociais existentes. Mas, ainda que tomada em sentido amplo, a noção que se tem de juventude no senso comum nos serve para ilustrar como, em nossa sociedade, as ideias sobre juventude e liberdade se aproximam em muitos sentidos. Neste livro, aprofundo a compreensão sobre como os jovens entendem a ideia de liberdade, valorizando-a ou não em suas vidas, e discuto como as relações com o outro se configuram nesse espaço conflituoso de convivência que é a cidade. A liberdade como um valor se coloca para os jovens na medida em que estes fazem parte da sociedade atual, marcada pela cultura de consumo, pelas tecnologias da informação e pela flexibilização dos vínculos familiares, de trabalho e amorosos. Nesse contexto, os jovens, assim como os adultos, se veem convocados a se subjetivarem, tendo a liberdade como um valor que pauta desejos e relações e marca as concepções de felicidade e realização pessoal.

Para dar consistência à minha investigação, realizo, inicialmente, uma revisão do tema da liberdade entre alguns autores do liberalismo e comentaristas da teoria liberal. A escolha por esse campo teórico se deu, em primeiro lugar, pela importância central que a liberdade assume nos textos do liberalismo: trata-se do valor último a ser buscado, defendido e garantido na sociedade. Em segundo lugar, sabe-se que o pensamento liberal norteia inúmeras práticas das sociedades democráticas, principalmente nos dois últimos séculos, fazendo com que o entendimento da ideia liberal de liberdade seja premente em nossa pesquisa.

Essa revisão de autores, apresentada no capítulo 1, tem como primeiro objetivo identificar alguns aspectos comuns entre as definições de liberdade da teoria liberal, ainda que esta comporte autores de variadas posições. Após essa apresentação inicial do conceito de liberdade na teoria liberal, discuto características do conceito que são cotidianamente assimiladas pelas pessoas em geral quando se referem à liberdade em suas vidas. Ainda que existam distanciamentos e contradições entre as definições de liberdade na filosofia e nas ciências políticas, por um lado, e seu uso e entendimento entre os indivíduos, por outro, percebo que há muitas aproximações entre o conceito de liberdade do pensamento liberal e a formação discursiva sobre a liberdade nas sociedades democráticas contemporâneas: valorização do indivíduo, proteção e ampliação do espaço privado, críticas à regulação das vidas privadas pelo Estado, valorização das ideias de pluralidade e tolerância. Assim, entendo que certas ideias comumente difundidas entre moradores das grandes cidades têm suas origens na proposta liberal de organização da política e da sociedade.

A partir da revisão feita, alguns problemas teóricos oriundos da perspectiva liberal sobre a liberdade são levantados. A principal questão que se coloca para mim é que a liberdade é pensada, nessa tradição filosófica, por um viés que privilegia a esfera privada, tomando-a como um atributo individual a ser almejado, conquistado e mantido pelos indivíduos isoladamente. O Estado idealizado pelo liberalismo é mínimo (ou "modesto"), devendo interferir o menos possível na busca da realização pessoal de seus cidadãos. Em minha investigação, os embaraços colocados por esse entendimento da ideia de liberdade se referem, principalmente, ao fato de que tal noção afasta radicalmente os campos da liberdade e da política.

Uma leitura mais atenta dos autores liberais revela características específicas do sujeito capaz de exercer sua liberdade. Podemos afirmar que a ideia de liberdade, como é definida pela filosofia e pelas ciências políticas, pressupõe um sujeito autônomo ou, ao menos, independente para o seu exercício. Na prática, isso se caracteriza por maioridade legal, independência financeira, capacidade de distanciamento, reflexão e avaliação diante da necessidade de fazer escolhas, controle de emoções e domínio da linguagem para argumentação e debate com outros sujeitos livres. Grande parte dessas qualidades, senão todas, pode ser reunida sob a ideia de "maturidade", tão cara à psicologia do desenvolvimento tradicional. Portanto, ao contrário do que possa parecer, aproximar conceitualmente a experiência de liberdade ao período de vida do jovem não se trata de uma tarefa fácil ou sem maiores problemas teóricos. Para a literatura liberal, o jovem, enquanto sujeito em desenvolvimento, marcado pelo "tornar-se" adulto, responsável e independente, não é considerado um sujeito capaz de agir livremente, ou melhor, está colocado teoricamente em posição aquém da requerida para o exercício pleno da liberdade. É preciso, então, problematizar a perspectiva liberal, discutindo aspectos que são por ela pouco tratados ou mesmo silenciados, como, por exemplo, a relação entre juventude e liberdade. Inicio o capítulo 2 com uma discussão da concepção de sujeito que pauta as teorias da psicologia do desenvolvimento, lançando mão da crítica de autoras feministas para levantar problemas em relação aos conceitos de sujeito racional, autonomia e independência, também muito prezados para a psicologia do desenvolvimento enquanto pontos de chegada para o caminho a ser percorrido por crianças e jovens.

A partir da problematização das teorias políticas liberais e das teorias da psicologia do desenvolvimento, realizada nos dois primeiros capítulos, considero essencial o trabalho de aproximar o conceito de liberdade às questões eminentemente políticas, retirando-o de um exercício restrito à esfera privada (onde se realizaria através do livre-arbítrio, das liberdades de expressão, de ir e vir, de escolha, de reunião etc.) e inserindo-o no campo da relação com o outro, sendo permeado, com isso, por conflitos, desentendimentos e embates no seu exercício. A meu ver, a teoria liberal dá pouca ênfase à discussão desses embates, restringindo o campo da liberdade à esfera privada, e seu exercício à busca do consenso discordante entre as partes envolvidas. A psicologia do desenvolvimento, por sua vez, concentra os esforços na explicação do processo de formação do sujeito racional, adulto, que ocorre através da socialização da criança e do jovem em espaços restritos, tradicionalmente, à esfera privada: a casa e a escola. Para realizar a discussão de uma noção de política que não se restringe à privatização e à individualização características desses campos recorro, no capítulo 3, a autores que não se alinham à perspectiva liberal, e que fazem críticas a essa tradição teórica, ajudando-me a situar minha própria questão. A tônica da argumentação desse capítulo foi dada pela necessidade de pensarmos a experiência de liberdade como estando *remetida* ao outro, e não apenas estorvada pelo outro e por seus interesses, como colocam os liberais; e sendo marcada pelo conflito, pela tensão e pelo desentendimento, elementos constitutivos da liberdade, e não pelo consenso, pela eficácia e pelo reconhecimento individual.

Ao longo de minha discussão teórica, fica claro que a palavra liberdade não traz consigo uma definição ou um sentido acabado. Fez-

-se necessário investigar as nuances e os significados que assume em diferentes áreas de conhecimento, bem como no campo empírico, nos diferentes grupos de jovens pesquisados, para que eu pudesse traçar aproximações e distanciamentos entre os sentidos produzidos, investigando como esses diferentes campos podem contribuir para o entendimento dos sentidos que a palavra "liberdade" assume para os jovens participantes deste estudo.

Após o aprofundamento teórico que me permitiu conceber a ideia de liberdade no liberalismo, trago esse conceito para a discussão das práticas e experiências dos indivíduos nas cidades, com enfoque especial nos jovens: dediquei-me a investigar se essa noção liberal se encontra assimilada aos sentidos que os próprios jovens dão para a ideia de liberdade, se é possível reconhecer em suas práticas e falas as questões caras ao liberalismo e, por fim, se os jovens tocam em problemas dos quais a teoria liberal não dá conta, ou que são pouco discutidos pelos autores do liberalismo, interrogando-me sobre que outros sentidos para a palavra liberdade poderiam emergir. Em minha pesquisa de campo, investiguei as formações discursivas dos jovens acerca da ideia de liberdade segundo a seguinte questão: considerando que a compreensão e a experiência da liberdade pelo senso comum são atravessadas e em muito constituídas pelos valores liberais e individualistas de nossa cultura, quais seriam os efeitos desse atravessamento para os sujeitos e para os sentidos de liberdade produzidos? E, ainda, considerando que o conceito liberal de liberdade pouco enfatiza a figura do outro no exercício da liberdade individual (quando o faz é ressaltando o outro como um possível obstáculo para a liberdade do indivíduo), pergunto: como se configuram as relações com o outro no cenário contemporâneo, e como essas relações se dão entre os jovens sujeitos da pesquisa?

Assim, dois capítulos foram destinados à discussão do material empírico, sem que eu pretendesse esgotar as possibilidades de discussão dos dados de meu trabalho de campo, mas procurando organizar o material em torno de pontos que se mostraram relevantes ao longo do conjunto dos grupos de reflexão realizados. No capítulo 4, discuto a importância da figura do outro para se pensar a liberdade: o outro como limite à liberdade individual, o outro como alguém a quem a ação individual está remetida, o outro como alguém que será afetado por minha ação livre. Já no capítulo 5, foco a situação específica do jovem, de dependência em relação aos adultos e seu (não) exercício da liberdade. A partir de suas falas, discuto quem é o sujeito livre, autônomo e independente que eles esperam ser um dia, e que dificuldades se colocam, no presente, para a realização desse projeto.

Entendendo liberdade, independência e individualidade como formações discursivas de nosso tempo, e que assimilam importantes concepções da teoria liberal, procurei refletir ao longo deste livro sobre os problemas que esses temas trazem para a convivência com o outro e para o exercício da liberdade no espaço das cidades. Como aparece em minha discussão do material empírico, a expectativa contemporânea de que a liberdade seja algo desejável e buscado incessantemente pelos sujeitos tem implicações significativas na constituição dos modos de ser atuais. Uma das mais importantes, a meu ver, são as dificuldades que surgem cotidianamente no convívio com o outro no espaço urbano, produzindo tensões, estranhamentos e embates entre os moradores de uma grande cidade. As situações que abrem esta introdução são apenas alguns exemplos de conflitos envolvendo jovens, que encarnam a complexidade e a tensão presentes no exercício da liberdade no cenário urbano. Cotidianamente, deparamo-nos com impasses que nos convocam a pensar os usos e os limites da liberdade, fazendo-nos com isso ultrapassar o círculo privado e colocando-nos diante de questões éticas e políticas que concernem aos diferentes grupos, à cidade e às pessoas que nela moram.

CAPÍTULO 1

Liberdade como conceito teórico: coordenadas para pensar a sociedade atual

> *I'm free to choose who I see any old time*
> *I'm free to bring who I choose any old time*
> *Love me, hold me, love me, hold me*
> *I'm free to do what I want any old time*
>
> (Mick Jagger e Keith Richards, *I'm free*)

A ideia de liberdade que circula em conversas e debates, que é vivida e sentida como dimensão importante da vida pessoal e que aparece como valor prezado nas relações e nos vínculos contemporâneos, não surge espontaneamente no cotidiano e no pensamento das pessoas. Como um problema caro às ciências políticas e à filosofia, a história do conceito de liberdade se mistura com a própria história da modernidade. Objeto de grandes disputas teóricas e de poder, a ideia de liberdade tem uma trajetória que percorre as principais escolas e domínios da filosofia e das ciências humanas nos últimos séculos. No que se refere à discussão da ideia de liberdade, uma das correntes teóricas mais importantes das ciências políticas e da economia é, certamente, o liberalismo. Desde seu surgimento revolucionário, na luta da burguesia contra o poder soberano dos monarcas no Iluminismo, até os dias atuais, marcados pela economia de mercado e pela hipertrofia das liberdades individuais, é possível identificar ideias na teoria liberal que forjaram uma noção muito específica de liberdade, como veremos, amplamente difundida em nossa sociedade.

Neste capítulo, proponho uma revisão teórica do conceito de liberdade na teoria liberal, detendo-me em pontos e questões centrais para esta investigação. Para tratar teoricamente de temas relacionados à liberdade, somos levados necessariamente à consolidação do projeto democrático na modernidade. Ainda que a construção de tal projeto não equivalha à trajetória da teoria liberal, esses dois campos conceituais e práticos, liberalismo e democracia, se aproximam, se fertilizam e se sobrepõem em muitos aspectos.

Assim, concentro-me na definição do conceito de liberdade na teoria liberal, apontando suas definições marcantes. Também ressalto pontos que considero problemáticos, como a circunscrição da liberdade liberal à esfera privada, ao campo dos interesses individuais. A partir dessa revisão, preparo o terreno para a discussão que será realizada no capítulo 3 a respeito da importância de aproximarmos a ideia de liberdade ao campo da política.

UMA SUBJETIVIDADE LIBERAL?

O termo "liberalismo", usado para se referir a um sistema de pensamento político, econômico e filosófico, evoca diferentes definições. Dada a heterogeneidade dos autores liberais e das ideias que compõem o cenário do liberalismo, torna-se muito superficial resumirmos essa proposta em uma definição curta e geral. Para Merquior (1991), uma teoria do liberalismo deve ser elaborada a partir da descrição comparativa de suas manifestações históricas.

Antes de percorrer algumas dessas definições, entretanto, vale justificar o interesse em precisar o liberalismo e, principalmente, a ideia liberal de liberdade. A ideia de sujeito que emerge com os autores iluministas das ciências sociais, nascidas nos séculos XVII e XVIII, e que tematizaram o poder e as relações entre homens e Estado, exalta a necessidade de emancipação de fato e de direito dos homens em relação ao poder despótico do Rei, e faz o elogio de uma racionalidade encarnada no cidadão. Entre os pensadores que discutiram o governo democrático ou, ao menos, a necessidade de que o monarca não governe acima da lei dos homens, percebemos a conexão entre a noção de sujeito racional, autônomo, capaz de introspecção, e a noção de indivíduo comum, que tem interesses próprios e vive num Estado moderno regido por convenções e leis, feitas pelos homens e para os homens. É o caso de John Locke, que, no final do século XVII, toma a ideia de *contrato* apresentada por Thomas Hobbes, pensando-o como um acordo feito por homens livres e racionais visando à fundação de um poder limitado. Com isso, Locke tira o poder de governar a sociedade da esfera religiosa e despótica, tratando-o como uma concessão de todos e de cada um dos homens para que a vida em sociedade seja possível. De acordo com Grondona,

> [o] homem cede apenas parcialmente sua "propriedade" para que a lei a regulamente, não para que a viole. O Estado "declara" que os direitos do homem existem, ele não os "cria". [...] O cidadão cede ao governo a capacidade de "definir" a lei natural sem alterá-la. Mas o segundo poder que tinha (castigar a quem violasse seus direitos), o cede totalmente. O homem se desarma e já não pode castigar. O Estado tem que interpretar a lei mediante um juiz frente a cada conflito e executar a sua sentença. (Grondona, 2000:26)

Seguindo as discussões dos autores fundamentais para o liberalismo, especialmente as daqueles que constituíram as bases do pensamento que orientou a Revolução Francesa (Jean-Jacques Rousseau, Thomas Hobbes), poderíamos supor que a constituição do cidadão livre das sociedades democráticas se deveu à formação dos indivíduos através da filosofia iluminista. A afirmação de Voltaire, em pleno século XVIII, no auge do Iluminismo, denota claramente o projeto de formação e esclarecimento do homem: "No essencial, em sua acepção mais apropriada, a ideia de liberdade coincide com a dos direitos do homem. O que quer dizer, finalmente, *ser livre* senão conhecer os direitos do homem? Pois conhecê-los é defendê-los." (Voltaire apud Cassirer, 1997:336; grifos do autor). Certamente, o papel das escolas e das universidades foi fundamental nesse sentido, consolidando a importância da autonomia, da independência e da erudição para que os cidadãos pudessem participar politicamente da sociedade.

Entretanto, há algo que ultrapassa a importância da instrução formal na constituição desse "indivíduo democrático", algo que não está relacionado diretamente ao aprendizado da filosofia e da ciência política, mas que surgiria como o "espírito de uma época", como um sentimento coletivo. Uma das descrições mais minuciosas dessa experiência democrática nos é oferecida por Alexis de Tocqueville, em sua obra *A democracia na América*. Especialmente no segundo volume, "Sentimentos e Opiniões", o filósofo francês, em visita aos Estados Unidos na primeira metade do século XIX, fala do homem médio norte-americano que, longe de ter sido educado na tradição filosófica continental ou anglo-saxã, se desenvolve na experiência de formação de um Estado constitucional em que os homens são iguais perante a lei. A experiência da igualdade é uma busca cotidiana para esse povo, legitimada por sua Constituição, e consolida um *cartesianismo* dos indivíduos que não é fruto do estudo filosófico, mas da prática cotidiana e institucional da igualdade e da liberdade:

> Creio que não há, no mundo civilizado, país em que o povo se ocupe menos de filosofia do que os Estados Unidos.
>
> Os americanos não têm escola filosófica própria e preocupam-se pouquíssimo com todas as que dividem a Europa. Mal sabem o nome delas.
>
> É fácil ver, contudo, que quase todos os habitantes dos Estados Unidos dirigem seu espírito da mesma maneira e o conduzem de acordo com as mesmas regras; ou seja, eles possuem certo método filosófico comum a todos, sem nunca terem se dado o trabalho de definir suas regras.
>
> Escapar do espírito de sistema, do jugo dos costumes, das máximas familiares, das opiniões de classe e, até certo ponto, dos preconceitos nacionais; não tomar a tradição mais que como uma informação e os fatos presentes como um estudo útil para fazer de outro modo e melhor; procurar por si mesmo e em si mesmo a razão das coisas,

tender ao resultado sem se deixar acorrentar ao meio e visar o fundo através da forma: são estes os traços principais que caracterizam o que chamarei de método filosófico dos americanos.

Se for ainda mais longe e se, entre esses traços diversos, procurar o principal e o que pode resumir quase todos os outros, descubro que, na maioria das operações do espírito, cada americano apela apenas para o esforço individual da sua razão.

A América é, pois, um dos países do mundo em que menos se estudam e em que melhor se seguem os preceitos de Descartes. Isso não deve surpreender. (Tocqueville, 2000:3)

A fim de iniciar minha discussão sobre o conceito de liberdade liberal e sua difusão nas sociedades ocidentais urbanas contemporâneas, gostaria de ressaltar exatamente esse ponto da obra de Tocqueville: sua descrição do homem médio norte-americano parte da ideia de popularização de um "método filosófico", da ideia de constituição de uma subjetividade muito peculiar em relação ao trato com as leis, a política e o conhecimento, que tem consequências profundas na maneira como os homens se pensam, sentem, veem o mundo à sua volta, elegem seus valores e crenças. Essa subjetividade não é forjada na educação formal, mas sim numa convivência entre os homens completamente inédita até então. Robert Legros, em *A ideia de humanidade*, discute a constituição da mentalidade moderna na era democrática através da percepção tocquevilleana do *cartesianismo* tornado mentalidade:

> O método cartesiano torna-se a "regra comum da inteligência" no curso do século XVIII. Ele se torna, por isso mesmo, o princípio de uma mentalidade. E essa mentalidade, segundo Tocqueville, é aquela que é dominante nas sociedades fundadas na igualdade. (Legros, 1990:145) [2]

---

[2] Todas as citações de obras em inglês, francês e espanhol foram livremente traduzidas por mim para o português.

Os valores de uma época engendram os sujeitos que nela vivem. E esses valores não estão presentes naquele momento por acaso: são historicamente construídos, e mantidos pelas relações que se estabelecem entre os sujeitos, e destes com as instituições. Tal é a ideia de Tocqueville ao discutir o povo norte-americano do início do século XIX: pensar como é possível que uma "subjetividade cartesiana" estivesse amplamente difundida nos modos, costumes, sentimentos e opiniões de um povo, sem que, para isso, seus cidadãos passassem por uma formação teórico-filosófica que os orientasse.

Encontro, na obra de Tocqueville, inspiração para pensar a questão deste trabalho: os jovens, sujeitos de minha pesquisa, vivem em um mundo em que a liberdade é valor dos mais celebrados. Ter nascido neste momento histórico, que aqui chamo contemporaneidade, já os posiciona num enquadramento bastante específico em relação à liberdade: enquanto valor, esta é tomada cotidianamente em nossa sociedade em seu sentido individual, privado, de independência. Isso não significa necessariamente que eu esteja lidando em minha pesquisa, ou em nossa sociedade de maneira mais ampla, com subjetividades liberais, isto é, subjetividades que se constituem estritamente a partir de um modo de vida e de valores eminentemente liberais e individualizantes.[3] Como veremos,

---

[3] Essa ressalva é importante porque diferencia minha perspectiva dos estudos que pensam o indivíduo contemporâneo como parte de uma sociedade complexa, em que a *individualização* se dá promovida pelas instituições e práticas que se verificam na segunda modernidade, ou contemporaneidade. Essa é, por exemplo, a proposição dos estudos de Ulrich Beck e de seus colaboradores: a individualização promoveria uma "liberdade precária" entre os indivíduos, em que a liberdade não é pensada como uma libertação de correntes e amarras, mas como a expectativa de que os indivíduos *liderem suas próprias vidas*, que façam uma "costura eletiva" dos aspectos constituintes de sua história. Essa experiência de liberdade e individualidade sempre seria vivida na incerteza e no risco, característicos do contexto atual (Beck & Beck-Gernsheim, 2009; Beck, 2002, 2003). Na discussão levada a cabo por esses autores, os problemas da convivência com o outro, gerados pelo imperativo de que "cada um deve viver sua própria vida", estão presentes, uma vez que a tradição não goza mais da legitimidade de outrora para orientar os sujeitos em suas escolhas. Entretanto, Beck e os teóricos da individualização optam por localizar esses conflitos e suas negociações na esfera privada (no casamento e nas relações afetivas, na criação dos filhos, na construção de uma vida privada comum). A meu ver, a questão que fica não discutida nesses textos é: esses problemas da convivência com o outro podem ser extrapolados para as relações no espaço público? Se podem, como é possível tematizar a dimensão do desacordo sem cair no caso

os jovens participantes desta pesquisa trouxeram em suas falas questões que, no meu entender, extrapolam a discussão conceitual promovida pelo liberalismo em relação à liberdade. Mas não podemos deixar de considerar que seus modos de ser, pensar e agir se constituem em um mundo onde os valores liberais têm grande difusão. Esse ponto é importante para ouvirmos e compreendermos suas falas, sempre pensando nos processos de subjetivação aí envolvidos.

Mas, para que possamos trazer essas falas, passemos antes à contextualização do pensamento liberal, e ao sentido de liberdade presente nas obras liberais.

Teóricos do liberalismo concordam que o movimento passou por diferentes fases relacionadas ao contexto político-econômico europeu e mundial. Na segunda metade do século XVIII, a Declaração Americana da Independência e a Revolução Francesa lançaram as bases para os Direitos Universais do Homem, compreendendo as noções de liberdade individual e igualdade entre os sujeitos. Os pensadores liberais dessa época criticavam a centralização do poder no Estado monárquico e a limitação das liberdades civis. Mas foi com o advento da economia industrial, na segunda metade do século XIX, que as ideias liberais se firmaram no panorama mundial e as conquistas do liberalismo se efetivaram: liberdade religiosa, direitos humanos, um governo representativo responsável e a legitimação da mobilidade social (Merquior, 1991). Para Kolm (1984), o liberalismo é o pensamento político e econômico da modernidade por excelência, por trazer em sua proposta todos os elementos que são caros ao mundo moderno:

---

a caso, no privatismo da liberdade individual? Vale ressaltar que autores como Beck, assim como Anthony Giddens, apostam no fim da política enquanto experiência necessariamente coletiva, trazendo a possibilidade política para experiências individuais, causas que se remetam a questões privadas e que possam mobilizar o engajamento do indivíduo a partir de seus próprios interesses (cf. Beck, Giddens & Lasch, 1997; Giddens, 1994).

O liberalismo se justifica, a princípio, pela liberdade. Depois, pelo bem-estar e pela eficácia econômica que a liberdade econômica sem entraves acarreta. Liberdade e bem-estar promovem a felicidade. E, fundamentalmente, o liberalismo econômico repousa sobre o individualismo e o respeito ao Direito, e, em particular, à propriedade individual. Ora, esses são os valores que se dizem mais fortes e mais gerais no mundo moderno. (Kolm, 1984:11-12)

Segundo Foucault (2007), a palavra "liberalismo" deve ser entendida de maneira bem ampla, pois está ligada a diferentes aspectos da sociedade moderna e da nova racionalidade política que emerge com o modo de produção capitalista industrial. O termo "liberalismo" evoca, para o autor, significados distintos:

1) Aceitação do princípio de que em alguma parte deve haver uma limitação do governo [...];
2) O liberalismo é também uma prática: onde encontrar exatamente o princípio de limitação do governo e como calcular os efeitos dessa limitação?
3) O liberalismo é, em um sentido mais restrito, a solução que consiste em limitar ao máximo as formas e os âmbitos de ação do governo;
4) Para terminar, o liberalismo é a organização dos métodos de transação aptos a definir a limitação das práticas de governo: constituição, parlamento; opinião pública, imprensa; comissões; investigações. (Foucault, 2007:39)

Uma vez que a defesa da "frugalidade do Estado" (Foucault, 2007:45) está associada à aposta na regulação da sociedade pelas leis do mercado, vemos que surge no liberalismo a crença de que as leis poderiam realizar a regulação social. Essa nova razão governamental do liberalismo toma como o objeto da prática política os *interesses*, isto é, a pauta da política, aquilo que é por ela decidido referindo-se aos interesses dos indivíduos por determinada coisa ou riqueza.

Para Sartori (1994), a luta pela liberdade política na modernidade fundamentada na individualidade pessoal é a grande novidade do pensamento liberal. O liberalismo, entretanto, é usualmente associado à economia de mercado capitalista e ao que o autor chama de "liberalismo econômico". Sartori atribui essa associação ao fato de o termo "liberalismo" ter sido cunhado numa época posterior às lutas pela liberdade política, num momento em que essas lutas já tinham se aproximado decisivamente das práticas econômicas.

Ao fazer essa observação, o autor pretende destacar os princípios que orientaram o início do pensamento liberal na Europa, que não estariam sendo forjados em nome da economia, mas de uma nova proposta de Estado e de sociedade. O liberalismo político prevê a liberdade para o cidadão em relação ao Estado. "O liberalismo pode ser considerado, muito simplesmente, a teoria e a prática da defesa jurídica, através do estado constitucional, da liberdade política individual, da liberdade individual" (Sartori, 1994:163).

Já para Locke, ser livre é estar submetido à lei, e não às vontades de um monarca ou a outro indivíduo. Segundo o pensador liberal, "[s]e não estamos sujeitos à lei, somos escravos do déspota ou de nossas paixões" (Grondona, 2000:28). Também para Montesquieu, a liberdade e a lei andavam juntas: "Montesquieu definia liberdade como o 'direito de que ninguém me impeça de cumprir a lei'" (ibid., p. 20-21). A liberdade investida de valor para esses filósofos é a liberdade política: num Estado contratual, não se está sob a dominação de um déspota. A lei existe para moderar o poder do governante, e a liberdade do cidadão está justamente no cumprimento dessa lei por todos, inclusive pelo próprio governante.

Entretanto, uma vez assimilado pela lógica econômica do capitalismo — o que se potencializa com a Revolução Industrial —, o liberalismo político atualizou-se como teoria econômica liberal, e muitos autores liberais e economistas, expoentes da produção teórica do movimento, se esmeraram por explorar a potencialidade do conceito de liberdade aliado à economia de mercado. Isso significa que, num primeiro momento do liberalismo (chamado de político ou clássico), tratava-se de uma proposta revolucionária, que colocava em questão a supremacia do monarca sobre todos os demais súditos, que combatia a ideia de uma hierarquia natural da sociedade e que reclamava o direito à liberdade individual e à igualdade perante as leis. Como ressalta Critchley (2007), a consolidação da burguesia é a consequência das revoluções dos anos 1600 na Inglaterra, da República Alemã e, de maneira retardatária, da Revolução Francesa. Importa não esquecermos que ela representou um papel revolucionário na história. Com a chegada da burguesia ao poder nas revoluções Americana e Francesa, sustentando as bandeiras da liberdade e da igualdade, as ideias liberais se colocam em uma nova perspectiva — a perspectiva dominante. Mais do que isso, com a Revolução Industrial e todo o desenvolvimento posterior do capitalismo, as ideias liberais ganham corpo e consistência pela economia capitalista, que passou a prosperar no mundo ocidental desde então. Elas estarão, cada vez mais, presentes no cotidiano dos cidadãos, reificadas pelas formas jurídicas, pelos modos de produção, pelas instituições e pelas relações pessoais que, cada um à sua maneira, perpetuam e propagam o valor da liberdade entre os homens.

Já no que se refere às características da democracia enquanto regime histórico, marcado pela indeterminação das posições a partir do conceito de igualdade, o conjunto de proposições que constitui a Declaração dos Direitos do Homem e do Cidadão na Revolução Francesa foi inspirado por uma reivindicação de liberdade que arruína a ideia de um poder situado acima da sociedade, dispondo de legitimidade absoluta, incorporado pelo monarca ou pela instituição monárquica. Essa nova possibilidade de pensar e de exercer o poder é assegurada pelo princípio de liberdade política, que garante ao cidadão o direito de *resistir à opressão*. Nesse sentido, ocorre uma mudança completa na sociedade: "A democracia triunfou instituindo uma separação entre a sociedade civil, lugar das opiniões sem poder, e o Estado laico liberal, lugar do poder sem opiniões" (Lefort, 1986:47). Pode-se atribuir à democracia, tal como o faz Claude Lefort, a garantia do direito ao protesto, à reivindicação e à crítica. A temática da liberdade é cara tanto ao liberalismo quanto à democracia moderna.

Ao pensarmos em nossa sociedade brasileira, urbana e contemporânea, é inegável que a herança liberal se faz presente, encarnada, viva. Seja nos valores cultivados — como o individualismo, a competitividade e a liberdade — seja nos meios de produção e nas práticas de consumo, o referencial liberal e da economia de mercado é sensível. A ideia e a experiência de liberdade têm enorme importância na constituição dos modos de ser contemporâneos, mesmo que a liberdade em questão não tenha traços liberais marcantes. Esses sentidos de liberdade, que se aproximam da noção de liberdade liberal, encontram-se difundidos em nossa sociedade e constituem a maneira como os sujeitos pensam a si mesmos, os outros, o espaço em que estão inseridos. Entretanto, não entendo que esse referencial seja o único disponível em nossa sociedade, nem considero possível afirmar que os processos de subjetivação que se verificam atualmente nesse contexto produziriam "subjetividades liberais".

Meu propósito nesta pesquisa foi de me aproximar desses sentidos de liberdade — que constituem uma "opinião comum" e fazem parte das narrativas do cotidiano, sem terem sido aprendidos enquanto um conteúdo formal, ou como uma teoria — para pensar esses sentidos como produções que constituem as subjetividades dos jovens. Além disso, as questões trazidas pelos jovens durante o trabalho de campo me ajudaram a pensar e problematizar a ideia de liberdade liberal, que há tempos assume posição hegemônica tanto nas produções teóricas das ciências humanas quanto nas relações políticas em nossa sociedade.

A LIBERDADE DOS MODERNOS E O DESINVESTIMENTO DO ESPAÇO PÚBLICO

Ao buscarem definir liberdade, muitos autores se remetem aos primórdios do conceito, à Grécia Antiga. A construção do espaço público, a superioridade dos valores coletivos e a ideia de que a conquista de bens deveria se dar em função de objetivos comuns são marcas da democracia antiga (Bignotto, 2002). A noção de liberdade grega implica a igualdade política entre os sujeitos, o que impediria que as decisões fossem tomadas sob coerção de alguns ou pelo uso da força.

A sociedade moderna também se constitui tendo a liberdade como valor central. Entretanto, conferir equivalência às liberdades antiga e moderna é um erro, pois são noções distintas e estão inseridas em mundos políticos e contextos sociais completamente diferentes um do outro. Uma vez que me proponho a discutir as consequências do exercício da liberdade liberal para a convivência com o outro, problematizar a relação do sujeito moderno com a liberdade e com o espaço público torna-se imprescindível.

Em seu importante texto "Da liberdade dos antigos comparada à dos modernos", de 1815, Benjamin Constant, pensador liberal francês, esmiúça as dificuldades de se compararem as duas noções de liberdade.

> O objetivo dos antigos era a partilha do poder social entre todos os cidadãos de uma mesma pátria. Era isso que denominavam liberdade. O objetivo dos modernos é a segurança dos privilégios privados, e eles chamam liberdade as garantias concedidas pelas instituições a esses privilégios. (Constant, 2005:16)

Uma das razões para identificarmos os diferentes objetivos em relação à liberdade para antigos e modernos é que, para os gregos, a democracia não era concebida a partir de uma noção positiva de indivíduos, isto é, os cidadãos gregos não eram entendidos como *pessoas*. A noção de pessoa, tipicamente moderna, traz em si "o respeito pelo indivíduo que a civilização ocidental passou a alimentar" (Sartori, 1994:54). A liberdade dos antigos é marcada pela simultânea participação dos cidadãos (e não das "pessoas") nos assuntos públicos e pela negação total da individualidade privada. Já a liberdade dos modernos "baseia-se num individualismo de princípios, ou seja, na ideia de que o indivíduo vale mais do que a totalidade. [...] [É] forçoso, então, reconhecer uma inevitável separação entre a esfera da vida política (comum) e a da vida social (individual)" (Tavaillot, 2000:100).

A democracia antiga pautava-se pela discussão, entre os cidadãos livres, do que seria o bem comum, das práticas e decisões necessárias para alcançá-lo. Nessas discussões, a palavra (o argumento) não deveria ser tomada segundo os interesses individuais, mas sim em nome dos interesses coletivos. Já na modernidade, a democracia tem como seus pilares o individualismo e a dimensão privada dos indivíduos. Assim, a discussão coletiva na modernidade é marcada pelas diferentes posições dos cidadãos envolvidos no debate político, e a diferença e a diversidade não são incompatíveis com a ordem social e com o bem-estar político da sociedade. Para o projeto da democracia liberal, que reúne os propósitos de representação política, de igualdade (ainda que seja igualdade de direitos), de independência dos indivíduos e de valorização da liberdade individual, o objetivo político é a construção de um sistema de *consenso discordante*. As diferentes partes, com seus interesses distintos, procurariam acordos (consensos) em que seus interesses estivessem resguardados o máximo possível, ainda que algumas concessões tivessem que ser feitas em nome da ordem social. É pelo fato de que o indivíduo moderno possui uma dimensão privada, isto é, "é por *não ser apenas* um cidadão que o indivíduo moderno tem necessidade de ser representado" (Tavaillot, 2000:100; grifos do autor).

Retomando o texto de Constant, vemos que o pensador já delineava, há 180 anos, os riscos envolvidos numa concepção liberal de sociedade (que ele denomina por "sociedade moderna"), atrelando a participação política de seus cidadãos aos seus interesses individuais.

> Eis por que, tendo em vista que a liberdade moderna difere da antiga, conclui-se que ela está ameaçada também por um perigo de espécie diferente. O perigo da liberdade antiga estava em que, atentos unicamente à necessidade de garantir a participação no poder social, os homens não se preocupassem com os direitos e garantias individuais. O perigo da liberdade moderna está em que, absorvidos pelo gozo da independência privada e na busca de interesses particulares, renunciemos demasiado facilmente a nosso direito de participar do poder político. (Constant, 2005:23)

Esse parece ser um grande problema para os teóricos modernos da democracia. Ao se voltarem para suas vidas pessoais, os indivíduos esperam que a política faça-se "por si mesma", que as questões de foro coletivo resolvam-se sem que cada sujeito precise se afastar dos afazeres cotidianos, do trabalho, da vida afetiva e familiar. Para Chantal Mouffe, a noção de bem comum, que antes do advento da modernidade orientava a política na democracia grega, agora se esfacela nos particularismos e na vida privada. Ela afirma que, com o surgimento da ideia moderna de indivíduo, com todas as mudanças decorrentes da laicização do Estado (como o princípio da tolerância religiosa e o desenvolvimento da sociedade civil), ocorre uma separação entre a política e a chamada "esfera da moralidade": "Crenças morais e religiosas são assuntos privados sobre os quais o Estado não pode legislar, e o pluralismo é um tema crucial na democracia moderna, o tipo de democracia caracterizado pela ausência de um bem comum substantivo" (Mouffe, 2005a).

Nesse cenário, a representatividade política ganha um papel definitivo para a democracia. Nas sociedades modernas, a participação do povo é pensada por meio da representação dos diferentes setores da sociedade pelos políticos eleitos, que irão lutar em nome dos interesses de determinados grupos, liberando a enorme maioria dos indivíduos do "fardo" da participação política direta para que possam se ocupar de suas atividades privadas. Para Bignotto (2002), o cenário erigido pela representatividade política da democracia é de cidadãos passivos, que se veem distanciados da esfera das decisões políticas. O autor se pergunta sobre como podemos, hoje, cultivar a esfera política, pensar coletivamente o bem comum, num mundo em que todos os sujeitos estão implicados em suas vidas privadas. Também Tavoillot afirma: "o que os Modernos ganham em individualização correm o risco de perder em participação" (Tavaillot, 2000:101).

Sartori levanta questão similar, indagando "como podemos combinar aquele grau de *iniciativa individual* necessário ao progresso com o grau de *coesão social* necessário à sobrevivência?" (Sartori, 1994:168). Ele afirma que este será sempre um problema por resolver nas democracias liberais, mas não chega a discutir os possíveis encaminhamentos e desdobramentos que podem ser dados a essa questão.

Todas essas questões remetem a uma discussão mais geral acerca dos possíveis modos de participação dos indivíduos na vida social moderna. O esvaziamento gradativo de espaços tradicionais de discussão, de fóruns de debate e decisão é apontado por muitos autores como efeito do retraimento dos indivíduos contemporâneos para os espaços privados. Entendendo que há uma dimensão da vida humana de nossa sociedade que não pode abdicar do encontro, da negociação e da troca entre os sujeitos para que a sociedade seja possível, pensar os modos de participação que são viabilizados em meio à exigência de realização individual na atualidade coloca-se como um desafio para o campo da teoria política. A questão que pretendo responder neste livro aproxima-se dessa discussão em muitos pontos. A investigação sobre os sentidos que os jovens dão à liberdade, sobre o espaço que esse valor tem em suas vidas e os modos como eles a colocam em prática gerou um valioso material empírico para entender como esses jovens se veem e agem em espaços coletivos de convivência. E, se assumimos que a ideia de liberdade de inspiração liberal tem como forte referência o individualismo e a valorização do espaço privado, o convívio e a negociação com o outro tendem a ser experienciados como uma situação de incômodo, de estorvo, gerando obstáculos ao livre exercício dos direitos, desejos e potencialidades dos indivíduos. Nesse sentido, convidei os jovens a falar de suas experiências cotidianas para entender como o outro é visto e significado quando se fala de liberdade. Em minha pesquisa de campo, interessei-me por entender se a noção liberal de liberdade é a única evocada pelos jovens ao conversarmos sobre o tema, verificar se surgiram outras significações possíveis, e que possibilidades de sentimentos, ações coletivas e participações se delineiam a partir de suas falas.

LIBERDADE NEGATIVA:
O CONCEITO DE LIBERDADE LIBERAL

Como afirmei inicialmente, há, entre os autores liberais, diferentes definições acerca da noção de liberdade, assim como de seus limites e regulações na sociedade. Entretanto, algumas características desse conceito são recorrentes, como a associação da liberdade à ideia de independência e o fato de a liberdade ser um atributo individual.

Tal definição de liberdade é a que Isaiah Berlin denominou como "liberdade negativa" em seu célebre texto "Dois conceitos de liberdade" (Berlin, 2002). A liberdade negativa está relacionada à esfera que o sujeito tem ou recebe para fazer ou ser o que quiser, sem sofrer a interferência de outros sujeitos. Segundo Berlin, tal seria o sentido de liberdade assumido pela maioria dos autores liberais. Entendendo que a dimensão da liberdade individual é garantida na medida em que o indivíduo (ou um grupo) não sofre interferência, isto é, coerção de outrem (que podem ser outros indivíduos, grupos, ou mesmo o Estado), alguém é livre na medida em que pode agir e se expressar segundo seus interesses e preferências. *Liberdade negativa* e *independência individual* são definições equivalentes, segundo Berlin: "Quanto maior a área de não interferência, mais ampla minha liberdade" (ibid., p. 230).[4]

É interessante observar que os autores liberais clássicos presumiam que "a área de livre ação dos homens deve ser limitada pela lei", pois, se cada indivíduo exercesse sua liberdade sem limites, o caos e a anomia social inviabilizariam a convivência entre as liberdades individuais. Entretanto, esses pensadores também defendiam, segundo Berlin, "que existia certa área mínima de liberdade pessoal que não deve ser violada de modo algum [...]. Segue-se que é preciso traçar uma fronteira entre a área da vida privada e a da autoridade pública" (Berlin, 2002:231). Para entendermos essa dupla afirmativa, temos que ter em mente o contexto em que os valores liberais (e a ideia de liberdade negativa) emergiram: os pensadores dos séculos XVII e XVIII viviam em monarquias, e era preciso garantir, no seu entender, a liberdade do homem através do respei-

---

[4] Ao conceito de liberdade negativa, Berlin opõe o de "liberdade positiva", sendo este pensado enquanto autonomia do sujeito. De inspiração kantiana, a liberdade positiva está relacionada à capacidade de o sujeito estabelecer para si próprio as regras para sua conduta, e obedecer a essas regras. Ser livre, portanto, significa ser capaz de agir conforme princípios que foram tomados pelo próprio sujeito como princípios, e não impostos a ele por outrem. Berlin levanta uma série de questionamentos a essa acepção de liberdade, especialmente porque, ele observa, houve uma apropriação dessa ideia por governos totalitários que se colocaram na posição de "sujeitos racionais", determinando os princípios e regras para a sociedade como um todo. Nesses casos, os cidadãos foram alienados da posição de sujeitos, e o Estado tomou para si a função de impor as regras e leis à sociedade, tendo como parâmetro o "bem comum". Ao fazer esta análise, Berlin se coloca claramente em favor do conceito de liberdade negativa, pois considera que este causa menos "danos" do que o conceito de liberdade positiva, se mal empregado.

to à Constituição. Essas mesmas leis que protegiam os indivíduos dos abusos dos governantes (fossem o Rei ou os parlamentares) também funcionavam para garantir a convivência entre os indivíduos, no exercício de suas liberdades individuais. Circunscrever o espaço da liberdade pessoal como sendo o espaço da vida privada, da individualidade, foi uma maneira encontrada pelos liberais de garantir que cada cidadão pudesse gozar dessa parcela de liberdade que lhe cabe: podendo se expressar livremente, ter a crença e a religião que bem entender, circular pelo espaço público sem ser impedido, associar-se a grupos e sindicatos conforme a sua vontade, dentre outras liberdades. Tais liberdades foram alçadas à categoria de direitos, e encontravam-se (como estão até hoje) garantidas nas Constituições dos países democráticos.[5]

Segundo Feinberg, no verbete "Liberdade" da *Routledge Encyclopedia of Philosophy*, é possível distinguirmos entre as noções de autonomia (que Berlin define como liberdade positiva) e a liberdade de escolha (que se aproxima da definição de liberdade negativa). Esta última é definida da seguinte maneira por Feinberg:

> A total habilidade de fazer, escolher ou conquistar coisas, que pode ser denominada liberdade de escolha [*optionality*], é definida como a posse de escolhas em aberto. [...] Liberdade de escolha é quando uma pessoa tem uma opção aberta em relação a uma possível ação, x, quando nada nas circunstâncias objetivas a impede de fazer x se se quer fazê-lo, e nada força que se faça x se não se quer fazê-lo. Uma pessoa tem liberdade de ação quando pode fazer o que quer/deseja, mas para gozar do benefício completo da liberdade de escolha, esta deve ser complementada pelo livre-arbítrio, que consiste em ser capaz

---

[5] O Código Civil Brasileiro, de 2002 (L10406), legisla sobre os direitos e deveres do cidadão brasileiro. Em relação aos limites do exercício das liberdades civis, o Artigo 187 é enfático quanto ao respeito à liberdade dos demais cidadãos: "Art. 187. Também comete ato ilícito o titular de um direito que, ao exercê-lo, excede manifestamente os limites impostos pelo seu fim econômico ou social, pela boa-fé ou pelos bons costumes" (Brasil, 2002).

de querer o que alguém pode querer, livre de impedimentos psicológicos internos. (Feinberg, 1998:754)

Vemos surgir aí um espaço próprio do indivíduo, uma região íntima sobre a qual ele seria o único a ter poder de decisão e de controle. Trata-se do pressuposto de um indivíduo que, apesar dos eventuais limites impostos pela convivência social e pela regulação política, tem o direito de ser livre, isto é, de preservar esse espaço em que a decisão, a ação e o pensamento só dependem dele mesmo. Esse espaço íntimo e privado se oporia ao espaço da regulação pública, coletiva, política, reservando ao indivíduo um domínio de deliberação particular, próprio do pensamento moderno. Segundo essa perspectiva, os pensadores liberais estão de acordo que

alguma parte da existência humana deveria permanecer independente da esfera de controle social. Invadir essa área reservada, embora pequena, seria despotismo. [...] a liberdade nesse sentido significa liberdade *de*; ausência de interferência além da fronteira mutável, mas sempre reconhecível. (Berlin, 2002:233; grifos do autor)

Uma liberdade exercida individualmente, em que aquele que é ou deseja ser livre almeja concretizar suas metas e vontades. O indivíduo livre (e aqui cabe ressaltarmos que esse indivíduo é adulto, maduro, independente econômica e afetivamente de outros adultos) *sabe* o que quer. Seu problema é alcançar os meios para realizar seus desejos. Se esse indivíduo consegue atingir seus objetivos, isso significa que os obstáculos que se colocaram à sua vontade — caso tenham surgido — não o impediram de exercer sua liberdade. Além disso, a convivência de indivíduos que lutam por alcançar seus objetivos promove, segundo grande parte dos autores liberais, uma atmosfera de competitividade na sociedade. Para Adam Smith, por exemplo, importante liberal que viveu no século XVIII, a competição é positiva e deve ser entendida, no fundo, como cooperação. Como afirma Grondona (2000:58), "ao competir com o outro, você lhe faz o grande serviço de o obrigar ao esforço, à busca dos próprios limites. Leva-o à própria superação, prestando--lhe um serviço. Numa sociedade competitiva, todos nos estimulamos reciprocamente." Esse "estímulo mútuo" só é possível porque os indivíduos estariam mobilizados, acima de tudo, pela realização individual — o que demanda, na perspectiva liberal, uma parcela considerável de liberdade negativa.

E que obstáculos a liberdade individual, em seu sentido negativo, poderia encontrar? Para Berlin, assim como para a maioria dos liberais, os impedimentos ao exercício da liberdade de alguém seriam a coerção, o constrangimento e a escravidão — todas ações impostas por outros homens. As limitações naturais (não ligadas às deliberações humanas) não podem ser compreendidas como constrangimentos quando caracterizada uma situação de impedimento à ação.[6] Se sou muito baixa, se sou magra demais ou gorda demais, e alguma dessas características me impede de realizar alguma ação ou alcançar algum objetivo que desejo, isso não significa que eu não tenha liberdade. Se não pude sair de casa para um compromisso porque caía uma tempestade e a cidade ficou alagada, não posso lamentar que fui privada de liberdade nesta ocasião. Se não possuo a idade mínima para votar, não posso dizer que minha liberdade é, por isso, limitada. Trata-se de *contingências*, diria um liberal.

---

[6] Uma discussão instigante e extremamente atual envolvendo os limites da deliberação humana e da contingência natural pode ser encontrada no livro de Jürgen Habermas, *O futuro da natureza humana: a caminho de uma eugenia liberal?* (2004). Nesse livro, Habermas discute os desafios éticos para a humanidade no que diz respeito aos avanços da biotecnologia e os impactos da manipulação genética para a liberdade humana. Em situações nas quais é possível fazer o diagnóstico genético pré-implantação de embriões humanos (DGPI), por exemplo, doenças podem ser evitadas, mas também podem-se escolher caracteres genotípicos do futuro feto. Em ambos os casos, a *contingência natural*, condição que não implica limitação da liberdade individual por ser fruto do acaso, é substituída pela manipulação humana *deliberada* do embrião, o que pode ser tomado como uma limitação da liberdade individual antes mesmo que o embrião se constitua enquanto pessoa.

Entretanto, podemos tomar essa leitura das "coisas como são, e não como gostaríamos que fossem", ou, em outras palavras, essa perspectiva pragmática, como sendo muito simplista, tratando as questões como "factuais", como dados que se impõem com a força de uma evidência. Se eu refletir sobre o estabelecimento dos critérios de beleza para, por exemplo, ser aceita em certas profissões, tais critérios não parecerão a mim como evidências, mas como tendo sido pensados por outras pessoas — o que muda completamente a perspectiva factual de que eu não me adéquo a determinado trabalho porque não possuo o biotipo necessário. Da mesma maneira, é possível atribuir a péssimas gestões públicas e à má qualidade da infraestrutura urbana (resultado de políticas públicas ruins) o fato de que, com uma tempestade, a cidade tenha se alagado até uma situação de caos urbano. Por fim, posso questionar a idade mínima para exercer o direito ao voto, evidenciando que a mesma é fruto de deliberações e acordos humanos, não contendo nenhuma evidência em seu conteúdo. Em todas as três situações, o que antes aparecia como uma contingência natural ou temporal ganha contornos de ação humana, e podem ser, a partir daí, tomadas como obstáculos à liberdade individual.

Ao discutir essa delicada questão, Berlin faz um comentário que remete ao argumento que irei desenvolver no capítulo 3: graças ao fato de que apenas as ações que podem se relacionar à conduta humana são consideradas possíveis obstáculos à liberdade, o autor considera que *a falta de liberdade se dá apenas quando outros indivíduos nos impedem de alcançar uma meta*. Aqui, o autor utiliza o termo "liberdade política" para falar do exercício da liberdade sem a intervenção de *outros*. Vemos que é na relação com o outro — que constrange, limita, perturba a liberdade do indivíduo — que é feita a referência da liberdade ao campo da política, isto é, é na reflexão sobre os *limites* da liberdade, que se colocam na relação *entre* os indivíduos, que o termo aparece relacionado à política. Apesar de tratar-se em última instância de um direito ou prerrogativa individual, a liberdade negativa demanda a constante negociação entre os indivíduos que exercem poder uns sobre os outros e/ou desejam agir livremente. Eis a passagem:

> Normalmente sou considerado livre na medida em que nenhum homem ou grupo de homens interfere com a minha atividade. A liberdade política nesse sentido é simplesmente a área na qual um homem pode agir sem ser obstruído por outros. Se outros me impedem de fazer o que do contrário eu poderia fazer, não sou nessa medida livre; e, se essa área é restringida por outros homens além de certo valor mínimo, posso ser descrito como coagido ou, talvez, escravizado. [...] A coerção implica a interferência deliberada de outros seres humanos na minha área de atuação. *Só não temos liberdade política quando outros indivíduos nos impedem de alcançar uma meta. A mera incapacidade de alcançar uma meta não é falta de liberdade política.* (Berlin, 2002:229; grifos meus)

A perspectiva de pensar a liberdade individual em seu sentido *político* é, a meu ver, imprescindível para tratar o tema da liberdade na atualidade. Berlin ressalta que os defensores da liberdade negativa como valor central da sociedade compartilham a crença de que a autorrealização do homem só é possível em condições de liberdade, isto é, de "não interferência" nessa área privada dos indivíduos. Ainda que os liberais entendam e aceitem que a coerção do indivíduo pelo Estado e pelas leis se faça necessária em determinadas situações nas quais sua ação ameaça as liberdades de outros indivíduos, também defendem que o homem deva ter o direito de exercer sua liberdade sem ser limitado, para que possa se desenvolver da maneira mais autêntica possível.

Um problema que se coloca a partir da politização do conceito de liberdade liberal é: como pensar a interação entre diferentes indivíduos, em espaços coletivos, se cada um dos indivíduos é movido por seus próprios interesses, e o que mais desejam é realizar livremente suas vidas em uma esfera privada de atuação? Em outras palavras: se assumimos o *a priori* liberal de que diferentes indivíduos são guiados por interesses particulares, ainda assim chegamos ao ponto de que, certamente, ao exercerem sua liberdade em espaços compartilhados, seus interesses entrarão em choque, colidirão. Portanto, de alguma maneira, a minha liberdade individual *diz respeito ao outro*, àquele que não compartilha necessariamente meus interesses.

Indo um pouco mais além, é legítimo levantarmos questões sobre o próprio estatuto do sujeito liberal — encarnado no cidadão comum, ele sabe o que quer, é movido por interesses individuais e encontra nos demais indivíduos que tenham interesses diferentes dos seus obstáculos para a concretização de sua liberdade. Tal pressuposto, de grande difusão nas teorias políticas, econômicas e sociais contemporâneas, torna de difícil entendimento uma série de comportamentos e ações humanas que não se explicam pela lógica do interesse individual, reservando a essas práticas a classificação de "patológicas", "selvagens" ou "pouco adaptadas" (Grondona, 2000:54).

Não podemos esquecer que a moral religiosa protestante é forte componente das ideias liberais desde os primórdios do liberalismo clássico. Trata-se de uma maneira muito específica de pensar o mundo, o trabalho e a relação entre os homens, que se pretende extrapolar para outras culturas e tradições através do elogio à noção de "indivíduo livre para buscar seus interesses". Diante dessa visão de mundo, práticas como o ócio (ou, em outras palavras, o desinteresse pelo progresso), o Estado religioso (em que a dimensão individual dissolve-se no destino de um povo ou de um grupo religioso), ou mesmo a abnegação de prazeres individuais em nome de causas maiores, coletivas (que não podem ser reduzidas à ideia de "muitos lutando pelos mesmos interesses individuais") são tomadas pela ótica hegemônica liberal como barbarismo, ou mesmo patologia.

Se tomarmos as relações que se estabelecem com o outro a partir de um referencial não liberal, que não se pauta pela individualidade dos sujeitos em relação, mas pela constituição subjetiva atrelada inerradicavelmente ao outro, veremos que a noção de liberdade ganha nuances até então impensáveis (como, por exemplo, os sentimentos de angústia e mal-estar que podem acompanhar a ação livre). Essa direção nos oferece outro entendimento para o campo do político que não uma arena (representativa) para a defesa de interesses individuais. Proponho que a dimensão política envolve uma atividade que necessariamente convoca diferentes posições para a interação, movidas pelo conflito, isto é, pelas diferenças de posições nem sempre negociáveis ou redutíveis umas às outras. No capítulo 3, aprofundarei essa discussão, aproximando a ideia de liberdade ao domínio da política, o que implica a relação com o outro em seu exercício. Por ora, me deterei em mais alguns aspectos da liberdade na teoria liberal que considero necessários para a delimitação deste conceito.

A LIBERDADE COMO EXERCÍCIO DA INDIVIDUALIDADE E DOS INTERESSES PRIVADOS

Vemos ser reiterada, entre praticamente todos os grandes autores liberais, a liberdade como um valor de suma importância para o indivíduo, como uma qualidade que surgiria da ampliação das possibilidades de escolha, de expressão e de realização individual.[7] É

---

[7] Podemos citar como exemplo de autor liberal que não desenvolve sua obra em torno da ideia de liberdade negativa John Rawls. O teórico não se enquadra na discussão do liberalismo através da discussão da independência individual. Entretanto, seus textos apresentam o consenso como elemento indispensável ao funcionamento da sociedade liberal democrática. O consenso seria estabelecido entre os indivíduos a respeito de certas noções fundamentais relativas à experiência política, e possibilitaria a associação política entre diferentes pessoas, com suas diferentes concepções de "bem". Segundo Mouffe, a questão colocada por Rawls é o problema "da *justiça* política, e requer o estabelecimento de termos justos de cooperação social entre cidadãos considerados livres e iguais, mas também divididos por profundo

notável que o sentido negativo de liberdade seja pensado como um direito ou uma qualidade íntima que precisaria ser cuidado, preservado, garantido e protegido das ameaças do Estado ou de outros indivíduos que porventura se precipitassem sobre a liberdade alheia.

> Com o termo "liberdade" os liberais designam precisamente a liberdade em sentido negativo, ou seja, como limitação ou mesmo a interdição (em determinados espaços e situações) à utilização do monopólio da violência pelo poder político-estatal. Um Estado respeitador da liberdade entendida desse modo teria como funções básicas promover a autonomia dos sujeitos privados (através do respeito a essas interdições), garantir o cumprimento dos contratos, abster-se de violar as liberdades individuais, impedir um particular de violar a liberdade de outrem ou punir esse mesmo particular se já fosse tarde demais. (Silva, 2003:15)

Já no verbete "Liberalismo" de seu *Dicionnaire d'éthique et de philosophie morale*, Canto-Sperber faz questão de reforçar a ideia de que

> todos estão de acordo ao dizerem que os liberais se preocupam com a liberdade e [...] que essa liberdade consiste, muito particularmente, na liberdade negativa. O liberalismo é antes de tudo a doutrina segundo

---

conflito dogmático" (Mouffe, 2005b:23; grifos da autora). Portanto, ainda que a posição de Rawls não possa ser colocada lado a lado à de outros liberais no que diz respeito ao conceito de liberdade negativa, sua concepção de sujeito da política — e, por conseguinte, de cidadão da democracia, capaz de exercício da liberdade — é a de sujeito autônomo, autocentrado, tributária da filosofia racional. Rawls acredita que, apesar de a concordância racional entre crenças religiosas e doutrinas filosóficas ser impossível, no domínio político tal entendimento pode ser alcançado, uma vez que as doutrinas controversas sejam relegadas à esfera privada (Mouffe, 2005b). Segundo Habermas (2007:93-94), a definição de política em Rawls se opõe à metafísica, satisfazendo uma exigência básica do liberalismo: "[ao] manter-se neutro em face de imagens de mundo ou *comprehensive doctrines* [doutrinas abrangentes] concorrentes, Rawls associa à expressão 'político' uma interpretação muito particular de neutralidade". Sua defesa do consenso político fundamental e de justiça ampliada (enquanto acordo político básico) é importante tema de filiação de Rawls ao liberalismo.

a qual o Estado deve tomar uma forma tal que a liberdade negativa aí se encontre honrada ou realizada ao máximo no seio de uma sociedade. (Canto-Sperber, 1996:827)

É exatamente nesse sentido que o filósofo inglês John Stuart Mill encaminha sua obra e especialmente seu ensaio *Sobre a liberdade*, publicado em 1859, trabalho fundamental para a formação do liberalismo moderno. Preocupado com as ameaças às quais as liberdades individuais estariam expostas, Mill procura discutir as razões pelas quais os homens querem impor coerções uns aos outros. Defensor dos princípios de tolerância, de liberdade de expressão e de religião, o filósofo crê, como afirma Berlin,

> na rígida limitação do direito de coerção, porque está certo de que os homens não podem desenvolver e florescer, tornando-se plenamente humanos, a menos que fiquem livres da interferência de outros homens dentro de uma certa área mínima de suas vidas, que considera — ou deseja tornar — inviolável. (Berlin, 2000:XXXI)

Para Mill, importa discutir e defender a liberdade social ou civil e, com isso, discutir profundamente as limitações que o Estado estaria autorizado a exercer sobre o indivíduo, polemizando esses limites e sua legitimidade em nome da liberdade individual.

> A única parte da conduta de cada um, pela qual é responsável perante a sociedade, é a que diz respeito aos outros. Na parte que diz respeito apenas a si mesmo, sua independência é, de direito, absoluta. Sobre si mesmo, sobre seu corpo e mente, o indivíduo é soberano. (Mill, 2000:18)

A tolerância à diferença e o respeito ao direito individual de pensar e agir segundo crenças e valores pessoais é temática cara a Mill. Vale lembrar que a defesa desses direitos é feita por ele em uma sociedade que não os garantia plenamente, nem por meios legais nem na convivência diária entre seus cidadãos. Essa preocupação fica clara na passagem a seguir: "A humanidade ganha mais tolerando que cada um viva conforme o que lhe parece bom do que compelindo cada um a viver conforme pareça bom ao restante" (Mill, 2000:22).

Pensar em alternativas ao despotismo político e social é, sem dúvida, um dentre os grandes feitos teóricos de Mill que lhe valeram o reconhecimento de fundador do liberalismo. Entretanto, para nós que vivemos num mundo que já assimilou as principais ideias e valores liberais em suas práticas, e que vemos a economia mundial funcionando segundo os preceitos do capitalismo liberal, cabe perguntar se essa oposição dicotômica entre *tolerância das diferenças e liberdades individuais* versus *imposição de um único modo de pensar que levaria à irracionalidade e à violência* traz os dois únicos posicionamentos possíveis na atualidade. Ou, como afirma Jacques Rancière, que a lógica da política consiste em manifestar que a compreensão entre sujeitos é o campo da divisão, da separação, do desentendimento. Não atentar para essa especificidade do político

> é encerrar-se em falsas alternativas que exigem uma escolha entre as luzes da racionalidade comunicativa e as trevas da violência originária ou da diferença irredutível. A racionalidade política só é pensável de maneira precisa se for isolada da alternativa em que um certo racionalismo quer enclausurá-la: *ou* a troca entre parceiros que colocam em discussão seus interesses ou normas, *ou* a violência do irracional. (Rancière, 1996b:55)

Da maneira como estou colocando o problema da liberdade, isto é, através de sua aproximação ao campo da política, os dois polos da organização liberal do problema se afastam do exercício da política. Tolerar a diferença significa aceitar que ela exista, mas também implica um distanciamento, uma individualização das escolhas, como se essas escolhas não se remetessem em momento algum à coletividade ou aos interesses comuns. Por outro lado, impor a todos um único modo de proceder e de pensar equivale às práticas totalitaristas que aniquilam a política, pois todas as dimensões da vida das pessoas estariam submetidas ao controle do Estado, não havendo assim espaço para o exercício do dissenso, para o debate legítimo das diferentes posições em jogo, condições fundamentais para o exercício da política.

O que eu gostaria de propor, especialmente para o enfoque da liberdade a partir da análise das falas dos jovens participantes da pesquisa de campo, é que a liberdade pode ser pensada além dessa dicotomia, em termos que incluem o outro no campo de seu exercício, trazendo para o debate questões que se referem à coletividade e que são afetadas pelas escolhas individuais.

Sabemos, entretanto, que a noção de liberdade é recorrentemente afirmada em nossa sociedade, pelo senso comum, a partir de sua leitura liberal. Um dos autores do século XX que mais contribuíram para a articulação do conceito de liberdade em seu sentido negativo com a economia foi Friederich Hayek. Nascido em Viena, na Áustria, em 1899, o autor ultraliberal inspirou o liberalismo norte-americano contemporâneo. Em seu livro *Os fundamentos da liberdade*, de 1959, Hayek desenvolve minuciosamente o argumento da liberdade individual como bem supremo das sociedades modernas. Seus textos foram importantes referenciais para a ascensão do neoliberalismo na década de 1970, quando o mundo ocidental foi marcado pela retomada dos preceitos individualistas que caracterizaram o liberalismo clássico e que haviam sido minorados durante o período pós-guerras, com as políticas do chamado Estado do bem-estar social. Observam-se algumas mudanças na política e na economia liberais que retomaram o individualismo como uma forte tendência, exacerbaram a competitividade e tomaram as leis do mercado como reguladoras das relações interpessoais e internacionais. O Estado é esvaziado de poderes e a iniciativa privada assume uma série de responsabilidades que antes eram desempenhadas pelo governo (como a saúde, a educação e os transportes), reavivando os valores liberais de individualidade, competitividade e independência dos indivíduos.

Segundo Anderson (1994), o neoliberalismo tem início com o pensamento de Hayek, que argumenta a favor da desigualdade afirmando-a como um valor positivo, do qual as sociedades ocidentais precisariam para se desenvolver. O neoliberalismo foi, inicialmente, uma proposta econômica radical, que previu uma profunda adaptação dos Estados a partir da década de 1970, visando promover a revitalização do capitalismo no mundo.

Para Hayek, liberdade é uma palavra cujo principal significado está associado, na modernidade, ao indivíduo. Para ele, a atuação política do Estado em nome da defesa da liberdade deve sempre ter como tarefa "minimizar a coerção ou seus efeitos negativos, ainda que não possa eliminá-la completamente" (Hayek, 1983:5). Isso significa que a experiência individual de liberdade é a possibilidade de o homem agir segundo seus próprios planos e resoluções, sem submeter-se à vontade arbitrária de outros sujeitos ou grupos.

"Liberdade pressupõe que o indivíduo tenha assegurada uma esfera privada, que exista certo conjunto de circunstâncias no qual os outros não possam interferir" (Hayek, 1983:6). Na liberdade defendida por Hayek, o conceito é negativo, assim como o são as noções de paz, segurança, calma, que ganham inteligibilidade ao se constituírem como ausências (de guerra e violência, de perturbação, de transtornos). "[Liberdade] define a ausência de um obstáculo determinado — a coerção do homem pelo homem. [...] A liberdade não nos assegura qualquer oportunidade específica, mas deixa a nosso critério a forma de usar as circunstâncias nas quais nos encontramos" (ibid., p. 15).

Hayek, assim como Mill, procura defender radicalmente a *diferença*, que seria uma característica marcante das sociedades liberais.

Para tanto, o autor constrói sua argumentação em favor da diversidade, do direito à livre expressão de diferentes ideias, modos de viver, crenças religiosas e comportamentos com base numa argumentação evolucionista da sociedade. Permitir que haja uma grande variabilidade de comportamentos, pensamentos e experiências e defender o direito de existência e de manifestação dessa diversidade devem ser alguns dos principais objetivos do Estado liberal. Ao argumentar em favor da diversidade, o autor se opõe ao pensamento próprio da teoria democrática em que o Estado deveria se esforçar por garantir e promover a igualdade entre os cidadãos. Caso essa seja uma diretriz da política, correr-se-ia o sério risco de se restringirem as liberdades individuais em nome de uma igualdade homogeneizante: "O progresso e a preservação da civilização dependem de um máximo de oportunidades para que as coisas possam acontecer" (Hayek, 1983:27).

Ao garantir que os indivíduos possam agir livremente sem cercear suas liberdades, a sociedade liberal seria o solo fértil para o progresso da civilização, pois, acredita o autor, novas ideias, conhecimentos mais avançados e tecnologias cada vez mais sofisticadas poderiam surgir de indivíduos isolados e, mostrando-se úteis para a sociedade, seriam assimilados, imitados, replicados pelos demais. Como podemos ver, trata-se de uma adaptação da teoria darwinista para o funcionamento da sociedade, ou, como o próprio autor denomina, uma "evolução social" (Hayek, 1983:62).

> A liberdade é essencial para que o imprevisível exista; nós a desejamos porque aprendemos a esperar dela a oportunidade de realizar a maioria dos nossos objetivos. E, justamente porque o indivíduo sabe tão pouco e, mais ainda, como raramente podemos determinar quem de nós conhece mais, confiamos aos esforços independentes e competitivos de muitos a criação daquilo que desejaremos, quando tivermos a oportunidade de apreciá-lo. (Hayek, 1983:27)

Para Richard Rorty, pensador norte-americano que discutiu em sua obra o pragmatismo e o pensamento liberal, o pragmatismo pretende definir os valores sociais não enquanto bons ou maus, mas enquanto úteis e não úteis. Essa valorização da utilidade revela, também e principalmente, a influência do evolucionismo no pragmatismo, outra importante corrente do pensamento muito próxima ao liberalismo norte-americano.

Os pragmatistas não se preocupam em definir os critérios do que chamam de "bom" ou de "útil", pois apostam na surpresa, no estímulo, na dimensão futura. Por isso, emergem como valores em sua visão de mundo a diversidade, a liberdade e o crescimento. O pragmatista espera ser surpreendido pela evolução, tanto biológica quanto cultural. (Rorty, 2000:28)

Rorty também ressalta que, na concepção pragmatista, a teoria da evolução da ordem social aponta para o surgimento de uma ordem social como efeito de um processo não planejado previamente, mas sim como resultado da adaptação. E, seguindo o raciocínio já percorrido por Hayek, a política de uma sociedade liberal deve primar pelo mínimo de controle deliberado e pelo máximo de evolução espontânea sem orientação definida, visando o progresso da sociedade/civilização (Rorty, 2000).

As consequências desse modo de pensar a sociedade são muitas. Uma das mais importantes a meu ver é que, em sua obra, Hayek não só admite como também defende que a desigualdade exista e deva ser preservada, tanto entre indivíduos de uma mesma sociedade quanto entre países. "Somente de uma posição avançada se tornam visíveis os novos desejos e possibilidades, de modo que a escolha de novas metas e o esforço exigido para a sua realização começarão muito antes de a maioria poder lutar por elas" (Hayek, 1983:44). Nessa passagem, o autor deixa claro que é imprescindível que haja indivíduos mais bem colocados social e economicamente para que o progresso se dê. O mesmo vale para o panorama mundial: "Na medida em que alguns países lideram, todos os outros podem segui-los, embora talvez neles as condições de progresso espontâneo estejam ausentes" (ibid., p. 47).

Outro desdobramento da posição neoliberal diz respeito à valorização do individualismo. Envolvidos em suas próprias vidas, em suas necessidades individuais, em suas questões de foro privado, os indivíduos relacionam-se em sociedade a partir desse entendimento privado: cada um se cercaria de relacionamentos que gerassem ganhos subjetivos, que contribuíssem de alguma maneira para a felicidade pessoal. As dimensões do trabalho, da família, da vida escolar, religiosa, de amizades, seriam todas atravessadas por uma perspectiva de bem-estar e felicidade individual. Como afirmei até aqui, a potencialização do individualismo e da esfera privada tem consequências para a prática política, uma vez que é promovida a redução das tensões e dos conflitos à esfera individualizada (isto é, a problemas que concernem diretamente ao indivíduo, e não são relacionados ao contexto ou a questões coletivas, de modo geral), e as diferenças ocorrem e são reverberadas nos espaços privados, e não nos espaços públicos. Nesse panorama, a relação com o outro é pensada a partir dos interesses individuais de cada indivíduo envolvido.

Para Milton Friedman, liberal norte-americano contemporâneo de Hayek, as escolhas individuais e suas consequências dizem respeito exclusivamente aos indivíduos. Ele afirma:

> Numa sociedade não há nada que dizer sobre o que um indivíduo faz com sua liberdade; não se trata de uma ética geral. De fato, *o objetivo mais importante dos liberais é deixar os problemas éticos a cargo do próprio indivíduo*. Os problemas "éticos" [...] são os que um indivíduo enfrenta numa sociedade livre — o que ele deve fazer com sua liberdade. (Friedman, 1984:21; grifos meus)

Vemos aqui um claro exemplo da posição dos ultraliberais a respeito da ética, e podemos nos aproximar do entendimento que os mesmos têm desse conceito. Ética equivale, para esses autores, à responsabilidade do sujeito por suas escolhas, mas responsabilidade aparece aqui num sentido bem restrito. Ao defenderem ferrenhamente a liberdade individual, os liberais também valorizam ao máximo a responsabilização individual pelas consequências das escolhas feitas, o que desenha um panorama intrincado na sociedade: o sujeito age movido por interesses privados, mas suas ações podem ter (e na maioria das vezes têm) desdobramentos que ultrapassam o objetivo primeiro daquele que age, comprometendo, atingindo e envolvendo outros indivíduos nesses resultados. Como esses outros também são potencialmente livres, decorre daí que a regulação, o equilíbrio das liberdades na sociedade, seria feito a partir da defesa das liberdades individuais, como expresso na célebre frase "sua liberdade termina onde começa a do outro".

No meu entender, a privatização das escolhas, de suas implicações e seus desdobramentos é a principal responsável pelo afastamento que o liberalismo promove entre sua noção de liberdade e o campo da política. Colocando o peso e a importância nas liberdades individuais, os liberais admitem que toda e qualquer restrição que venha a ser feita a elas deve ser em nome ou da manutenção ou da defesa de outras liberdades, mas não necessariamente em nome de um bem ou de um valor que estariam acima das dimensões individuais (como *sociedade, coletividade, espaço público*).

Para tornar mais claro o sentido que responsabilidade individual e ética assumem para grande parte dos teóricos liberais, em especial para os neoliberais, trago aqui um conceito muito utilizado em economia: a noção de *externalidade*. Segundo Friedman, em entrevista ao documentário *A corporação* (Achbar & Abbott, 2003), "externalidade é o efeito de uma transação entre dois indivíduos sobre uma terceira parte, que não estava envolvida, que não desempenha nenhum papel na transação. [...] E há muitos problemas nisso, não há dúvidas". Esse "efeito" não estaria previsto na relação inicial, e acaba por atingir um indivíduo que não estava inicialmente envolvido no vínculo.

Kolm nos oferece a seguinte explicação acerca do termo:

> Se os atos de uma ou de várias pessoas, trocando ou acordando entre si, afetam ou constrangem outras pessoas por alguma razão, a eficácia [da troca ou do acordo] para o conjunto da sociedade não é mais assegurada pelo caráter voluntário desses atos [...]. Esses efeitos sobre terceiros são *efeitos externos*, ou *externalidades*. (Kolm, 1984:54, grifos do autor)

A liberdade individual nas relações interpessoais é sempre pensada pelos liberais como algo desejável e, acima de tudo, uma escolha dos sujeitos. Entretanto, os "muitos problemas" a que se refere Friedman começam a aparecer a partir do momento em que surgem consequências para terceiros não envolvidos nessas relações. Para esses terceiros, as consequências não foram uma escolha livre, deliberada. Uma vez que o caráter voluntário da relação fica comprometido, faz-se necessário convocar todas as partes que podem vir a ser afetadas por uma interação (comercial, política, social) a opinarem e a participarem, senão pessoalmente, por representação, para que a transação seja mais *eficaz*, isto é, atinja seus objetivos sem cercear as liberdades individuais. Tal seria, por exemplo, a função da política institucional: cuidar para que os diferentes interesses na sociedade sejam garantidos, para que os diferentes indivíduos sejam representados de maneira eficaz, tomando a dimensão política como uma grande arena para os interesses privados.

Outro aspecto pode nos ser útil para entendermos melhor a perspectiva neoliberal: a preocupação com o "outro" só se daria quando esse outro dissesse respeito diretamente ao indivíduo, ou, melhor dizendo, quando pertencesse ao seu círculo privado de relações. Hayek ainda acrescenta, a esse respeito, não ver nenhuma

Questões extremamente importantes, entretanto, permanecem insuficientemente discutidas na abordagem liberal. A principal delas, que em minha discussão surge como questão central, se refere justamente às relações *entre* as liberdades individuais. Se o liberalismo prega uma sociedade em que cada um deve ter o máximo de liberdade possível, que problemas surgem desse projeto? Como os sujeitos realizam essa experiência em suas vidas pessoais? Que conflitos e embates surgem dessa proposta, e como tais conflitos são vividos e mediados? Para Hayek, "liberdade significa, necessariamente, que cada um acabará agindo de uma forma que poderá desagradar aos outros", pois não se podem prever, de antemão, os efeitos e resultados da ação livre. "A liberdade é tão importante justamente porque não sabemos como os indivíduos a usarão" (Hayek, 1983:30). Entretanto, em tempos de conflitos urbanos cada vez mais violentos, de problemas sociais profundos, e quando os indivíduos, em sua grande maioria, assumem o ideal liberal de privacidade, busca da felicidade individual, segurança e competitividade, percebemos que a politização da ideia de liberdade se faz necessária.[9]

Ao atribuir, como prescreveu Hayek, a responsabilidade por seus próprios destinos aos indivíduos, a sociedade liberal restringe o envolvimento do sujeito às causas que estejam estreitamente relacionadas à sua própria trajetória. "A condição essencial da responsabilidade é a capacidade de o indivíduo julgar em determinadas circunstâncias, diante de problemas que ele pode facilmente reconhecer como seus e cuja solução toma para si" (Hayek, 1983:90). Com isso, perdem-se as possibilidades de se pensar outras relações com o outro que não mediadas pelas necessidades individuais, outros meios para que os indivíduos se vejam implicados nos problemas coletivos da cidade, do país e do mundo. Entretanto,

---

[9] A proposta de aproximar a discussão da liberdade do campo da política concebida como dimensão de litígio, constituída pelo desentendimento, será aprofundada no capítulo 3.

essas incapacidades, frutos de uma perspectiva individualizante e privatista, não extirpam o mal-estar gerado pela convivência com o outro, o incômodo e mesmo a angústia vivida ao se deparar, cotidianamente, com problemas que não podem ser resolvidos nos âmbitos privados, particulares.

A BUSCA PELO CONSENSO E A DEFESA DOS INTERESSES INDIVIDUAIS

O mundo compartilhado pelos indivíduos é pensado, na teoria liberal, a partir da discussão sobre a regulação das ações individuais, tendo como objetivo principal a garantia das liberdades individuais — esse seria, inclusive, o papel do Estado no que diz respeito à sociedade civil: garantir o direito à liberdade e zelar para que os indivíduos não interfiram na liberdade de outros ao desenvolverem suas ações. Uma das propostas mais fortes entre os liberais para a resolução do conflito entre interesses é, sem dúvida, a busca pelo *consenso* como instrumento de decisão democrática. A defesa do consenso como processo através do qual a democracia se realizaria da maneira mais justa está pautada no valor da *eficácia* das decisões coletivas. A obtenção do consenso é a garantia, no liberalismo, de que os diferentes pontos de vista puderam dialogar, encontrando, pelo uso da razão, um equilíbrio que contemple as diferentes posições, e alcançando uma decisão única de maneira democrática, sem uso de violência ou dominação:

> Numa sociedade liberal, qualquer sociedade liberal, a ideia do uso público da razão constitui elemento nuclear de sua justificação política e moral. Se o uso da força para produzir o consenso é ilegítimo, vêm para o primeiro plano a importância de outras maneiras de forjar o consentimento: a admoestação, a discussão pública, o debate e a persuasão são elementos de importância estratégica numa sociedade

rador X estão passando por reformas. As obras ocorrem no horário estabelecido pelo regimento, mas provocam um barulho ensurdecedor. Digamos que o morador X trabalhe em casa, em atividades que requerem concentração e silêncio. Ele se sente prejudicado por não poder exercer sua atividade profissional, e entende que é preciso algum outro arranjo para que todos possam gozar de suas liberdades sem inviabilizar aos demais o gozo de seus direitos.

Nessa situação há muitos encaminhamentos possíveis. O morador X poderia, por exemplo, propor uma conversa entre os demais moradores que estão realizando obras, e expor a situação na qual se vê prejudicado (inclusive economicamente). Poderiam, nessa negociação, combinar horários mais restritos para as atividades das obras que fazem barulho, de modo que o morador X tivesse parte de seu dia para trabalhar em casa. Nesse caso — um consenso em que nem todas as partes saem ganhando, mas em que nenhuma sai inteiramente prejudicada —, entretanto, é fundamental que os outros moradores com apartamentos em obras reconheçam que o morador X está sendo prejudicado; que ele tem direito a trabalhar em casa, e que para isso precisa de silêncio; e mesmo que reconheçam ser possível uma solução para o problema que garanta a todos uma boa convivência, ainda que o morador X tenha que conviver com a obra de seus vizinhos durante parte do dia, e que as obras acabem durando mais do que durariam se fizessem barulho durante todo o dia.

O que é importante destacar desse exemplo trivial é essa *base comum* da qual é preciso partir para se chegar a um consenso. Sem ela, a queixa do outro pode não ser sequer reconhecida como uma queixa, isto é, a avaliação de sua pertinência fica comprometida. Se os moradores com apartamentos em obras entendem, por exemplo, que, por serem proprietários e estarem agindo de acordo com os limites de horários estabelecidos pelo regimento do condomínio, eles *têm o direito* de fazer suas reformas, ainda que elas perturbem por um tempo o silêncio dos vizinhos; se eles entendem que o morador X também tem, com isso, assegurado o seu direito de fazer reformas quando for de seu interesse, podem não considerar justa ou pertinente a solicitação do morador X para que se acorde um período menor para as etapas barulhentas das obras. Dependendo de como a negociação é feita e das posições em jogo, o consenso pode ou não ser alcançado. Mas, para que ele seja viável, é preciso que haja uma base comum de convicções e valores, evitando que alguma posição seja desconsiderada e, com isso, não seja atendida no consenso negociado.

Uma das críticas mais significativas feita à utilização do consenso como instrumento de decisão política é justamente que, para que o consenso seja possível entre os indivíduos, é preciso que se esfumacem ou se atenuem grande parte das diferenças, das oposições e dos conflitos entre as posições individuais. Assim, a importância da política na sociedade, enquanto campo de embate e divergência, é minimizada em nome da obtenção de acordos eficazes. Para Mouffe (2005b), a valorização liberal do consenso em detrimento do conflito leva a uma aparente diminuição dos embates travados para que os acordos sejam alcançados. Entretanto, os conflitos não desapareceriam pelo fato de serem minimizados ou subestimados na busca liberal pelo consenso. Eles acirrariam posições mais fundamentais, que acabariam por ser excluídas do debate dialógico democrático. A preocupação com a eficácia da decisão política levaria a um esvaziamento da prática política, a uma visão antipolítica e à negação dos antagonismos envolvidos na esfera de embate e decisão coletivos. Além disso, observa-se forte reciprocidade entre o que está consensuado e o que está legislado: a própria lei, estabelecida, seria uma maneira de assegurar certa visão de mundo, com isso impedindo que outras formas de organizar a sociedade tenham lugar.[11]

---

[11] Podemos dar como exemplo a legislação sobre o direito ao voto. Pela lei vigente no Brasil, os maiores de 16 anos podem votar, e os maiores de 18 anos são obrigados a votar. O "consenso" vigente é de que crianças (ou menores) não votam, por exemplo, e o disposto pela lei corrobora esse consenso.

Assim, o autor sustenta a importância da manutenção do conflito, do desentendimento e do embate *no seio do campo político*, uma vez que essas características lhe seriam inerradicáveis. Para Rancière, defender a política do consenso é aniquilar a tensão que origina a própria política.

Se assumimos a crítica desses dois autores à ideia de consenso, vemos como a política se reduz, na concepção liberal, a um palco para lutas de interesses que devem ser defendidos por representantes em uma gestão política eficaz, isto é, que supõe que a sociedade pode ser organizada e governada a partir de uma concepção privada de direito, a ser alcançada com o consenso entre as partes envolvidas. Canto-Sperber traz as consequências para a prática política da adoção do conceito de liberdade negativa como primordial na sociedade, isto é, quando o poder do Estado é visto como uma ameaça à liberdade individual, e quando a negociação que se dá no exercício da política é pautada pelos interesses privados em jogo:

> A concepção liberal de liberdade enquanto não interferência [...] — a liberdade é ser deixado em paz —, exige, a título de condição suplementar, que a lei seja sempre concebida, em primeiro lugar, como uma restrição da liberdade; a ideia liberal segundo a qual os eleitores deveriam votar em função de seus interesses articula-se com a ideia de que os homens políticos devem responder aos grupos de pressão antes em função de seu peso eleitoral do que em função de seus argumentos. (Canto-Sperber, 1996:833)

Fica claro, nesse trecho, que a adoção da liberdade negativa e dos interesses particulares como orientadores para a solução de problemas no liberalismo promove uma privatização do debate e das decisões tomadas: em relação ao Estado e mesmo em relação aos outros indivíduos, ser livre é ser *deixado em paz*, é ser poupado de constrangimentos, é não ser incomodado por assuntos que não digam respeito ao domínio privado — este sim, espaço de realização pessoal no mundo moderno. Além disso, a política é encarada aqui numa perspectiva privatista, onde o coletivo é entendido como um conjunto de interesses privados que irão lutar por reconhecimento e espaço.

Já no que diz respeito à busca do consenso para a solução de divergências de interesses e de soluções, retomo as palavras de Rancière (1996a:367): "Sob o termo *consenso* a democracia é concebida como o regime puro da necessidade econômica". Seguindo essa linha de raciocínio, devemos atentar para o perigo da homogeneização da subjetividade e da pasteurização das experiências, que pode vir a reboque da defesa da liberdade sob a perspectiva liberal. Traduzido na expectativa da realização do consenso, na amenidade da convivência tolerante ou na dissolução da alteridade na inofensiva diversidade, o perigo da dissolução das diferenças transforma-se no fim iminente da dimensão política em nome da pacificação dos conflitos. Como nos alerta Rancière,

> o consenso quer suprimir a política, seu povo e seus litígios arcaicos. Quer substituí-los pela população, suas partes e os simples problemas de repartição dos esforços e das riquezas. Mas o povo político e seu litígio não desaparecem sem resto. Quando se quer suprimir o povo dissensual da política pela população consensualmente gerida, vê-se aparecer em seu lugar um outro povo, mais antigo, mais intratável, o povo da etnia que se declara incompatível com a etnia vizinha. Quando se quer substituir a condução política dos litígios pelo tratamento gestionário dos problemas, vê-se reaparecer o conflito sob uma forma mais radical, como impossibilidade de coexistir, como puro ódio do outro. (Rancière, 1996a:380)

Vale ressaltar aqui que desejo afirmar a dimensão política da liberdade através daquilo que, em seu exercício, evidencia a relação

O sujeito do liberalismo é, via de regra, o sujeito racional, autocentrado, capaz de reflexão e bom senso. Além disso, graças aos pressupostos individualistas que norteiam essa corrente teórica, considera-se que o sujeito político encontra-se realizado e encarnado no indivíduo, constituindo o *cidadão*. O cidadão moderno é aquele membro da sociedade que possui uma dimensão afetiva e íntima, possui crenças religiosas, opiniões variadas, gostos e interesses que podem e devem ser realizados na esfera privada. Respeitando-se as leis vigentes e as regras de convivência da sociedade democrática (que visam garantir que os demais possam ter esse mesmo direito), o cidadão também pode (e deve) manifestar-se no espaço público. Para tanto, o cidadão precisa ser conhecedor de seus deveres, cumpridor da lei, e precisa saber de suas responsabilidades. É por essa razão que o sujeito racional encarnado do liberalismo, o cidadão, define-se por uma série de características consideradas necessárias para o exercício de sua cidadania.

Neste capítulo, meu objetivo principal é articular a concepção de sujeito racional, presente nas teorias liberais que analisei inicialmente, com as teorias desenvolvimentistas promovidas pela psicologia desde seu surgimento enquanto ciência, no final do século XIX, até os dias atuais. A psicologia do desenvolvimento se insere de maneira privilegiada como disciplina no projeto moderno, compartilhando seus objetivos, métodos e preocupações epistemológicas, que fizeram das ciências humanas uma área de produção de conhecimentos acerca do homem pautada no ideal de neutralidade e objetividade. A meu ver, esta é uma das principais razões pelas quais a *discussão política* é um tema tabu na psicologia. Os estudos psicológicos sobre essa questão colocam-se de maneira aparentemente neutra em relação aos conflitos, afirmando a possibilidade de um conhecimento dos processos psíquicos envolvidos na ação e no engajamento político, sem que a disciplina, ela mesma, assuma uma posição na questão em disputa. Essa maneira de abordar a política como um objeto de conhecimento científico, recorrente nas ciências humanas e na psicologia, especificamente, reforça a questão de fundo deste trabalho, qual seja: a importância de pensarmos a liberdade a partir de um referencial político, e de fazer essa discussão no campo da psicologia (isto é, no estudo das subjetividades), sem recair nas armadilhas de uma falsa objetificação do tema. Proponho, a partir da crítica da noção autônoma de indivíduo que faço neste capítulo, a problematização da liberdade em sua dimensão política, intersubjetiva, inter-relacional e, por isso mesmo, conflitual.

Para chegar a essa problematização, farei inicialmente uma revisão dos principais conceitos da psicologia do desenvolvimento, destacando como a noção de sujeito racional — ou autônomo — serve de referencial para a organização do campo, colocando a criança em um *não lugar* em relação ao adulto. Dentre os autores da psicologia do desenvolvimento, Jean Piaget é o exemplo mais representativo da concepção de idade adulta como ponto de chegada do pensamento e do conhecimento. Em seus textos, a comparação entre criança e adulto aparece, invariavelmente, como a comparação de alguém que ainda não sabe/não aprendeu com alguém que já está formado, que já cumpriu o processo de desenvolvimento cognitivo e afetivo. Remeto-me também a alguns comentadores e a manuais de psicologia do desenvolvimento, que pretendem organizar os principais estudos na área, com o objetivo de ressaltar a maneira como seus textos estão escritos e organizados de modo a reproduzir o pensamento desenvolvimentista.

Em seguida, dedicarei-me à elaboração da crítica à concepção do adulto como sujeito razoável, instruído, independente, e os problemas que essa teoria do sujeito racional acarreta para pensarmos a política e a convivência hoje. Para tanto, tomo os estudos feministas como referencial para discutir a implicação das teorias psicológicas no projeto moderno, refletindo sobre as maneiras através das quais o pensamento racionalizante hegemônico deixa inúmeros sujeitos "de fora" do credenciamento à participação no mundo comum. Essas reflexões ajudam a pensar os processos de subjetivação

ciente e capaz de reconhecer a separação de sua individualidade em relação ao meio que o cerca e em relação a outros indivíduos. O indivíduo formado deve ser letrado, capaz de abstração e de execução de operações formais. É possível reconhecer essa concepção de sujeito, que está em formação na criança em crescimento, nas obras de psicologia do desenvolvimento e em seus respectivos índices; nos manuais de psicologia; nos testes psicométricos e niveladores dela derivados; e nas recomendações dessa área para os campos da educação, da saúde e do direito. Esse referencial também fica evidente quando tomamos a própria denominação dessa área, em que o termo "desenvolvimento" hierarquiza as posições "bebê", "criança", "adolescente" e "adulto" em função da valorização de determinadas características.

A noção de liberdade, tal como é delimitada pela teoria liberal, caracteriza-se por seu afastamento do campo da política, e na teoria do sujeito que se sustenta no campo da política tradicional está presente a exclusão de temáticas como o conflito, a descentralização, a não identidade e a ambivalência. Quando estas aparecem, são justamente para assumir o lugar pejorativo da negatividade, desqualificando indivíduos, grupos e faixas etárias para o exercício da política. É a partir dessa ótica que a criança e o jovem são pensados nas teorias de psicologia do desenvolvimento: como etapas anteriores às competências necessárias para a convivência coletiva no mundo público, como sujeitos que ainda não estão prontos para o exercício político. Além disso, da perspectiva desenvolvimentista, a experiência de liberdade do sujeito criança e do sujeito jovem, por não se tratarem de cidadãos formados, só pode ser uma experiência tutelada e controlada por sujeitos responsáveis (pais, educadores, psicólogos, instrutores, enfim, adultos). A seguir, argumento de que maneira a psicologia do desenvolvimento alinha-se com a concepção de política e de cidadão da teoria política liberal, pensando as implicações dessa continuidade entre psicologia e teoria política.

Da criança da psicologia do desenvolvimento ao cidadão da política liberal

No contexto de surgimento da psicologia científica, em finais do século XIX, algumas questões se colocavam a essa jovem ciência, para as quais a psicologia não tardou em desenvolver estudos, pesquisas e respostas. Uma das principais polêmicas que intrigava filósofos e pensadores do século XIX era como garantir a concretização na sociedade dos ideais de liberdade e igualdade, que tinham sido as palavras de ordem e a inspiração das revoluções nos dois séculos anteriores.

Um aspecto que já tinha sido ressaltado anteriormente ao nascimento da psicologia, tanto por Jean-Jacques Rousseau quanto por John Locke, era a importância da preparação do cidadão desde sua infância. Sabe-se que os dois filósofos iluministas divergiam radicalmente quanto aos métodos e às concepções de natureza humana. Enquanto para Rousseau a criança é naturalmente boa e ativa, sendo seu convívio na sociedade o que irá corrompê-la, para Locke a criança é uma tábula rasa ao nascer, sendo formada a partir de suas experiências em vida. Os pressupostos racionalistas e empiristas são explicitados da maneira a mais evidente para pensar o problema da formação do homem, da vida em sociedade, do exercício da política.

Em 1762, Rousseau escreveu *Emílio ou Da educação*, um tratado sobre como deve ser pensada a educação das crianças visando à formação de homens maduros, civilizados, livres e prontos para a convivência em sociedade. O longo texto de Rousseau é minucioso a respeito das recomendações a mães e pais: trata dos cuidados básicos, se ocupa em criticar hábitos (praticados por amas, cuidadoras e famílias) que o filósofo considerava prejudiciais ao perfeito desenvolvimento das crianças. Rousseau acreditava que a natureza humana é boa por guardar em si algo de divino, mas que, por ser imperfeita, degenera-se no contato com a sociedade, com os vícios humanos. A educação seria o único caminho para manter o homem em contato com sua natureza boa e suas virtudes. Sobre a proposta de escrever o *Emílio*, ele afirma:

ressada em "qualquer" adulto, e sim no adulto capaz de viver em sociedade, de agir politica e eticamente, de conviver com outros adultos segundo as leis vigentes. Enfim, interessa-se pelos processos que levarão à formação do cidadão, estudando cientificamente a infância e a adolescência/juventude. É animada por esse projeto de conhecimento e de objetivação da natureza humana que surge a psicologia do desenvolvimento.

A CONSOLIDAÇÃO DA PSICOLOGIA DO DESENVOLVIMENTO: PRESSUPOSTOS, PRÁTICAS, TEORIAS

Pensar a psicologia do desenvolvimento é refletir sobre as condições do seu surgimento e seus pressupostos teórico-filosóficos. Ao contrário de outras fases da vida humana, como a velhice ou senescência, a infância consagrou-se como objeto de estudo e interesse da psicologia desde sua constituição enquanto área de conhecimento científico.

As razões para que a psicologia se debruçasse sobre os primeiros anos da vida humana, com olhar e metodologias científicas, devem ser buscadas no projeto moderno, que tem início nos séculos XVII e XVIII. Com o desenvolvimento da filosofia racional, do método empirista e das ciências exatas (resultando na abundante produção de tecnologias até então inéditas), o projeto moderno exaltava o domínio da natureza e de suas forças pelo homem através da razão humana. A perspectiva de que o homem não estaria mais ao sabor dos acontecimentos, mas que se assenhoraria dos eventos, conduzindo-os e controlando-os, animou os estudos sobre as diferentes sociedades existentes, sobre as relações dos homens entre si e com o mundo. Com a Revolução Industrial, observa-se a introdução das máquinas, do cálculo e da quantidade na vida dos indivíduos. A concepção de progresso passa a estar intimamente relacionada à conquista da felicidade.

Da criança da psicologia do desenvolvimento ao cidadão da política liberal

Com o surgimento das ciências humanas no século XIX, concretiza-se o desejo de prever e controlar não apenas a natureza física, mas também a natureza humana. O conhecimento do humano (das culturas, dos modos de organização da sociedade, da política, da vida e seu curso, das potencialidades do pensamento e do comportamento) realiza-se de uma perspectiva cientificista, em que a pantometria (ideia de que tudo pode ser medido) exerce um fascínio singular. A psicologia do desenvolvimento, por sua vez,

> compartilha suas origens com a psicologia e com as ciências sociais modernas no final do séc. XIX, quando as descobertas e os avanços científicos estavam revolucionando a Europa ocidental em todos os níveis: no saneamento básico, nas ferrovias, na produção fabril, e no triunfo da ciência sobre a religião. (Burman, 1994:157)

Quando tomamos especificamente o caso da psicologia, vemos que nela se realiza um importante aspecto de tal projeto moderno: o estudo do homem racional. O que é curioso é que esse interesse pelo entendimento da racionalidade evidencia-se de maneira mais clara na psicologia quando ela se dedica a explicar e tratar aqueles que, por alguma razão, não ocupam a posição de cidadão ou de *homem normal*: o louco, o criminoso e a criança. No primeiro caso, articulada ao poder médico, a psicologia quer entender por que alguns sujeitos não chegam, mesmo depois de adultos, a desenvolver plenamente suas faculdades mentais. Ao se propor a identificar e tratar esses sujeitos, o saber psicológico se consolida em nome de uma racionalidade e de uma ideia de saúde e de convivência social tributárias do projeto moderno. Essa ideia se mantém no segundo caso quando a psicologia se dedica a explicar, pautada pela ordem jurídica vigente, o comportamento transgressor e criminoso daqueles que não respeitam as leis da sociedade. Já no terceiro caso, ao se ocupar do estudo da criança, a psicologia se articula com esse mesmo projeto na medida em que se dedica a pensar a formação de

cus até o *Homo sapiens sapiens,* num claro exemplo da máxima "a ontogênese repete a filogênese".

A confluência das teorias desenvolvimentistas com as teorias evolutivas do homem teve repercussões consideráveis nos métodos e instrumentos desenvolvidos pelos psicólogos do início do século XX.[12] A mensuração de habilidades, inteligência e comportamentos, com seus resultados aplicados à comparação, regulação e controle de grupos e sociedades, está intimamente relacionada com o estabelecimento de normas a respeito da infância e de seu desenvolvimento. A preocupação com a melhor *adaptação* possível do indivíduo ao meio (sociedade) está em consonância com a noção de evolução darwinista, e coloca a criança no lugar de início do que futuramente será o ser humano desenvolvido, acabado.

Como destaca Castro (1992:103), a concepção de infância enquanto *origem* do futuro homem tem importantes consequências para o modo como o menor de idade será localizado nas práticas sociais modernas:

> Esta menoridade reordenou o lugar social da criança e do jovem, ideologicamente considerados como *objeto de proteção e cuidados,* ou ainda, como *sujeito desprovido.* Enquanto objeto de proteção e cuidados, crianças e jovens deveriam estar tutelados e sob a custódia de quem, idealmente, estivesse apto a responder às suas necessidades, tanto físicas como afetivas ou educacionais. Enquanto sujeito despro-

---

[12] O texto de Charles Darwin *A origem das espécies,* de 1859, teve um enorme impacto entre os autores das recém-nascidas ciências humanas. Mas a influência de Darwin nos estudos sobre a infância não se reduz a seu texto mais conhecido. Em 1877, o biólogo publica *A Biological Sketch of an Infant,* que consistia num diário de suas observações do desenvolvimento inicial de seu filho. A popularidade de sua obra no meio científico leva Mussen, Conger e Kagan a afirmarem: "Ninguém, no século XIX, influenciou mais a história da Psicologia Infantil do que Charles Darwin." (1977:7). Entretanto, é preciso atentar para a observação feita por Burman (1994:11), de que o efeito da obra de Darwin nos estudos da infância no século XIX equivaleu ao fortalecimento de uma biologia *pré*-darwinista, que focava seu interesse no que pode ser herdado, e não na variedade da espécie. "Comparações entre a criança, o homem pré-histórico e o 'selvagem' pressupõem concepções de desenvolvimento, de indivíduo e de progresso evolutivo como unilineares, com etapas direcionadas e uma hierarquia ordenada."

vido, crianças e jovens são considerados como ainda não plenamente agentes, competentes e responsáveis. Portanto, o trajeto à maioridade lhes asseguraria *um gradual acesso àqueles bens do mundo adulto dos quais estavam inicialmente barrados.* (Grifos meus)

Pensada como um ser aquém das capacidades necessárias para a vida no mundo público, a criança está em preparação — na convivência familiar, na escola, nas brincadeiras que faz sozinha ou com outras crianças, na comunidade — para a vida cidadã em sociedade. Essa preparação não se dá espontaneamente, mas é pensada e orientada pelas áreas de conhecimento que se apropriaram do cuidado da infância em fins do século XIX, e que se mantêm como especialistas sobre a criança, ao lado da psicologia, até nossos dias: o saber médico e a normatividade pedagógica. À família, célula social responsável pelos cuidados da criança e por sua inserção primeira no mundo, cabe o dever de realizar essa preparação, que será continuada pela escola. Para que tanto a família quanto a escola cumpram essa tarefa da melhor maneira possível, observa-se a multiplicação dos especialistas da infância e da adolescência, prontos a orientar pais, mães e educadores na árdua tarefa de transformar crianças em homens saudáveis, adaptados, normais. São médicos, pedagogos, psicólogos, assistentes sociais, enfermeiros e, mais recentemente, fonoaudiólogos, nutricionistas, fisioterapeutas, dentistas, sexólogos, enfim, consultores de toda espécie que detêm o saber sobre o que é melhor para crianças e jovens.

A discussão sobre a moralidade que subjaz ao imperativo de tutela de crianças e adolescentes desde o início do século XIX é desenvolvida por muitos autores. Corbin (2009), por exemplo, ao escrever sobre a construção da ideia de indivíduo através das práticas sociais e morais ao longo do século XIX e início do século XX, ressalta a importância que a vigilância familiar tem sobre a sexualidade e o corpo dos mais jovens, sendo exercida sob a orientação dos médicos e dos padres. O perigo maior da masturbação

política ocorra, será preciso um longo processo de *socialização*, termo tão caro à psicologia do desenvolvimento, à educação e à sociologia. Com conhecimento prévio das etapas psicobiológicas pelas quais a criança e o adolescente passam, psicólogos, educadores e sociólogos entendem ser possível estabelecer o passo a passo das capacidades sociais e cognitivas que devem ser aprendidas no processo de socialização, para que, ao fim desse percurso, o sujeito seja capaz de viver em sociedade, de reconhecer limites e regras, de evitar conflitos e manter, de maneira eficaz, sua independência.

A discussão sobre a socialização de crianças e jovens está diretamente ligada ao projeto de sociedade democrática que se erige no século XX. Inúmeros autores discorrem sobre esse processo, buscando identificar e discutir, em suas pesquisas, as práticas que melhor realizem esse trajeto entre o mundo privado e incapaz da criança e o mundo público e potente do adulto (Piaget, 1986; Piaget & Inhelder, 1978; Berger & Luckmann, 2003). Trata-se de um lento processo de preparação para a suposta "vida produtiva" do adulto. Segundo Berger e Luckmann, sociólogos que discutem as diferentes etapas do processo de socialização individual, a socialização primária — quando a criança é tornada um membro da sociedade através do convívio familiar — é possível uma vez que a criança se individualiza, interiorizando o mundo que lhe é apresentado por seus pais. Esse processo de compreensão e participação no mundo do outro (dos pais) envolve o aprendizado cognitivo da criança, mas implica também um alto grau de emoção e afetividade. É através da socialização que a criança interioriza as normas sociais e constrói em si a ideia de *outro generalizado*, conceito introduzido pelo psicólogo social George Mead, que se refere à capacidade de abstração para a compreensão de uma norma.[13]

---

[13] No texto de Berger e Luckmann (2003:178), o exemplo dado é a passagem processual da percepção da criança de que a mãe está zangada com ela *naquele momento*, quando a criança derramou a sopa, para — através de uma progressiva interiorização das normas — a compreensão de que a mãe fica zangada *toda vez* que ela derrama sopa, para, finalmente, o entendimento de que todos são contra o ato de ela derramar a sopa, generalizado na expressão *"não se deve derramar a sopa"*. É essa abstração que é conceituada como construção do *outro generalizado*.

Da criança da psicologia do desenvolvimento ao cidadão da política liberal

A delicada situação em que se encontra a criança, que deve necessariamente se submeter ao "outro" familiar que se apresenta a ela sem chances de escolha ou de possibilidade de rearranjo do conjunto antecipadamente definido de significações a ela oferecido, é percebida por Berger e Luckmann em sua iniquidade, ainda que não seja apontada a ela nenhuma alternativa:

> Esta injusta desvantagem, inerente à situação de ser criança, tem como consequência evidente que, embora a criança não seja simplesmente passiva no processo de sua socialização, são os adultos que estabelecem as regras do jogo. A criança pode participar do jogo com entusiasmo ou com mal-humorada resistência. *Mas infelizmente não há outro jogo à vista*. Isto tem um importante corolário. Desde que a criança não tem escolha ao selecionar seus outros significativos, identifica-se automaticamente com eles. Pela mesma razão a interiorização da particular realidade deles é quase inevitável. (Berger & Luckmann, 2003:180; grifos meus)

Esse breve comentário, em um texto que se dedica a discutir os processos de socialização primária e secundária que se dão ao longo da vida do indivíduo, nos faz atentar para a perspectiva eminentemente *adultocêntrica* do processo de entrada da criança na sociedade em que vive. Para alguns autores, inclusive, a participação futura no mundo público só é possível através de uma socialização política de crianças e adolescentes (Baquero & Baquero, 2007; Watts & Flanagan, 2007; Flanagan & Gally, 1995). Os espaços privilegiados para a socialização de crianças e jovens são espaços que estão habilitados a formar os futuros cidadãos da sociedade: a casa e a escola. Nesses espaços, a "menoridade" da criança e do adolescente atualiza-se pelo fato de que ali eles são sujeitos "em construção". Sua atuação é tutelada por seus responsáveis, assim como é a esses responsáveis que cabem as decisões mais importantes sobre suas vidas.

um exercício para a participação no mundo público em médio ou longo prazo. Vemos aqui um claro exemplo de como a concepção da infância e da adolescência como momentos de socialização e de formação repercute entre os autores que estão pensando a política, o mundo público, a participação do ponto de vista dos adultos. Voltaremos a essa questão mais adiante, para discutir suas implicações nos sentidos e experiências de liberdade possíveis para os jovens na atualidade.

O campo da educação foi, sem sombra de dúvidas, uma das áreas que mais se nutriu dos estudos conduzidos pela psicologia do desenvolvimento. Em sociedades como a europeia e a norte-americana, em que a educação básica compulsória é uma realidade desde fins do século XIX, as preocupações acerca de como ordenar esse processo — que inclui a seriação do ensino, a divisão dos alunos em turmas separadas por idade, a padronização das tarefas e a constante avaliação dos alunos — demandaram uma vasta produção de pesquisas sobre a infância e seu desenvolvimento. No Brasil, a educação compulsória surge no início do século XX, inspirada pelos valores iluministas de racionalização, aliados à necessidade de formação de mão de obra capacitada para o trabalho cada vez mais especializado oferecido nos grandes centros urbanos.

Na construção de uma infância normatizada, a diferença, a variação, o que não tem espaço nas explicações "objetivas" e quantificáveis é deixado de fora. Lembremos, mais uma vez, que o que está em jogo aqui é um ideal de infância compatível com um projeto moderno (leia-se: racionalizado) de indivíduo e de sociedade. Assim, experiências subjetivas, dificuldades ou ações que não se enquadrem no que é esperado de filhos e alunos são tomadas como sinais de *anormalidades*. Para uma sociedade que relaciona o sucesso individual à adaptação da pessoa ao mundo em que vive, estar fora da norma (ser "anormal") aparece como um verdadeiro pesadelo. Orientados pela extensa bibliografia da psicologia do desenvolvimento, da educação, da pediatria, e de divulgação desses conhecimentos para a sociedade de maneira mais ampla, os pais se veem diante da frequente pergunta: "Meu filho é normal?". Para lhes dar essa resposta, contam com inúmeros especialistas em infância e adolescência, prontos a oferecer dados, estatísticas e testes capazes de identificar qualquer "irregularidade" no curso de seu desenvolvimento.

A seguir, discuto algumas temáticas centrais da psicologia da criança, tomando como referência a obra de Jean Piaget (1896-1980), cujas contribuições ajudaram a consolidar o campo de estudo da psicologia do desenvolvimento e até hoje orientam práticas e discussões teóricas. Depois, passo às principais críticas às teorias desenvolvimentistas, colocadas especialmente pela teoria feminista, pensando como essas críticas podem nos ajudar a discutir a questão da liberdade e da juventude.

A PSICOLOGIA E A FORMAÇÃO DO SUJEITO UNIVERSAL: O TRAÇADO DO CAMINHO NECESSÁRIO

Como um dos autores de maior produção e influência na psicologia, e como nome mais representativo das teorias do desenvolvimento, Jean Piaget dedicou-se a pesquisar e escrever sobre as etapas de formação do pensamento e da cognição das crianças. Sua formação como biólogo e filósofo repercute em constantes preocupações epistemológicas ao longo de sua obra. Piaget tem como objetivo maior entender como o pensamento lógico se constitui, e, com isso, explicar como o sujeito da ciência (o cientista) se forma. Para tanto, o autor se dedicou a discriminar diferentes fases no desenvolvimento infantil, cuja sequência se caracteriza por uma crescente habilidade formal que tem efeitos na moral, na percepção, na afetividade e na cognição do sujeito em formação. Piaget goza de alcance e reconhecimento significativos, sendo o autor um verdadeiro porta-voz da psicologia do desenvolvimento em áreas como a educação, o direito, a filosofia moral, a medicina etc.[14]

É possível afirmar que algumas das características mais importantes da abordagem da psicologia desenvolvimentista estão presentes na considerável obra de Piaget. Nas descrições das capacidades infantis dadas pelo autor, por exemplo, fica evidente a comparação direta entre o que um adulto *faz* e o que uma criança de determinada idade *ainda não sabe* ou *não consegue fazer*. Piaget, inclusive, se preocupou com discutir minuciosamente em seus livros as mudanças qualitativas que ocorrem para que uma criança consiga realizar um movimento, desenvolver um raciocínio ou uma operação lógico-matemática. Na organização de suas pesquisas, uma teoria de enorme importância sobre a construção do conhecimento (ou, em outras palavras, epistemologia genética) foi sendo levada a cabo.

> [...] depois de haver estudado os raciocínios, as operações e estruturas lógicas apenas no adulto, por conseguinte em estado acabado e estático, o que levou certos autores (*Denkpsychologie* alemã) a enxergar no pensamento um "espelho da lógica", os estudiosos acabaram perguntando se a lógica era inata ou resultava de uma construção progressiva etc.: para resolver tais problemas, recorre-se, então, à criança e, por isso mesmo, a psicologia da criança é promovida à categoria de "psicologia genética", isto é, torna-se instrumento essencial de aná-

---

[14] Esse alcance é notável também dentro da própria psicologia. Como se sabe, a psicologia do desenvolvimento investiga os processos da formação do sujeito desde a infância — o que poderia se aproximar de uma perspectiva mais racionalista da psicologia. Já a psicologia da aprendizagem, que pode ser identificada com a corrente mais empírica da psicologia, se detêm no estudo do comportamento humano, reconhecendo que a idade da infância é o período em que a aprendizagem se dá de maneira mais intensa. Mesmo assim, Piaget é um nome reconhecido e estudado por autores behavioristas ou comportamentalistas da psicologia, dada a sua importância. Seu nome pode ser encontrado nos manuais de psicologia de orientação comportamental, o que não ocorre com autores como Henri Wallon ou Lev Vigotski, por exemplo, que são excluídos das referências de muitos desses manuais.

lise explicativa, para resolver problemas da psicologia geral. (Piaget & Inhelder, 1978:9)

Acompanhando as discussões e os argumentos de Piaget, é impossível não perceber como o autor se apropria de noções caras ao projeto moderno. O cientificismo e o racionalismo norteiam suas pesquisas. Além deles, o evolucionismo é outro referencial perfeitamente assimilado por Piaget em suas descrições das etapas do desenvolvimento humano. Essa inspiração darwiniana aparece nos trabalhos de Piaget em consonância com o evolucionismo presente nas demais teorias psicológicas: buscavam-se as *origens* das características adultas (isto é, humanas) do estudo da infância e da adolescência. O evolucionismo da psicologia — aí incluído o pensamento de Piaget — promove uma naturalização da razão, como se esta fosse uma culminância natural do processo de adaptação e sobrevivência da espécie humana. O conceito de adaptação ganha, em Piaget, características interacionistas, quando o indivíduo interage com o meio, assimilando mudanças e acomodando-se às alterações. Segundo Burman (1994:152), "oferecendo um modelo que conduz o desenvolvimento do concreto ao abstrato, ele traçou uma trajetória partindo dos primeiros modelos de reação, passando pelos hábitos primitivos, até o pensamento lógico, racional". Para a autora, Piaget foi um autor central na importação da teoria evolucionista para a psicologia, preocupando-se com aplicar os conceitos biológicos de adaptação, pressão ambiental e mudança ao estudo do desenvolvimento humano.

A perspectiva evolucionista possibilitou tanto as pesquisas de abordagem genética quanto as pesquisas comparativas entre crianças e adultos; entre indivíduos inadaptados/loucos e indivíduos adaptados/saudáveis; ou mesmo, como é feito na antropologia da primeira metade do século XX, entre povos "primitivos" e as sociedades civilizadas, ocidentais. A passagem a seguir ilustra a posição de Piaget a esse respeito:

Da criança da psicologia do desenvolvimento ao cidadão da política liberal

> Na nossa opinião, não acreditamos que estas possíveis semelhanças entre o pensamento da criança e o dos primitivos [...] sejam devidos a uma hereditariedade qualquer. A permanência das leis do desenvolvimento mental é suficiente para explicar estas convergências, e como todos os homens, incluindo os "primitivos", começaram sendo crianças, o pensamento infantil precede o de nossos longínquos antepassados, do mesmo modo que precede o nosso. (Piaget, 1986:32)

Uma terceira característica da obra de Piaget que merece ser ressaltada é que nela o desenvolvimento psicológico está atrelado ao modelo biológico, e a partir desta ligação é organizado por faixas etárias. A ideia de que a criança é inicialmente um ser totalmente dependente, incapaz e frágil, que vai se desenvolvendo — física e psicologicamente — em direção à racionalização e à autonomia, ilustra bem a articulação entre os modelos biológico e psicológico, e mesmo a dependência do segundo em relação ao primeiro. Como afirma o autor,

> a psicologia da criança deve ser considerada como o estudo de um setor particular da embriogenia geral, que se estende muito além do nascimento e engloba todo o crescimento, orgânico e mental, até a chegada do estado de equilíbrio relativo, que constitui o nível adulto. (Piaget & Inhelder, 1978:8)

> O desenvolvimento psíquico, que começa quando nascemos e termina na idade adulta, é comparável ao crescimento orgânico: como este, orienta-se, essencialmente, para o equilíbrio. [...] O desenvolvimento, portanto, é uma equilibração progressiva, uma passagem contínua de um estado de menor equilíbrio para um estado de equilíbrio superior. Assim, do ponto de vista da inteligência, é fácil opor a instabilidade e incoerência relativas nas ideias infantis à sistematização de raciocínio do adulto. No campo da vida afetiva, notou-se, muitas vezes, quanto o equilíbrio dos sentimentos aumenta com a idade. E, finalmente,

também as relações sociais obedecem à mesma lei de estabilização gradual. (Piaget, 1986:11)

Assim, para Piaget, o desenvolvimento humano é pensado em termos de *emancipação*.

No modelo piagetiano, a emancipação estaria vinculada à aquisição de capacidades lógico-dedutivas que assegurariam o primado da razão emancipada, não só no domínio intelectual, como também nos domínios moral e social. [...] Ainda, o projeto emancipatório delineia-se imbricado na noção de indivíduo autônomo, autossuficiente e universal. (Castro, 1998:27)

Podemos afirmar que, nas teorias desenvolvimentistas, e especialmente na obra de Piaget, a infância é pensada como um período a ser gradativamente apagado da vida do adulto. Esse apagamento seria possível através da maturação biológica, mas também, devido à sua concepção de desenvolvimento cognitivo. Para o autor, as etapas que se sucedem no desenvolvimento infantil (e que podem ser descritas esquematicamente como a capacidade de percepção e de execução de movimentos elementares; aquisição de memória e inteligência prática; capacidade de pensamento intuitivo; e, finalmente, inteligência lógica, com a realização de operações concretas e dedução abstrata) se caracterizam pela aparição de estruturas originais, que as distinguem do momento anterior. As estruturas que se desenvolvem em determinado estágio assimilam as habilidades do estágio anterior, e permitem novas capacidades, até então inviáveis de serem realizadas pela criança. É nesse sentido que afirmamos que a criança vai sendo *apagada* do adulto desenvolvido: além de ser capaz de raciocínio formal, o adulto pode tudo o que a criança é capaz de fazer em cada estágio. O que ficaria de fora da experiência do adulto é o *erro* da criança. "O pensamento infantil só se torna lógico por meio da organização de sistemas de operações, que obedecem às leis de conjuntos comuns"[15] (Piaget, 1986:55).

Nas duas passagens a seguir, percebemos como Piaget integra e conecta os estágios de desenvolvimento, derivando, inclusive, a formação do pensamento das habilidades motoras e sensoriais mais básicas:

A consciência começa por um egocentrismo inconsciente e integral, até que os processos da inteligência sensório-motora levem à construção de um universo objetivo, onde o próprio corpo aparece como elemento entre os outros, e ao qual se opõe a vida interior, localizada neste corpo. (Piaget, 1986:19)

No próximo trecho, vemos especificamente como o desenvolvimento está relacionado a uma maior objetividade e mesmo "liberdade" do pensamento. Aqui, fica clara a assimilação das capacidades dos estágios anteriores ao progresso do estágio atual, numa acumulação linear de habilidades, sem perdas, apenas com avanços: "Assim, quando a criança se liberta de seu ponto de vista imediato para 'grupar' as relações, o espírito atinge um estado de coerência e de não contradição, paralelo à cooperação do plano social [...], que subordina o eu às leis de reciprocidade" (Piaget, 1986:56).

A concepção de sujeito capaz de pensamento lógico formal como o fim do processo de desenvolvimento seria o ponto máximo do percurso que a criança traça em sua biografia. Em relação às características cognitivas infantis que se opõem à condição racional e madura, uma das mais conhecidas na teoria piagetiana é a do *egocentrismo infantil*. Ciente de que o termo é usado correntemente na psicanálise freudiana, Piaget faz questão de diferenciá-

---

[15] As leis de conjuntos comuns são: 1. Composição: duas operações de um conjunto podem se compor entre si e dar ainda uma operação do conjunto; 2. Reversibilidade: toda operação pode ser invertida; 3. A operação direta e seu inverso dão uma operação nula ou idêntica; 4. As operações podem se associar entre si de todas as maneiras.

-lo em sua epistemologia genética do conceito psicanalítico, este entendido como se relacionando ao inconsciente e aos primeiros momentos do Complexo de Édipo. Piaget, por sua parte, está interessado em pensar a cognição e a consciência emergente do eu. O egocentrismo piagetiano equivale exatamente à não consciência de um eu, uma vez que reconhecer-se como "eu" é reconhecer-se como um ponto de vista localizado no espaço e no tempo, submetido às Leis da Natureza assim como qualquer outro indivíduo. O egocentrismo cognitivo é definido por Piaget como um "narcisismo sem Narciso", como uma não consciência de que o mundo é experimentado pelo sujeito *de um ponto de vista particular*. Nas palavras de Piaget, "no curso dos 18 primeiros meses [de vida] *efetua--se* [...] *uma espécie de revolução copernicana*, ou mais simplesmente chamada de descentração geral", sendo a criança então capaz, ao final desse período, de se situar "como um objeto entre os outros", num universo exterior a si próprio (Piaget & Inhelder, 1978:19; grifos meus).[16]

Para que a passagem do egocentrismo para o universo objetivo seja possível, alguns processos cognitivos são imprescindíveis, como a construção na criança das categorias de objeto e de espaço, de causalidade e de tempo. Vemos aqui claramente como se trata de uma perspectiva de sujeito do conhecimento a ser construída,

---

[16] Piaget não usa a expressão "revolução copernicana" desavisadamente. Esse termo é usado inicialmente por Kant para tratar do passo dado pela filosofia crítica em relação ao exame da possibilidade do conhecimento, no momento em que esta deixa de se preocupar com o acesso direto às coisas mesmas, para então refletir sobre o próprio pensamento no ato de conhecer ou, em termos kantianos, sobre o exame das condições de possibilidade do juízo como pensamento objetivo. Como ressalta Rivelaygue (1992:43), com essa "revolução copernicana" proposta por Kant, a filosofia "não se põe um objeto em si, de maneira ingênua ou metafísica, para se perguntar em seguida como nos apoderamos dele, mas estuda a estrutura, o funcionamento do espírito humano, para se perguntar em seguida o que ele pode definir como objeto".
Kant não está preocupado em discutir se, e como, o indivíduo (ou o sujeito empírico), psicologicamente, acede à perspectiva universal do sujeito. Ele reflete sobre as condições de possibilidade do conhecimento do sujeito para examinar sua validade universal. O que, em geral, a psicologia do desenvolvimento faz, e Piaget se destaca nesse empreendimento, é explicar como da infância e da criança se acede à condição de sujeito do conhecimento. Em suma, o percurso da infância ao sujeito do conhecimento. Donde a preocupação de Piaget com levar sempre sua investigação para o nível epistemológico.

Da criança da psicologia do desenvolvimento ao cidadão da política liberal

posto que as categorias acima são fundamentais para que o exercício do pensamento formal — e da ciência moderna — sejam possíveis. Mas, se formos mais a fundo nessa reflexão, veremos que, por detrás do interesse na constituição do sujeito capaz de pensar abstratamente, repousa uma moral e um modelo de convivência social afinados com o referencial democrático e liberal, em que os indivíduos são capazes de expor, por argumentos razoáveis, seus pontos de vista aos demais, de ponderar, de discordar e, finalmente, de entrar em um consenso a partir do uso da razão. No fragmento a seguir, vemos esse modelo aparecer na medida em que Piaget explicita o que *não funciona* no diálogo entre crianças pequenas — que ele chama de "monólogos coletivos":

> Com efeito, é fácil constatar como as conversações entre crianças são rudimentares e ligadas à ação material propriamente dita. Aproximadamente até sete anos, as crianças não sabem discutir entre elas e se limitam a apresentar suas afirmações contrárias. Quando se procura dar explicações, umas às outras, conseguem com dificuldade se colocar do ponto de vista daquela que ignora do que se trata, falando como que para si mesmas. E, sobretudo, *acontece-lhes*, trabalhando em um mesmo quarto ou em uma mesma mesa, *de falar cada um por si, acreditando que se escutam e se compreendem umas as outras. Esta espécie de "monólogo coletivo" consiste mais em mútua excitação à ação do que em troca de pensamentos reais*. Notemos, enfim, que as características desta linguagem entre crianças são encontradas nas brincadeiras coletivas ou de regra; em partidas de bolas de gude, por exemplo, os grandes se submetem às mesmas regras e ajustam seus jogos individuais aos dos outros, enquanto os pequenos jogam cada um por si, sem se ocuparem das regras do companheiro. (Piaget, 1986:26; grifos meus)

Essa passagem é exemplar para a relação que pretendo estabelecer entre as teorias da psicologia do desenvolvimento e das teorias políticas do sujeito racional. Para Piaget, a criança pequena é *inca-*

paz de escutar e compreender o que a outra criança lhe diz, posto que lhe faltam as condições cognitivas para tanto, ainda em desenvolvimento. Seguindo essa linha de raciocínio, é necessário supormos que um adulto desenvolvido é plenamente capaz de escutar e compreender outro adulto, acompanhando seus argumentos, pensando as regras às quais ambos estão submetidos. Essa seria, de maneira muito esquemática, a definição de cidadão com que lidamos na teoria liberal e nas teorias democráticas de maneira geral. A congruência, a consciência daquilo que o sujeito objetiva e a capacidade de se comunicar racionalmente não são postas em questão.[17]

As características adultas que podemos entrever nessa passagem de Piaget, consideradas pelo autor como normais, esperáveis de sujeitos já desenvolvidos, nos levam exatamente ao ponto que desejo explorar ao discutir a concepção racionalizante de política. Isso porque frequentemente encontramos as mesmas limitações apontadas nas conversas entre crianças pequenas, em seus "monólogos coletivos", no exercício da política institucionalizada pelos adultos. Quando apontei, no capítulo 1, a necessidade de que os sujeitos compartilhem uma mesma perspectiva para que o consenso seja possível, discuti um aspecto da teoria liberal democrática que é pouco problematizado, qual seja, a discussão das condições de possibilidade do acordo, do entendimento consensual, ressaltando aquilo que é deixado de fora para que o consenso seja possível. Ao identificarmos a importância da capacidade de entendimento e acordo na concepção de sujeito desenvolvido, vemos que as dificuldades de se atingir o consenso persistem, e precisam ser analisadas. Voltarei a essa e a outras questões relacionadas à teoria política no capítulo 3.

Por ora, limito-me a levantar outra questão, que passa ao largo da abordagem desenvolvimentista: não seria possível pensarmos, para além de suas incapacidades, como as crianças percebem umas às ou-

---

[17] Salvo em situações patológicas ou de forte comprometimento emocional. Nesses casos, a capacidade de o sujeito "agir racionalmente" estaria, também, comprometida.

tras, o mundo ao seu redor, os adultos? Como elas interagem, o que é próprio das relações entre elas, dos diálogos e vínculos que estabelecem? Se deslocarmos o foco das características infantis que se configuram como o *negativo* do que é o adulto, podemos pensar a experiência da criança como *outra*, e não como puramente assimilável à do adulto, propondo questões aparentemente inusitadas à perspectiva usual da psicologia e da teoria política. Retornarei a esse ponto mais adiante.

Outro ponto que pode ser explorado — e problematizado — na teoria de Piaget é sua concepção de *ação humana* no mundo. Sabemos a importância que Piaget dá ao conceito de ação, uma vez que ele pretende marcar sua distância do behaviorismo e das teorias de explicação do comportamento baseadas na causalidade do condicionamento do organismo, tão em voga na psicologia da primeira metade do século XX. Nesse sentido, o autor se dedica a pensar a ação do sujeito — e não do organismo — no mundo em função de uma tensão, de um desequilíbrio vivido pelo sujeito. Para Piaget, a *necessidade* é a manifestação de um desequilíbrio, sendo também a origem da ação humana. Agir é buscar continuamente reajustar ou reequilibrar o que foi perturbado por modificações ambientais ou psíquicas.

> [...] toda ação — isto é, todo movimento, pensamento ou sentimento — corresponde a uma necessidade. A criança, como o adulto, só executa alguma ação exterior ou mesmo inteiramente interior quando impulsionado por um motivo e este se traduz sempre sob a forma de uma necessidade (uma necessidade elementar ou um interesse, uma pergunta etc.). (Piaget, 1986:14)

Considerando que Piaget toma o conceito de ação como o de ação de um sujeito do conhecimento (mesmo no caso da ação do bebê ou da criança, trata-se da ação de um sujeito em potencial),[18]

---

[18] A passagem a seguir ilustra essa equivalência, quando num mesmo parágrafo Piaget utiliza os termos "lactente" e "sujeito" para se referir àquele que age, apontando para uma organização da experiência segundo critérios cada vez mais elaborados, abstratos: "basta que os mo-

é fundamental destacarmos o fato de que "toda ação corresponde a uma necessidade", e que esta ação irá se dar com o objetivo de sanar o desequilíbrio ou a tensão em que o sujeito se encontra. Lembremos, ainda, que a perspectiva adaptacionista de Piaget pressupõe a assimilação de esquemas e a acomodação do sujeito às modificações promovidas tanto no ambiente quanto em sua cognição.

É importante ressaltarmos esse sentido de ação, amplamente reproduzido nas teorias desenvolvimentistas, porque orientará a concepção de *sujeito político* — ou de cidadão — que se pretende formar após percorrido o processo de desenvolvimento individual. O sujeito cognoscente piagetiano age a partir de um desequilíbrio, e sua ação se dá no sentido de restabelecer a harmonia, o equilíbrio, mesmo que precariamente. Se cotejarmos essa concepção com a perspectiva da democracia liberal consensual, explorada no capítulo 1, percebemos enormes semelhanças. Em primeiro lugar, ambas partem de uma unidade inquestionável, a do indivíduo. É no indivíduo que se concretiza o sujeito político, racional, e do conhecimento. Assim, as instabilidades e tensões percebidas são concebíveis da perspectiva individual, o que já circunscreve de maneira bem restrita as "necessidades". O que é tomado como necessidade individual é caracterizado, nesse referencial teórico, pela manutenção da sobrevivência, pela defesa do interesse individual. É o que pode ser identificado no excerto de *Seis estudos de psicologia*, a seguir:

> *O interesse é o prolongamento das necessidades*. É a relação entre um objeto e uma necessidade, pois um objeto torna-se interessante na medida em que corresponde a uma necessidade. Assim sendo, *o interesse é a orientação própria a todo ato de assimilação mental*. Assimilar, men-

---

vimentos do *lactente*, quaisquer que sejam, atinjam um resultado interessante — interessante porque os movimentos são assimiláveis a um esquema anterior — para que o *sujeito* reproduza logo esses novos movimentos. Esta 'reação circular', como a chamaram, desempenha papel essencial no desenvolvimento sensório-motor e representa forma mais evoluída de assimilação" (Piaget, 1986:18; grifos meus).

talmente, é incorporar um objeto à atividade do sujeito e esta relação de incorporação entre o objeto e o eu não é outra que o interesse no sentido mais direto do termo ("inter-esse"). (Piaget, 1986:38; grifos meus)

Da mesma maneira, a relação com o outro se dá a partir de um referencial individualizante, da perspectiva da necessidade e dos interesses individuais: "Como regra geral, haverá simpatia em relação às pessoas que respondem aos interesses do sujeito e que o valorizam" (Piaget, 1986:39). "Inversamente, a antipatia nasce da ausência de gostos comuns e da escala de valores comuns" (ibid., p. 40).

Em segundo lugar, uma vez que o desequilíbrio é visto como algo que perturba *estruturalmente* essa unidade, provocando a ação, vemos como as concepções de "consenso discordante" e "ação adaptativa" remetem a uma mesma orientação: o equilíbrio, a pacificação das tensões e o controle da situação são finalidades tanto para a ação exploratória e cognitiva quanto para as questões políticas. Em ambos os pontos destacados, percebemos a consolidação de uma teoria do sujeito racional e, consequentemente, uma concepção de política dela derivada.

Para que meu argumento fique claro é importante ressaltar que, ao trazer a discussão sobre a continuidade entre o sujeito da psicologia do desenvolvimento e o cidadão das teorias políticas liberais, pretendo articular os dois campos entre si para opô-los a uma concepção distinta de política e de ação. Essa outra concepção de política, que já foi anunciada no capítulo 1 e será mais bem trabalhada no capítulo 3, admite a tensão e o conflito como características intrínsecas do exercício da convivência humana, e não entende que a função da política seja dirimir os litígios e os embates da experiência humana.

Se tomarmos a *ação* a partir da obra de Hannah Arendt, por exemplo, a concepção piagetiana de ação, que corresponde a uma necessidade, soa pragmática ou, ao menos, reduz o campo da ação humana à dissolução de perturbações (ambientais, psíquicas ou sociais). Em Piaget, a relação de conhecimento do sujeito com o mundo se dá pela assimilação, o que significa dominação e ordenação do mundo pelas capacidades cognitivas do sujeito do conhecimento. A relação de conhecimento é uma relação de apoderamento, e não de tensão sem equilíbrio ou de deslocamento do sujeito. Para Arendt, entretanto, a ação humana se refere à construção de sentido, o que se dá nas relações humanas (entre os sujeitos), como um acontecimento contingente. Ao afirmar que as consequências da ação são ilimitadas e seus efeitos, imprevisíveis, Arendt (2001) se afasta de qualquer perspectiva que alinhe a ação de um sujeito no mundo com um objetivo identificável. Além disso, a ação humana é pensada por Arendt como dependendo inteiramente da constante presença dos outros, pois ela se caracteriza por um revelar-se frente a outro sujeito humano. A filósofa ressalta o quanto a ação livre, tomada em sua dimensão de imprevisibilidade, é importante para os "negócios humanos", aí incluído o conhecimento científico. Ela afirma:

> Esta incapacidade de desfazer o que foi feito é igualada pela outra incapacidade, quase tão completa, de prever as consequências de um ato e até de conhecer com segurança os seus motivos. [...] a força do processo de ação nunca se esvai num único ato, mas, ao contrário, pode aumentar à medida que se lhe multiplicam as consequências; as únicas "coisas" que perduram na esfera dos negócios humanos são esses processos, e sua durabilidade é ilimitada. (Arendt, 2001:244-245)

Já na obra de Piaget, assim como na maior parte das teorias desenvolvimentistas, a ação se caracteriza pelo movimento através do qual o equilíbrio pode ser retomado. Agir no mundo significa assimilar e acomodar-se às modificações que se colocam ao sujeito, de maneira que ele possa melhor se adaptar ao ambiente (sociedade) em que vive. A diferença entre as duas posições teóricas é significativa, e entendo que de cada uma delas derivam diferentes concepções de sujeito político.

Para concluir a discussão sobre a teoria piagetiana e suas articulações com a teoria política, não poderia deixar de mencionar o estudo de Piaget acerca da construção da moralidade e do julgamento na criança. De saída, vale ressaltar que o autor estabelece um paralelismo entre o desenvolvimento moral e a evolução intelectual da criança e do adolescente, enfatizando o parentesco entre as normas morais e as normas lógicas: "a lógica é uma moral do pensamento, como a moral, uma lógica da ação" (Piaget, 1977). Assim, a moralidade evolui conforme o indivíduo se desenvolve biologicamente e cognitivamente. E essa evolução se dá numa determinada orientação.

Resumidamente, podemos dizer que Piaget estabelece o desenvolvimento da moralidade na criança a partir de sua relação com as regras. Assim como na distinção filosófica entre heteronomia (obediência a regras que são impostas por uma autoridade ou por alguém externo ao indivíduo) e autonomia (eleição dos princípios, feita pelo sujeito, que orientarão sua conduta, sem que ela seja conduzida por forças exteriores, mas através da obediência do sujeito às regras que ele próprio escolheu), o autor apresenta, no estudo *O julgamento moral na criança*, de 1932, a evolução que se dá na concepção moral das crianças pequenas, a partir de cinco anos, até as crianças de 12 anos. Segundo o autor, as crianças pequenas exibem uma compreensão de justiça como heteronomia (algo é justo se foi um adulto que definiu, se foi uma regra colocada por um adulto), enquanto, para as mais velhas, a justiça se aproxima da necessidade de igualdade (primeiramente entendida como uma igualdade "pura", e, depois, como equidade, quando a definição de igualdade leva em consideração as situações particulares de cada caso), compreendida como algo mais importante do que a simples obediência a uma regra. Aqui, Piaget ressalta o surgimento da autonomia, colocando essa condição como superior à primeira:

> [...] para os menores, é evidente que a ordem recebida, mesmo contrária à igualdade, é justa, uma vez que emana do adulto: a justiça é a lei. [...] Há aí, convenhamos, o oposto daquela autonomia que o desenvolvimento da justiça requer: a justiça só tem sentido se é superior à autoridade (Piaget, 1977:52).

Sem dúvidas, é de grande importância a afirmação de Piaget de que o sentimento de justiça e de solidariedade se desenvolve nas crianças muito mais em função das relações que estas estabelecem entre si, isto é, entre pares, do que graças às regras impostas pelos adultos. As noções de igualdade e equidade derivariam, em sua teoria, dos vínculos entretidos entre pares, e não de relações impostas via a arbitrariedade da autoridade hierárquica. Entretanto, o fato de o adulto não desempenhar o papel decisivo na construção de concepções de justiça mais sofisticadas não significa que o resultado do desenvolvimento de tais concepções não aponte para características desejáveis no futuro adulto.[19] É o que fica evidente nesta afirmação:

> Numa palavra, podemos, desde já, supor que as crianças que colocam a justiça retributiva [em que há a sanção/punição de um ato errado] acima da justiça distributiva [em que se busca a igualdade/equidade para os sujeitos] são aquelas que seguem o ponto de vista da coação adulta, enquanto as que preferem a igualdade à sanção são aquelas

---

[19] Neste estudo, Piaget utiliza o método do interrogatório de crianças a partir de sentenças, histórias e situações colocadas a elas pelo pesquisador, com o registro de suas respostas. Ele analisa os resultados organizando os sujeitos por faixas etárias. Para entender o que a criança pensa sobre o que venha a ser justo ou injusto, por exemplo, Piaget propõe diversas pequenas histórias às crianças, perguntando a elas o que acham da situação. Como, por exemplo, a seguinte: "Um pai tinha dois meninos. Um sempre resmungava quando lhe pedia para fazer uma compra. O outro não gostava tanto de fazê-la, mas ia sem dizer nada. Então o pai mandava mais frequentemente aquele que não resmungava. O que você acha disso?" (Piaget, 1977:239).

às quais as relações entre crianças (ou mais raramente as relações de respeito mútuo entre adultos e crianças) *levaram à melhor compreensão das situações psicológicas e a julgar segundo um novo tipo de normas morais.* (Piaget, 1977:231; grifos meus)

Uma prerrogativa de base percorre toda a pesquisa de Piaget: a de que a conquista da autonomia individual é sinal de que o desenvolvimento da criança e do adolescente se desenrolou da melhor maneira possível. Como apontamos anteriormente, essa posição teórica hierarquiza não apenas as condições criança *versus* adulto, como também as organizações sociais coletivistas *versus* individualistas. Nas palavras do próprio autor, "em nossas sociedades, a criança, crescendo, liberta-se cada vez mais da autoridade adulta, enquanto, nas civilizações inferiores, a puberdade marca o início de uma submissão cada vez mais forte do indivíduo aos anciãos e à tradição" (Piaget, 1977:217). Ou, de maneira mais explícita:

> Porque, se as sociedades humanas evoluíram da heteronomia para a autonomia e da teocracia gerontocrática sob todas as suas formas para a democracia igualitária, é bem provável que os fenômenos de condensação social, tão bem descritos por Durkheim, favoreceram, primeiramente, a emancipação das gerações umas em relação às outras e tornaram possível, nas crianças e adolescentes, a evolução que acabamos de descrever. (Piaget, 1977:280)

Ainda que possam ser encontrados estudos na teoria da infância e da juventude que vão na contramão dos conceitos estabelecidos na psicologia do desenvolvimento, a visão desenvolvimentista constitui as referências largamente aceitas e difundidas para se pensar a formação e o acompanhamento de crianças e jovens em suas caminhadas rumo ao credenciamento como cidadãos em nossa sociedade. Nesse sentido, considero necessário recorrer a um campo de lutas por reconhecimento e por direitos, como o da crítica feminista, para estruturar nossas próprias questões em relação à psicologia do desenvolvimento.

AS CRÍTICAS DA TEORIA FEMINISTA: QUEM É O SUJEITO DA LIBERDADE, AFINAL?

Minha proposta de trazer as contribuições do pensamento feminista para a discussão da formação do cidadão liberal se deve às importantes críticas levantadas pelas autoras feministas à construção da noção universalizada, desencarnada e abstrata de sujeito racional. Tais críticas são extremamente importantes para meu argumento porque dão visibilidade à posição da mulher, ressaltando as dinâmicas sexistas e opressoras que se dedicaram a apagar da posição autônoma, racional, de sujeito de direitos, de moralidade, tudo o que diz respeito ao universo feminino, das mulheres. Com isso, as feministas põem em questão tanto os atributos que se espera do cidadão normal — entre eles a independência e a autonomia — quanto o processo pelo qual a condição de sujeito livre é alcançada através do desenvolvimento e da socialização. Suas contribuições aportam importantes questões para a discussão sobre a relação da criança/jovem com a cidadania liberal. Em primeiro lugar, a crítica feminista ao conceito de sujeito racional localiza essa concepção na história e no tempo, contextualizado-a nas relações de dominação entre homens e mulheres, entre sujeitos e "não sujeitos". Essas críticas têm impacto direto na filosofia moderna, e criam também repercussões nos estudos da infância.

Em segundo lugar, com a denúncia do falocentrismo e do adultocentrismo ligados à conceituação do sujeito autônomo, a própria temática da liberdade ganha outros contornos. Em um momento histórico como o nosso, em que a desigualdade e a exclusão são tão tematizadas, o questionamento sobre quem é o sujeito apto à ação livre ganha cada vez mais importância.

Da criança da psicologia do desenvolvimento ao cidadão da política liberal

De modo geral, podemos afirmar que os estudos feministas da chamada "segunda onda", a partir da década de 1960, se dedicaram a discutir e questionar as propriedades etnocêntricas que definem os limites do sujeito universal. Como apresentam Friedman e Bolte, a dimensão histórica e mundana de opressão dos homens sobre as mulheres marca constitutivamente o conceito de autonomia:

> [...] a autonomia tem sido historicamente inacessível para grupos sociais subordinados e oprimidos, como as mulheres, cujo trabalho foi frequentemente necessário para que homens livres, brancos, de classes média e alta vivessem suas vidas autônomas". (Friedman & Bolte, 2001:89)

As autoras destacam a preocupação feminista com a estreita relação que o conceito de autonomia estabeleceu com o universo masculino, validando normas sociais que são historicamente marcadas pelo viés masculino. O exemplo mais claro dessas normas é a valorização do individualismo, em detrimento de formas de convivência mais coletivas e de mútua dependência.

O sujeito racional, como discuti até aqui, é aquele tradicionalmente considerado apto à liberdade. Coole (1993) destaca, a esse respeito, que as metáforas utilizadas por Berlin para se referir ao conceito de liberdade negativa são eminentemente espaciais: quanto mais *ampla* a área de não interferência, mais *ampla* minha liberdade; uma *fronteira* deve ser traçada entre a vida privada e a vida pública; a liberdade negativa se refere à *área de controle* do indivíduo, ao *vácuo* em que nada me obstrui. Segundo Coole, "essas metáforas dos espaços separados e divididos funciona invocando certas oposições entre dentro e fora, eu e outro, indivíduo e estado, privado e público, liberdade e coerção" (1993:84). A autora destaca que o indivíduo negativamente livre se caracteriza por ser apresentado, no texto de Berlin, como um mero espaço vazio, sem características positivas.

Apesar de esse indivíduo não ser formalmente de um gênero específico, Coole afirma que há questões cruciais que surgem quando tais características se aplicam às mulheres:

> [...] longe de garantir uma esfera de liberdade, [a distinção entre público e privado] emerge como constitutiva do poder patriarcal, que define as mulheres como incapazes da autonomia que a liberdade exige, praticamente excluindo-as de uma cidadania plena e ativa (isto é, a liberdade na esfera pública), através de uma divisão sexual do trabalho que mapeia uma oposição público/privado. (Coole, 1993:85)

Sua reflexão leva à conclusão de que, ao falarem dos *indivíduos*, os teóricos políticos de fato se referem, recorrentemente, aos *homens* dos lares burgueses ou aos *patriarcas* das famílias. A suposição de atributos como a independência e o desligamento do mundo das necessidades é constitutiva da concepção de indivíduo livre. Em oposição a essa definição, Coole ressalta a permeabilidade do *corpo* feminino, produzida por práticas e experiências como a penetração sexual, os exames ginecológicos, a gravidez e o parto, o que colocaria as mulheres em contato com relações de consentimento e coerção nos domínios mais íntimos de seus corpos. Coole conclui: "se a liberdade negativa não especifica os homens como seus beneficiários, sua lógica implica fortemente que estes últimos são não mulheres" (1993:86).

Benhabib (1987) é outra autora que levanta críticas inquietantes às noções de autonomia, sujeito universal e racionalidade. Percorrendo as teorias liberais clássicas do contrato social, a autora ressalta que a metáfora de um "estado de natureza" que seria comum aos *homens* (não às mulheres) os torna capazes de comungar acordos que irão legislar suas relações. Já nas teorias sociais do século XX, a característica principal não é mais a fraternidade natural (isto é, primeira) que reúne os homens/cidadãos, mas a capacidade de abstração, distribuída universalmente entre os sujeitos racionais.

Da criança da psicologia do desenvolvimento ao cidadão da política liberal

Aqui, mais uma vez, o que Benhabib chama de "preconceito filosófico" difunde-se entre os teóricos sociais: a descorporificação, a imparcialidade moral, a crença na justiça pública são características de um sujeito socializado para a experiência masculina de mundo, de cidade, de identidade. Nas palavras da autora, "este é um mundo estranho; é um mundo em que indivíduos são criados antes que tenham nascido; em que meninos são homens antes de terem sido crianças; um mundo onde nem mãe, nem irmã, nem mulher existem" (Benhabib, 1987:85).

Para a autora, toda a preocupação da psicologia moral com a formação do conceito de "outro generalizado", na socialização de crianças e jovens, é explicitamente atravessada por um ideal de sujeito autônomo que desvaloriza e desautoriza outras formas de participação do debate público. Localizando a construção subjetiva do "outro generalizado" no desenvolvimento de capacidades definidas como abstração, igualdade formal, reciprocidade e entendimento de regras e normas, psicólogos e filósofos da moralidade[20] priorizam o entendimento de que o eu, como puro agente racional, pode se destacar da condição em que vive, de seu contexto relacional, e pensar a ação segundo parâmetros morais que seriam válidos para todos os seres pensantes. Esse entendimento silencia, segundo Benhabib, as vozes de todos aqueles que não estão credenciados ao exercício da racionalidade. A autora fala especificamente das mulheres, mas posso citar aqui, baseando-me em toda a discussão realizada neste capítulo, as crianças e os jovens, os loucos, os pobres

---

[20] Sob esse campo de investigação podem ser reunidos autores como Jean Piaget, Jünger Habermas, John Rawls, Lawrence Kohlberg, Owen Flanagan e tantos outros que se dedicam a entender e articular o papel de diferentes dimensões como o conhecimento, a percepção, o juízo, a emoção e a ação em nossa vida, enquanto agentes morais. Como afirma Walker, a psicologia moral, mais especificamente, "tenta entender o 'como' da ética, o que nos torna aptos e não aptos para fazer e ser o que devemos, e o que torna possível e justo para nós julgarmos a nós mesmos e aos outros por aquilo que fazemos. [...] A psicologia moral tem um interesse especial naquelas tendências e capacidades que apoiam ou combatem juízos e condutas moralmente *aceitáveis* ou *admiráveis* — no que ajuda as pessoas a fazerem o certo, em vez do errado" (Walker, 2007:102-103).

e miseráveis, os criminosos, os estrangeiros e os não ocidentais. E ela conclui:

> Apenas se pudermos entender por que sua voz tem sido silenciada, e como os ideais dominantes de autonomia moral em nossa cultura, assim como a definição privilegiada da esfera moral, continuam a silenciar as vozes das mulheres, teremos esperança de nos movermos em direção a uma visão mais integrada de nós mesmos e de nossos companheiros humanos como outros generalizados, assim como outros "concretos". (Benhabib, 1987:95)

Todo esse debate promovido pelas autoras feministas nos ajuda a pensar a relação singular que se estabelece entre o *jovem* e a *liberdade*. Da perspectiva dos autores liberais, que valorizam a liberdade negativa e a independência subjetiva, o jovem, que ainda vive sob a tutela dos pais, que depende de seus responsáveis economicamente e/ou ainda não atingiu a maioridade legal que lhe permite assumir e se responsabilizar pelos rumos de sua própria vida, não é considerado um sujeito habilitado para o exercício pleno da liberdade. Pode estar se preparando para isso (ou, ainda, "sendo preparado") através da educação, do treinamento para o ingresso no mercado de trabalho, da formação para o exercício da cidadania ou do cultivo emocional que lhe permitiria ser cada vez mais autossuficiente. Mas ainda não estaria "pronto" para assumir o ônus de sua liberdade.

Tão ou mais enfáticos a esse respeito são os autores identificados com a defesa da "liberdade positiva": a possibilidade de exercício da autonomia vem com um longo e trabalhoso preparo individual. A capacidade de se sustentar, de responder legalmene por seus atos e de cuidar efetivamente de si são requisitos básicos (ainda que não suficientes) para que um sujeito possa se dar as suas próprias leis e agir segundo elas, no que seria o pleno alcance da liberdade positiva.

As feministas trazem importantes contribuições para o estudo da liberdade ao denunciarem que a construção do conceito de liberdade (seja em sua versão negativa, seja positiva) pela filosofia e pelas ciências políticas exclui mulheres, classes populares, outras etnias, raças e povos do exercício ou da possibilidade de acesso a esse valor fundamental para a modernidade. Essa exclusão é feita através da delimitação dos critérios necessários — apresentados como universais — para que um sujeito possa ser efetivamente livre.

Mouffe destaca a crítica feita pelos estudos feministas ao essencialismo presente em suas diversas formas (humanismo, racionalismo, universalismo) na teorização das relações humanas, da política, da filosofia. Ela subscreve a proposta de inúmeras autoras feministas de que se abandone a categoria de sujeito enquanto esta se definir como uma entidade racional, transparente, capaz de conferir um significado homogêneo à totalidade de sua conduta, identificando-se como o princípio de sua própria ação (Mouffe, 2005a:75).

A autora se coloca a favor da crítica ao essencialismo feita pelas feministas, o que, segundo ela, pode ser considerada uma marca dos estudos "pós-modernos". Entretanto, ela ressalta que é importante estender a crítica, inclusive, às noções de identidade feminina e masculina. Tal extensão da crítica seria condição necessária para que se possa ter um entendimento adequado das diversas relações sociais que se apresentam hoje e pensar as relações de subordinação aí envolvidas. Para Mouffe, é importante desbastar a essência de "ser mulher" e "ser homem", que pode impregnar as relações cotidianas, porque essa essência revelaria uma homogeneidade das posições. Isso seria prejudicial para o exercício de uma democracia radical, tal como a autora propõe.

Se tomamos o argumento de Mouffe para pensarmos a situação política de crianças e jovens, chegamos a problemas extremamente pertinentes para nossa pesquisa. Cabe ressaltar, entretanto, que faço a articulação da argumentação da autora com o problema da posição de crianças e jovens na sociedade e na esfera pública por minha conta. Embora Mouffe alinhe às lutas feministas as demandas de diversos outros grupos e movimentos — movimento negro, gay, de trabalhadores, imigrantes —, ela não chega a enunciar a questão da infância e da juventude.[21] O que afirma é a necessidade de se estabelecer uma equivalência entre as diferentes lutas democráticas com o propósito de criar uma articulação entre as diferentes demandas. A ideia de *articulação* como uma identificação coletiva para além da normatividade é um conceito central para se pensar a democracia radical, pois evita que se caia no pluralismo vigente de demandas identitárias do multiculturalismo.

Ainda que a autora não se refira a crianças e jovens, entendo que seus argumentos dão margem às reflexões que desenvolvo neste livro sobre os papéis, amplamente estabelecidos e delimitados, destinados aos mais jovens em nossa sociedade.

Uma das estratégias mais interessantes das feministas para evidenciar como a mulher não foi levada em conta para que a política moderna fosse construída e exercida é a crítica às noções de cidadania e de indivíduo, mostrando como os pressupostos teóricos, valorativos e ligados à experiência cotidiana são indiscutivelmente *masculinos*. Concordando com a feminista Pateman, Mouffe afirma: "a moderna categoria de indivíduo foi construída postulando um 'público' universalista, homogêneo, que relega toda particularidade e diferença ao 'privado', e isso tem consequências muito negativas para as mulheres" (Mouffe, 2005a:81).

Aqui, acrescento: assim como para crianças e jovens. Como discuti inicialmente, a tutela e a separação dos mais jovens se dá, na modernidade, em um duplo movimento: garantir que a infância ou menoridade seja vivida na plenitude dos espaços de socialização e de cuidados, familiar e escolar; mas, ao mesmo tempo, manter crianças e jovens alheios às decisões e à participação no mundo público.

---

[21] Ao falar da diferença de idade como uma característica que pode se configurar em uma identidade — e exigir direitos políticos específicos —, Mouffe faz menção aos idosos, mas não a crianças e jovens.

Da criança da psicologia do desenvolvimento ao cidadão da política liberal

Ao retratar como se deu a separação das mulheres do mundo da política, Mouffe nos revela em seu argumento grandes proximidades entre a condição feminina e a condição infantil na modernidade: "o parto e a maternidade têm sido apresentados como a antítese da cidadania, e [...] eles se tornaram o símbolo de tudo o que é natural e que não pode ser parte do 'público', devendo permanecer em uma esfera separada" (Mouffe, 2005a:81).

Ao se contrapor àquelas feministas que demandam a incorporação total das diferenças sexuais (leia-se, das identidades feminina e masculina) à vida política, Mouffe defende que as "limitações da concepção moderna de cidadania" não sejam combatidas pela afirmação das diferenças sexuais, mas pelo esforço de torná-las *irrelevantes* no exercício político. Ela afirma que as diferenças sexuais podem e devem se tornar irrelevantes em muitas relações sociais onde atualmente são encontradas, e que muitas lutas feministas, inclusive, se dão nessa direção.

Mais uma vez, a convergência entre os pontos levantados pela autora e os problemas relativos à infância e à juventude me parecem evidentes. Ao enfatizar que a cidadania não deve ser conquistada por uma afirmação das diferenças sexuais, pois isso levaria à cristalização de identidades (e nos lançaria de volta aos problemas do essencialismo) e ao afirmar que é possível pensarmos relações e circunstâncias em que essas diferenças se tornam irrelevantes *para a participação na esfera pública*, Mouffe traça um valioso horizonte para a questão da infância e da juventude no mundo comum: será que a presença de crianças e jovens na esfera pública deve se dar exclusivamente pela *afirmação das diferenças que os separam dos adultos?* Ou tais diferenças podem ser, em certa medida, minimizadas ou mesmo tornadas irrelevantes? Nas palavras de Mouffe:

> Eu não estou argumentando em favor de um total desaparecimento da diferença sexual como uma distinção válida; eu não estou dizendo, tampouco, que a igualdade entre homens e mulheres requeira rela-

ções sociais neutras em termos de gênero, e é claro que, em muitos casos, tratar homens e mulheres igualmente implica tratá-los diferencialmente. Minha tese é que, no domínio da política, e no que diz respeito à cidadania, a diferença sexual não deveria ser uma distinção válida. [...] eu acredito que aquilo de que um projeto de democracia radical e plural precisa não é um modelo sexualmente diferenciado de cidadania em que as tarefas específicas desempenhadas por homens e mulheres seriam avaliadas igualmente, mas, antes, uma concepção verdadeiramente diferente do que é ser um cidadão e agir como um membro de uma comunidade política e democrática. (Mouffe, 2005a:82)

Inspirando-me nas questões propostas pelas feministas, por reconhecer que têm um solo comum com a situação de crianças e jovens nas ciências humanas e na filosofia política, entendo que é preciso explicitar os problemas envolvidos no modo como se pensa o exercício da liberdade no mundo de hoje. Os jovens participantes deste estudo trouxeram muitas discussões que põem em xeque a possibilidade real de existência de um sujeito independente, totalmente livre, que possa agir como se não estivesse ligado aos demais, como se não possuísse vínculos de dependência com o outro. Essas falas são analisadas em detalhes nos capítulos 4 e 5. Por ora, vale insistir que o caminho trilhado por pelo menos seis décadas pelas feministas pode nos ajudar a questionar certos referenciais que se encontram tão arraigados na psicologia. Nesse sentido, Alanen (2001) afirma que as feministas propõem a questão da mulher para a ciência, e que muitas opressões vividas pelas mulheres e denunciadas pelas feministas são compartilhadas por crianças e jovens — notadamente, a invisibilidade. Ainda assim, há diferenças a serem guardadas, como a socióloga afirma:

> Os Estudos da Infância diferem notavelmente dos Estudos Feministas, ou dos Estudos Étnicos, ou dos Estudos dos Negros, ou dos Estudos de Nativos, ou de qualquer outro de seus precursores, uma vez

que não emergiram como a realização desejada daqueles por quem pretendem falar: as crianças. Os Estudos das Crianças são obras de adultos. As crianças não estão — e talvez nunca possam estar — posicionadas igualmente com os adultos em relação à produção de saber, apesar dos melhores esforços dos pesquisadores no sentido de rearranjar o grau de desequilíbrio de poder entre crianças e adultos. (Alanen, 2001:89)

Mas ao contrário de considerar que este seja um impedimento para trazer as críticas feministas para os estudos da infância, Alanen considera que essa interface pode promover muitas modificações nas relações entre crianças e adultos, melhorando a ética e os métodos para se pesquisar com crianças; fazendo com que possam se tornar parceiras de pesquisadores e dos adultos em geral, de maneira a contribuir com as próprias perspectivas quanto ao que é importante em suas vidas; ou mesmo promovendo mudanças nas relações geracionais. Trata-se, certamente, de promover mudanças profundas na maneira como crianças e jovens são vistos em nossa sociedade, mas Alanen reconhece que esse passo é fundamental se queremos aprender a viver com as novas gerações no mundo de hoje.

Os estudos realizados no campo da política, em sua maioria, excluem crianças e jovens como sujeitos políticos por não os considerarem aptos a participar das discussões e decisões comuns. Tradicionalmente, o conceito de política vem sendo abordado dentro de um modelo de racionalidade discursiva no qual o sujeito político seria aquele capaz de se comunicar racionalmente na busca por um consenso. O indivíduo da esfera pública possuiria, então, qualidades como independência, autonomia e liberdade, que o tornariam competente para tomar a melhor decisão sobre os destinos da sociedade. Nesse sentido tradicional, a política seria o exercício de um grupo específico — os políticos — e, eventualmente, exercitada de modo universal pelo voto em nome dos demais cidadãos. De acordo com essa lógica, crianças e jovens estariam excluídos por não terem as competências e qualidades adequadas para se manifestarem na esfera pública, restando a esses sujeitos o papel de aprendizes no processo de preparação para se tornarem cidadãos conscientes de seus direitos e deveres políticos. Estariam em período de moratória social, isto é, um momento de espera para participar plenamente da vida política. Enquanto aguardam a maioridade, crianças e jovens são protegidos e orientados pelos adultos sobre como devem participar futuramente da esfera pública.

LIBERDADE E JUVENTUDE:
ALGUNS APONTAMENTOS ATUAIS

Em recente estudo sobre a participação de crianças e jovens na escola, discutimos as dificuldades que o ideal de liberdade — principalmente quando tomado em seu sentido negativo e privatizado — gera nas relações entre adultos e crianças/jovens, especialmente quando pensamos o espaço e a função da escola (Castro et al., 2010). Num mundo em que os indivíduos são convocados a se realizar "por conta própria", a socialização dos estudantes é marcada pela individualidade do projeto de vida a ser conquistado, e a participação do aluno na escola se dá eminentemente dentro de uma "normatividade conservadora" em que os papéis de aprendiz, de menor e de incapaz se reproduzem. Participar da escola, nesse sentido, é trilhar, da maneira mais eficaz possível, um caminho traçado em direção à realização individual:

> A "participação conservadora", além de direcionar o investimento e o esforço dos estudantes com vistas ao desenlace ulterior que pode ser auferido pelos estudos, se concentra nos ganhos individuais da formação. Participar na e da escola significa "ser bom aluno", e, consequentemente, conseguir desenvolver suas próprias capacidades

cognitivas e morais, aumentar seu saber, aprimorar seu desempenho intelectual, ou seja, individualizar-se como uma pessoa para ocupar o papel de cidadão. (Castro et al., 2010:268)

Neste capítulo, argumentei que a educação e, principalmente, a psicologia do desenvolvimento contribuíram para estabelecer as normas para o processo de socialização que acreditavam ser universal. Entretanto, o mundo contemporâneo traz especificidades no que diz respeito às condições de subjetivação experimentadas por crianças, jovens e adultos. Sem dúvida, a cultura do consumo, as novas tecnologias e a valorização do indivíduo e de sua liberdade acima de vínculos, instituições e tradições são marcas da contemporaneidade. Como afirmamos,

> desarticula-se o *ser por si mesmo* de sua equivalência com a internalização prescritiva do social: hoje, *ser por si mesmo* parece compreendido mais como uma liberalização dos desejos e vontades individuais do que como sua limitação ou restrição, como foi antes. Então, se antes havia uma conexão intrínseca entre individualizar-se e pertencer ao *socius*, hoje, o individualizar-se, o *ser por si mesmo*, está desatrelado de sua ligação com o entorno, do pertencimento necessário à sociedade mais ampla, da propensão da parte (indivíduo) para com o todo (o grupo social). (Castro et al., 2010:269; grifos dos autores)

Ser jovem na sociedade atual implica de alguma maneira ser convocado a se posicionar diante da liberdade. Essa convocação se coloca a todos os indivíduos, mas para os jovens há especificidades que precisam ser consideradas. A condição de sujeito "em desenvolvimento" confere à sua posição uma incapacidade no que diz respeito ao pleno exercício das liberdades civis e políticas. Entretanto, não podemos esquecer que nossa cultura está marcada pelo consumo, o que vem modificando valores, hábitos e modos de ser e se pensar no mundo.

Com a presença da cultura do consumo no mundo atual, a juventude ganha um *status* que seria impensável no início da Era Moderna: o de produtora de valores e de bens e, principalmente, o de agente consumidor. O exercício da liberdade individual nesse panorama é perfeitamente acessível aos jovens, que exploram das mais diferentes maneiras esse espaço de inserção social reconhecido recentemente. Essa questão foi tema de um estudo anterior, em que tratei da apropriação do consumo feita pelos jovens como possibilidade de exercício de suas liberdades e construção de suas identidades. Essa apropriação tem, contudo, consequências, especialmente para as relações com o outro na cidade, que tendem a ser objetificadas.

Ter liberdade para fazer escolhas e, por essas escolhas, construir uma identidade, uma individualidade, uma "personalidade": neste trabalho, procuramos discutir a posição tomada por nossos jovens sujeitos frente ao ato de consumir, seja demarcando quem é igual e quem é diferente, seja na expectativa de que subsista às flutuações da imagem um sujeito que responda pela liberdade de composição dessa imagem. [...] Contudo, ao convidar os jovens para esse exercício coletivo de reflexão e discussão, percebemos como os valores agregados à vivência da liberalização pelo consumo, tais como a independência exacerbada dos sujeitos, o imperativo do consumo e a obsolescência das escolhas, por vezes, atropelam os estranhamentos e as perplexidades que surgem quando se discute a liberdade de uma perspectiva que inclua o outro no debate. Nesse sentido, percebemos também que os sujeitos estão tendo dificuldades em assimilar, ou mesmo em discutir essas questões, como o preconceito, por exemplo, que provocam tantos conflitos e embates no cenário urbano. (Mattos & Castro, 2008:168-169)

Tendo em vista que a liberdade é uma questão para os jovens no mundo contemporâneo, e que a condição de jovem traz perspectivas diferenciadas sobre o tema, entender os sentidos que os jovens dão para a liberdade colocou-se como questão central nesta pesquisa. Num mundo que cultua a liberdade enquanto valor individual, que estimula a competição e a realização pessoal através do individualismo, posicionar-se coletivamente e pensar em questões que envolvem níveis mais ampliados de negociação e que acarretam embates e conflitos tornam-se exercícios custosos para os sujeitos. Foi meu objetivo discutir com os jovens o sentido de liberdade e as situações em que seu exercício os coloca em enfrentamento das diferenças contidas no outro e em si mesmos, tendo sempre em mente a importância das questões políticas e coletivas para o entendimento da ideia de liberdade. No capítulo seguinte, discutiremos a aproximação entre liberdade e política, destacando a importância das relações intersubjetivas (quase sempre conflituosas) para que essa aproximação seja possível.

CAPÍTULO 3

Aproximações entre liberdade e política: a relação conflituosa com o outro, o dissenso nas questões coletivas

> *A guerra é sempre feita entre um que quer e outro que não quer brigar. Quando os dois querem, verificam que estão de acordo, e detestam-se em paz.*
>
> (Carlos Drummond de Andrade)

O conceito de liberdade, delineado no capítulo 1, reúne as noções de liberdade negativa (liberdade como ausência de coerção), de independência e de valorização do indivíduo. Ainda que essas ideias possam ser mais ou menos enfatizadas pelos diferentes autores liberais, o termo liberdade está remetido a essas noções no conjunto da teoria liberal. No capítulo 2, vimos que os conceitos de criança e jovem produzidos pela psicologia do desenvolvimento estão em perfeita sintonia com a concepção de cidadania, tão cara às teorias políticas convencionais — dentre as quais a teoria liberal. Esses dois passos são indispensáveis para a colocação de problemas que, neste capítulo, aprofundarei, uma vez que articulam os campos da teoria política e da psicologia.

Um dos maiores problemas da conceituação liberal da liberdade é que ela pouco valoriza os embates e os enfrentamentos *entre* os indivíduos que buscam exercer com liberdade suas dimensões privadas. Em outras palavras, a definição de liberdade como um bem individual e íntimo, que os indivíduos teriam o direito de exercitar com o mínimo constrangimento possível, não põe em relevo as questões do interesse coletivo. A preparação de crianças e jovens através da educação formal e da socialização perpetua os valores de privacidade, de competitividade, de sucesso individual, em detrimento de experiências mais coletivas de colaboração e de cooperação. Entretanto, o exercício da liberdade não se dá exclusivamente na esfera individual. Ele implica a relação com o outro, uma vez que a ação livre se dá no mundo (do espaço e dos valores, das leis e regras que se colocam para todos, da intersubjetividade).

Neste capítulo, afirmo a necessidade de dar outros contornos para a discussão da liberdade que não os estabelecidos pela teoria liberal. Essa necessidade se coloca uma vez que a teoria liberal não parece dar conta de questões que emergem do exercício da liberdade, isto é, ao agir livremente, o indivíduo se vê diante de constrangimentos à sua ação que derivam de sua convivência com outros indivíduos. O conflito, portanto, surge na relação com o outro, no exercício da liberdade. Entretanto, a relação com o outro é justamente a dimensão da liberdade que é minimizada, subvalorizada na teoria liberal. Ao enfatizar as características e potencialidades do indivíduo, o liberalismo dá pouca ênfase aos conflitos intersubjetivos e supõe que estes irão se resolver no respeito às regras sociais e às leis, no debate racional, na utilização do bom senso e no respeito mútuo. Estas seriam as características de um cidadão normal, que a psicologia do desenvolvimento fomenta por meio do processo de socialização. Não estou afirmando que a teoria liberal não reconheça os conflitos gerados pela liberdade individual, mas chamo atenção para a maneira como esse conflito é por ela teorizado: trata-se do "conflito regulado", que ocorre em condições supostas pelos liberais como de respeito às leis, regras e acordos, não colocando o ideal da democracia consensual em questão. Assim, não é que não haja conflitos de interesses, mas os cidadãos livres devem buscar chegar ao consenso. Quando este não é alcançado, existem leis e mesmo instâncias do Estado que devem ser acionadas para que as tensões e atritos se resolvam de maneira justa.

Ocorre que o exercício da liberdade nem sempre se limita a produzir o que chamei acima de "conflitos regulados". Ao contrário, a ação livre coloca sujeitos em relação, muitas vezes produzindo estranhamento e mal-estar, e evidenciando situações de opressão e injustiça. Para explorar a potencialidade do tema da liberdade no que diz respeito à relação conflituosa com o outro, discuto, neste capítulo, como os filósofos Jean-Paul Sartre e Emmanuel Lévinas tratam o problema da alteridade, posicionando-se de maneira crítica à concepção liberal (negativa) de liberdade. Ressalto ainda como a discussão sobre a ética surge como um problema para a política e para a liberdade liberal.

Se admitimos que o exercício da liberdade é próprio da existência humana, como afirmam Sartre e Lévinas, abrimos mão da perspectiva de que para agir livremente é preciso que o indivíduo passe por um credenciamento e pela aquisição de habilidades e características que só então o tornarão um sujeito livre. Na ação livre podem surgir conflitos intersubjetivos. Mas estes também podem se consolidar como queixas que ultrapassam a dimensão intersubjetiva, tornando-se queixas coletivas que denunciam certas relações de dominação, por exemplo. Quando entendemos que os conflitos deflagrados não irão necessariamente se resolver através de acordos que respeitem as leis (e com isso as hierarquias e os papéis sociais) vigentes, reconhecendo que tais conflitos podem provir justamente do questionamento do modo como acordos e regras são estabelecidos, estamos conectando a ideia de liberdade ao campo da política, mas não da política representativa e consensual que a teoria liberal preconiza. Assim, tomo o sentido de política como marcado pelo desentendimento próprio do embate democrático, a partir da discussão feita por Jacques Rancière e Chantal Mouffe.

Os autores que reúno neste capítulo compartilham profundas críticas ao essencialismo e ao universalismo, característicos do pensamento iluminista e do projeto moderno. Nesse sentido, entendo que suas contribuições podem ser aproximadas. Sei, entretanto, que as posições defendidas por esses autores se distanciam e até mesmo se tensionam em determinados aspectos. Por isso, tomo suas contribuições como inspirações para pensar o problema da liberdade e os sentidos produzidos nas falas dos jovens durante as oficinas muito mais do que como definições rígidas a limitar minha análise aos termos estabelecidos por esses autores.

ALTERIDADE E LIBERDADE:
A DIMENSÃO INERRADICÁVEL DO MAL-ESTAR

Como já discuti em estudo anterior (Mattos, 2006), os sujeitos se deparam com sentimentos muito variados quando fazem suas escolhas e agem livremente, tais como o medo, o mal-estar e a insegurança. Além disso, ser livre é algo que exige dos indivíduos a relação com o outro, o que coloca questões éticas para a ação. Entendo que haja sempre um ônus subjetivo na liberdade, e essa temática é pouco explorada pelo liberalismo. A esse respeito, Kolm ressalta:

> Podemos sentir-nos oprimidos pela sensação de ter de escolher, ou (e) de responsabilidade, tanto quanto pelo sentimento de desamparo e impotência que é provocado [...] pela ausência de opções possíveis. Além do mais, um indivíduo pode preferir não ter de escolher, para evitar o juízo que os outros farão sobre sua escolha (isso pode estar associado à responsabilidade). Um indivíduo também pode deixar a escolha a cargo de outra pessoa que, em sua opinião, tem mais informações ou mais sabedoria. (Kolm, 2002:53)

A meu ver, é crucial entendermos o exercício da liberdade sem supormos, ingenuamente, que ele se reduz à garantia de felicidade, realização e divertimento para os sujeitos. Para os autores liberais, ser livre é um direito a ser exercido e se configura na sociedade como um valor capaz de trazer felicidade e realização pessoal aos indivíduos. Acontece que a ação livre é muitas vezes acompanhada por sentimentos que não correspondem a essa realização pessoal que preconiza a teoria liberal. Ao contrário, o agir livre constantemente leva os sujeitos a se depararem com o mal-estar, com conflitos, com a angústia. A liberdade pode paralisar os sujeitos, levando-os a dilemas éticos e a pensamentos inquietantes. Essa dimensão constitui parte do exercício da liberdade e precisa ser pensada a partir de outro referencial teórico que não apenas o das teorias liberais individualizantes, pois estas não priorizam dois aspectos cruciais da temática da liberdade: a relação com o outro e a dimensão do conflito.

A temática da angústia foi amplamente trabalhada pelo existencialismo.[22] Em suas críticas mais contundentes ao pensamento liberal, o filósofo Jean-Paul Sartre define a "livre escolha" do liberalismo como uma escolha que se realiza entre opções já dadas, que negligencia a reflexão do sujeito sobre como encaminhar a vida, sobre quais opções são válidas como objetos de escolha, e quais não. Essas seriam as reflexões que provocam a angústia no exercício da liberdade. Esse sentimento não discutido pela teoria liberal aparece, no existencialismo, quando o sujeito toma consciência de que pode mudar sua ação (seus valores), pois esta é resultado de sua liberdade, ou, melhor dizendo, a ação *é* sua liberdade. Isso significa dar-se conta de que o *con-*

---

[22] O existencialismo é um movimento filosófico e artístico que surge na França na primeira metade do século XX. Como afirma Ewald (2008:154), esse termo "foi apropriado pela mídia no final dos anos de 1940 para designar aspectos sociais da vida francesa, na qual intelectuais estavam entrelaçados", gerando controvérsias entre os autores que foram assim identificados. Podemos apontar, entretanto, algumas características gerais que aproximam os autores existencialistas. Com inspiração na obra de Kierkegaard, esses autores estavam preocupados com fazer uma análise da existência humana, isto é, dos modos de ser do homem no mundo, e em criticar a concepção de uma essência humana. Como uma importante corrente do pensamento moderno, contemporânea ao pensamento liberal, o existencialismo tematiza a liberdade priorizando a relação intersubjetiva, o encontro com a alteridade e a condição inerradicável de liberdade do homem. Tendo suprimido as noções metafísicas de "natureza", "essência" e "conceito" de homem, o existencialismo pensa o humano como um projeto feito e vivido na existência singular. O movimento teve grande força na França, tendo como um de seus principais expoentes o filósofo Jean-Paul Sartre (1905-1980).

junto de ações possíveis que aparecem diante de si quando um sujeito está em situação de escolha é produzido pela condição desse sujeito no mundo, na qual ele está intimamente implicado. As possibilidades de escolha não são, para Sartre, dadas de saída, mas colocadas pelo sujeito a partir de seus valores, de sua posição no mundo, do que o autor chama de seu *projeto*. Opções que se colocam claramente para alguns sujeitos não são sequer cogitadas por outros que se encontram na mesma circunstância.

Além de relacionar as opções que aparecem numa escolha ao exercício da liberdade, Sartre enfatiza que o fato de o sujeito efetivar sua escolha não dissipa as demais opções. Isso ocorre porque elas têm relação com as questões que o próprio sujeito se coloca em sua vida, estando ligadas à sua vivência e seus valores. Escolher entre opções possíveis apenas evidencia um caminho que está sendo tomado, mas não faz com que as opções restantes sejam completamente alheias ao sujeito a partir da escolha feita. Como afirma Barata, ao comentar o conceito de liberdade em Sartre,

> [...] trata-se de dar conta do fato de que não há realmente uma capacidade, por parte do sujeito que sustenta uma escolha, de eliminar as alternativas de escolha preteridas. [...] O que eu decido não deixa, por ter sido decidido, de permanecer apenas uma possibilidade entre outras possibilidades. (Barata, 2005:17)

Essa característica da liberdade humana, de ser sempre uma realização de possíveis, faz com que o sujeito tenha que lidar com o fato de que suas escolhas *poderiam ter se dado de outra maneira*. Além disso, o filósofo enfatiza o quanto os sujeitos estão concernidos nos rumos que suas vidas tomam, mesmo que eles os atribuam a eventos independentes de sua vontade. Nesse sentido, Sartre quer trazer a discussão da liberdade para o campo da responsabilização, da implicação, ainda que isso não signifique de maneira alguma que o sujeito tenha domínio dos efeitos provocados por seu agir livre.

No que diz respeito à maneira como a filosofia lida com essa temática, Sartre chama atenção para o fato de que os realistas (filósofos e cientistas humanos que tomam a realidade como dada, como uma evidência) nunca se preocuparam efetivamente com o problema do outro ao pensarem a natureza humana, tomando o outro como um dado, assim como os demais fenômenos da natureza. No estudo realista sobre o outro, feito pela psicologia positivista, por exemplo, a

> [...] hipótese que melhor explica o comportamento do outro é a de uma consciência análoga à minha, cujas diferentes emoções nele se refletem. [...] a maioria dos psicólogos permanece convicta da existência do outro como realidade totalitária de estrutura idêntica à sua. Para eles, a existência do outro é certa, e provável o conhecimento que temos dela. (Sartre, 2005:292-293)

Assim, a tradição realista do conhecimento pensa o sujeito como dado, e o outro é entendido como uma duplicação do sujeito. Na psicologia positivista, o estudo dos indivíduos se dá através da observação de seu comportamento e desenvolvimento, entendidos como equivalentes (ou análogos) em todos os casos. O outro é mais um indivíduo.

Sartre afirma ainda que, no que diz respeito ao idealismo, o estudo da *pessoa* não é uma prioridade, pois autores como Kant ou Spinoza, estão preocupados com estabelecer as "leis universais da subjetividade", no primeiro caso, ou a "essência do homem", no segundo, perdendo-se a questão da pessoa concreta: "tanto para o idealista como para o realista, impõe-se uma conclusão: pelo fato de que o outro nos é revelado em um mundo espacial, é um espaço real ou ideal que nos separa do outro" (Sartre, 2005:301).

As correntes idealistas e realistas são dominantes na filosofia ocidental. Sartre, assim como os demais existencialistas, está implicado em denunciar que esse projeto de conhecimento não deixa lugar para a existência, para o homem no mundo. Ao falar do espaço que separa o sujeito do outro, tradicionalmente pensado pela filosofia como real ou ideal, Sartre toca em um ponto que nos remete ao problema dos limites da liberdade tratados anteriormente: na tradição realista (empirista, positivista, da qual decorre a teoria liberal), o espaço em que a liberdade e, principalmente, seus limites se dão é o espaço empírico, observável. O conceito de liberdade negativa na teoria liberal exprime essa natureza do espaço: liberdade de ir e vir, de se expressar, de não sofrer coerções. Já na tradição idealista, a liberdade está relacionada à ideia de autonomia, de regras estabelecidas pelo próprio sujeito para orientar sua conduta moral. O espaço em que a liberdade e a falta de liberdade se dão é o espaço ideal — o espaço do pensamento racional. Erguer uma máxima para si mesmo e agir segundo essa máxima, de tal maneira que sua ação seja válida para todos, é o imperativo categórico kantiano que melhor define o conceito de autonomia. A universalidade é o domínio, por definição, do exercício da liberdade enquanto autonomia.

O grande problema silenciado nessas duas tradições é a questão do outro. Não do outro tomado como igual, semelhante, cujas necessidades, motivações e capacidades se equivalem às minhas. Nem do outro enquanto encarnação do sujeito racional, assim como o próprio sujeito livre. Mas do outro que desconheço, que não posso antecipar, prever, controlar, e com o qual tenho que me haver no exercício de minha liberdade. É essa relação com o outro que Sartre pretende enfatizar:

> A liberdade do outro revela-se a mim através da inquietante indeterminação de ser quem sou para ele. Assim, este ser não é meu possível, não está sempre em questão no cerne de minha liberdade: ao contrário, *é o limite de minha liberdade*, seu "reverso", nesse sentido em que nos referimos ao "reverso da moeda"; [...] a própria matéria de meu ser é a imprevisível liberdade de um outro. (Sartre, 2005:337; grifos meus)

Vemos como a mesma expressão que aparece na noção de liberdade negativa, a saber, o outro como "limite de minha liberdade", ganha na teoria existencialista um sentido que não o de obstáculo. Aqui, o limite da liberdade não é pensado como alguém que se antepõe como um estorvo à realização das escolhas do indivíduo, mas antes, dada a condição de fundamento que a figura do outro adquire para a liberdade do sujeito, esse limite se define como a impossibilidade de domínio completo, por parte do sujeito livre, de sua ação e de suas consequências. Em outras palavras, colocar o outro como fundamento — e limite — da liberdade é afirmar a condição imprevisível, "inantecipável" do ato livre. O outro que me aparece não me remete "a experiências possíveis, mas a experiências que, por princípio, estão fora de minha experiência e pertencem a um sistema que me é inacessível" (Sartre, 2005:295).

Sartre é um autor que pensa o problema da liberdade colocando-se criticamente em relação às teorias individualizantes sobre o tema. Para o filósofo, *o eu só é em presença do outro*. A concepção de que "eu tenho meu fundamento fora de mim" afirma a relação com o outro como constitutiva da experiência de liberdade. "O outro é o mediador indispensável entre mim e mim mesmo" (Sartre, 2005:290). A tensão constante que se presentifica na relação com o outro — uma relação que tem a marca da liberdade humana — se deve, para Sartre, ao fato de que os sujeitos estão a todo momento tentando apreender quem é o outro, ao mesmo tempo em que este que se quer apreender (pelo olhar, por meio de juízos) sempre escapa à objetificação. Do mesmo modo, o sujeito se percebe sendo apreendido pelo outro, e essa situação desconfortável (porque reduz o sujeito a uma imagem, à condição de objeto, destituindo-lhe de sua subjetividade) é por ele recusada. O exercício da liberdade é constitutivamente conflituoso. Nos termos de Sartre, "o conflito é o sentido originário do ser-Para--outro" (ibid., p. 454).

Um juízo é o ato transcendental de um ser livre. Assim, o ser-visto constitui-me como um ser sem defesa para uma liberdade que não é minha liberdade. Nesse sentido, podemos considerar-nos "escravos", à medida que aparecemos ao outro. Mas esta escravidão não é o resultado — histórico e suscetível de ser superado — de uma *vida*, na forma abstrata da consciência. Sou escravo na medida em que sou dependente em meu ser do âmago de uma liberdade que não é a minha e que é a condição mesmo de meu ser (Sartre, 2005:344; grifos do autor).

A dimensão sartriana de ação livre deve ser bem entendida aqui, pois traça uma oposição à noção de liberdade abstrata, aquela que seria uma qualidade, atributo ou "potência interior" do homem, como é o caso da noção de livre-arbítrio, presente no pensamento filosófico cristão e nas teorias liberais. Perdigão (1995) nos lembra que essa noção de liberdade abstrata é, inclusive, muitas vezes tomada pela opinião comum como significado para liberdade. Segundo a noção de livre-arbítrio, seria própria do homem a potência infinita para "sentir-se livre interiormente, seja senhor, escravo, opressor ou oprimido". O homem, qualquer que fosse sua situação, possuiria integralmente em seu interior sua liberdade. Para Sartre, em contrapartida, não há essa dimensão transcendente da liberdade, que se daria intimamente ao sujeito. Ser livre implica ser em condições, estar lançado no mundo e agir nesse mundo em que não se está sozinho, mas cercado de outros sujeitos livres. "Em outras palavras, a liberdade de escolha já implica um fazer" (Perdigão, 1995:89). Isso significa que a escolha não é algo que se passa interna ou mentalmente, mas está engajada com um modo de ser no mundo e com o outro, e evidencia esse modo de ser à medida que se atualiza. Sartre faz questão de ressaltar o caráter de ação da liberdade.

Essa concepção de fazer aproxima-se do problema da liberdade investigado neste livro: ao contrário de uma experiência privada, que se daria no íntimo do sujeito (como é o caso do livre-arbítrio), a equivalência de liberdade ao fazer traz o exercício da liberdade para o mundo, para as situações ordinárias, para as relações intersubjetivas, para a imprevisibilidade da ação.

A partir do entendimento da dimensão de intersubjetividade que constitui o humano, torna-se mais clara a abordagem do tema da liberdade por Sartre, em que o autor valoriza seu aspecto ativo, do fazer, do inventar. Pensar um cenário em que as marcações de pertencimento, orientação e garantia são socialmente confusas e ambíguas, como é o caso da cidade contemporânea, e refletir sobre as relações aí estabelecidas pode ganhar outros sentidos ao tomarmos a proposta existencialista de que os valores precisam ser inventados na ação livre. "O conteúdo [da decisão] é sempre concreto e, por conseguinte, imprevisível; há sempre invenção. A única coisa que importa é saber se a invenção que se faz é feita em nome da liberdade" (Sartre, 1987:20).

Falar de decisões e de escolhas, de julgamentos e de valores na teoria existencialista é, sem sombra de dúvida, falar de atos humanos que se dão *em situação*, isto é, em contextos reais, envolvendo pessoas existentes. Enfatizar esse aspecto é crucial para entendermos em que sentido o existencialismo se coloca crítico à liberdade negativa, ao conceito de livre-arbítrio e à ideia de autonomia racional — todas definições formais e vazias que prescindem do contexto em que se realizam para serem definidas.

A situação, para Sartre, é uma cena que traz em si o sujeito. Ela não pode ser vista ou apreendida de fora, como um quadro, mas coloca o sujeito num contexto em que ele está necessariamente implicado. Na situação, a noção de neutralidade não tem sentido:

> Tal situação reflete ao mesmo tempo minha facticidade e minha liberdade: por ocasião de certa estrutura objetiva do mundo que me rodeia, faz repercutir minha liberdade sob a forma de tarefas a executar livremente; não há qualquer constrangimento nisso, pois *minha liberdade*

corrói meus possíveis e, correlativamente, as potencialidades do mundo apenas se indicam e se oferecem (Sartre, 2005:335; grifos meus).

Ao afirmar que "minha liberdade corrói meus possíveis", o filósofo enfatiza o quanto a liberdade do sujeito está imbricada nas opções que se colocam num momento de escolha. Tomar uma decisão, portanto, é dar um passo em uma direção que já foi considerada possível naquelas circunstâncias por aquele sujeito. Sua liberdade está implicada em sua ação muito antes do exercício de optar, sem que ninguém se contraponha à sua vontade, por este ou aquele caminho. Sarte afirma: "quando delibero, os dados já estão lançados" (Sartre, 2005:557).

Um bom exemplo da articulação entre ação e liberdade é a situação em que se encontra Ramón Sampedro, personagem principal vivido por Javier Bardem no filme *Mar adentro*. O filme, dirigido pelo espanhol Alejandro Amenábar (2004), conta a história verídica de Ramón, que está há 28 anos tetraplégico e vive preso à cama numa casa com a família. Após se acidentar num mergulho no mar, Ramón não pode mais se movimentar, perde a capacidade de ir e vir, estando totalmente dependente dos cuidados do irmão mais velho, da cunhada e do sobrinho. A trama gira em torno da decisão que o personagem toma: ele deseja morrer. Como não tem condições de executar essa ação por si mesmo, recorre ao Estado para que a eutanásia seja realizada, e às pessoas próximas para que o ajudem a realizar sua vontade.

O grande trunfo do filme é valer-se de uma situação limite para fazer o espectador pensar nas relações humanas a partir da perspectiva da dependência do outro. Não é apenas Ramón que depende dos cuidados da cunhada, do tempo que o sobrinho dispõe para anotar e digitar os poemas que ele cria e dita, ou da atenção dispensada pela amiga que o visita. Todos esses personagens passam a depender emocionalmente de Ramón, envolvendo-se dia a dia com sua maneira ora poética, ora cáustica de ver a vida, que vai dando sentido à existência de cada um deles. Assim, quando Ramón decide que não quer mais viver nas condições irreversíveis em que se encontra, ele se dedica à tarefa de engajar aqueles que mais o amam na concretização de seu desejo. Por um lado, a proximidade e a intimidade os tornam sensíveis à causa do personagem. Por outro, ajudá-lo a realizar sua escolha é perdê-lo para sempre. Amenábar consegue aliar delicadeza e profundidade na narrativa, e encena de maneira brilhante o caráter conflituoso e perturbador da liberdade humana.

Esse exemplo nos ajuda a pensar como a liberdade vai muito além do sentido negativo explorado pela teoria liberal. Por implicar um fazer, ela não pode se dar fora da relação com o outro. Em cada pequena situação cotidiana, a ligação entre os personagens evidencia o quanto estamos enredados no outro, e como liberdade individual e independência tornam-se termos estranhos se pensamos as relações humanas a partir das ideias de vinculação, de ligação. Por mais que o personagem principal fosse completamente incapaz de exercer sua liberdade de ir e vir, de cuidar de si, de fazer o que bem entende, por exemplo, todo o filme ressalta a liberdade presente em cada uma das relações, ligando os personagens, desenhando escolhas válidas e não válidas para cada um deles.[23] Como afirma Sartre, "queremos a liberdade através de cada circunstância particular. E, querendo a liberdade, descobrimos que ela depende integralmente da liberdade dos outros, e que a liberdade dos outros depende da nossa" (Sartre, 1987:19).

O fazer é, para Sartre, a expressão da liberdade. Trazida para o mundo, destituída da aura de escolha ponderada, feita a partir da racionalidade, da coerência, a liberdade perde a característica de só ser possível quando nenhum obstáculo se coloca entre o sujeito e o seu objetivo, passando a atravessar a existência humana em todos

---

[23] A cena em que um padre, também tetraplégico, vai à casa de Ramón para convencê-lo, em rede nacional, a não levar adiante seu pedido de eutanásia ao governo espanhol é um excelente exemplo de como diferentes sujeitos, com diferentes projetos, colocam-se em relação a circunstâncias semelhantes.

os seus momentos, em todos os seus afazeres, em todas as suas relações. Ela não é mais uma propriedade possível em certas condições, ela constitui o humano.

> O ser que é o que é não poderia ser livre. A liberdade é precisamente o nada que *é tendo sido* no âmago do homem e obriga a realidade-humana a *fazer-se* em vez de *ser*. Como vimos, para a realidade-humana, ser é *escolher-se*: nada lhe vem de fora, ou tampouco de dentro, que ela possa *receber* ou *aceitar*. (Sartre, 2005:545; grifos do autor)

Nas oficinas que realizei com jovens, os participantes falaram sobre as dificuldades implicadas no exercício da liberdade. Essas dificuldades são correlatas à vivência da liberdade enquanto ausência de fundamento para as ações, escolhas, decisões do sujeito. Uma vez que nada efetivamente constrange o sujeito a tomar uma decisão — é preciso *ver-se constrangido, perceber-se coagido* —, cada ato traz, em si, a implicação do sujeito. Isso significa que o que alguém reconhece e identifica como obstáculo para sua ação livre diz muito dos valores, perspectivas e posições no mundo desse sujeito. Estar constrangido significa reconhecer-se querendo algo e impedido por determinadas condições. Com isso, Sartre quer implicar o sujeito no exercício de sua liberdade. Assim como as opções de escolha são produtos da posição do sujeito no mundo, também os constrangimentos e obstáculos dizem respeito a seu projeto. Para Sartre, a liberdade não é limitada por esses constrangimentos, mas se atualiza neles. Essa concepção está muito distante da definição de liberdade negativa, que coloca o sujeito destacado das opções que se lhe apresentam, assim como o separa dos possíveis constrangimentos que podem se antepor às suas decisões. Ela também não se equivale, de maneira nenhuma, ao conceito de livre-arbítrio, pois este implica uma interioridade destacada do mundo e um pensamento racional.[24]

---

[24] Há autores que definem o livre-arbítrio como a condição em que o sujeito tem opções genuínas e oportunidades de ação, e é capaz de escolher entre elas de acordo com o que quer ou pensa que é melhor. Para esses autores, o pensamento autoconsciente é o que permite ao ser

Por liberdade original, claro está, não deve-se entender uma liberdade *anterior* ao ato voluntário ou apaixonado, mas um fundamento rigorosamente contemporâneo da vontade ou da paixão e que estas *manifestam*, cada qual à sua maneira. (Sartre, 2005:549; grifos do autor)

O sentido de constrangimento é ressignificado em Sartre, e passa a ser atravessado pela ação da liberdade. Agir livremente implica encontrar constrangimentos à ação, pois as escolhas, assim como os obstáculos, vão aparecendo ao sujeito no fazer livre e nas relações intersubjetivas. Os constrangimentos não são, para Sartre, ao contrário do que são na teoria liberal, impedimentos à liberdade, mas consequências dela, resultam do agir no mundo.

Sartre tem uma vasta obra em que explora o tema da liberdade humana, enunciada em um vocabulário bem específico e colocada em oposição à concepção de liberdade da tradição filosófica ocidental. Trazer aqui algumas de suas contribuições não significa que acompanho o autor em todos os seus argumentos — seria preciso uma leitura exaustiva de seus textos para estar à altura de um empreendimento desse fôlego. Entretanto, Sartre toca em questões que estão no âmago do problema aqui levantado, e seus textos nos ajudam a pensar o problema da liberdade a partir da relação com o outro, da mundanidade da ação livre e do fazer nela implicado. Por essas razões, o autor é peça-chave para minha tese neste livro: pensar a liberdade é pensar os sujeitos num mundo construído na relação com o outro.

Para prosseguir nesta discussão e pensar o afastamento do conceito de liberdade do campo político promovido pela teoria liberal, trago o trabalho do filósofo Lévinas, que viveu no século XX e escreveu, dentre outros temas, sobre a relação ética com o outro. Nascido na Lituânia, Lévinas (1906-1995) conheceu de perto os horrores da guerra e seus impactos sobre o mundo moderno, e os perigos da racionalida-

---

humano se dar conta das opções e de si mesmo, engajando-se racionalmente, conscientemente no processo de escolha (Feinberg, 1998).

de impregnam seus escritos fenomenológicos. Para Lévinas, o exercício individual da liberdade, concernindo escolhas de âmbito privado, é uma característica da modernidade. O homem moderno é desafiado a assumir as rédeas de seu próprio destino, sem que a religião ou um saber tradicional garantam as escolhas que devem ser feitas.

Lévinas expõe os motivos que teriam levado as religiões a perderem seu papel de orientadoras das consciências modernas. Nas religiões cristãs, o perdão desempenha um papel importantíssimo na definição do que é o homem, demarcando ao mesmo tempo sua liberdade de poder escolher como agir e sua insuficiência perante Deus: "o perdão supõe sobretudo que o lesado recolha todo o malefício do dano e, consequentemente, disponha inteiramente do direito de graça" (Lévinas, 2004:41).

Para que o perdão seja possível, é preciso que os seres estejam totalmente presentes uns aos outros na sociedade, isto é, é preciso que se viva em uma *sociedade íntima*.

> De fato, tal sociedade é a dois, de mim a ti. Estamos entre nós. Ela exclui os terceiros. Por essência, o terceiro homem perturba esta intimidade: minha injustiça em relação a ti, que posso reconhecer inteiramente a partir de minhas intenções, se encontra objetivamente falseada por tuas relações com *ele*, as quais me permanecem secretas, visto que estou, por minha vez, excluído do privilégio único de vossa intimidade. Se eu reconheço minhas injustiças em relação a ti, posso, mesmo por meu arrependimento, lesar o terceiro. (Lévinas, 2004:41; grifos do autor)

Segundo Critchley (1998), Lévinas define a reciprocidade na relação como a "economia do Mesmo", em que o eu e o tu formam uma totalidade — o que os gregos chamavam de *philia*. Seguindo a terminologia de Lévinas, a relação intersubjetiva da *philia* é *ontológica*, e precisa ser distinguida da relação *ética* com a alteridade (*autrui*). Na primeira, a reciprocidade é marcada pelas virtudes da fidelidade, da duração da relação e da perenidade; na segunda, o que caracteriza a relação com o outro, com o terceiro, é a responsabilidade e a experiência da desilusão e da ausência de tranquilidade (Critchley, 1998:262). O outro está sempre demandando algo de mim, algo que não sei definir, que não está sob meu controle.

Moreira e Moro (2010) destacam que o encontro com o outro em Lévinas é, acima de tudo, o encontro com a fragilidade. O filósofo se coloca profundamente crítico à noção de sujeito moderno que se constitui pela identidade, perpetuando o que os autores assinalam como a fantasia moderna de um eu arrogante, viril e ativo. Lévinas explora por diferentes temáticas a questão da alteridade como participante da constituição subjetiva: através do tema da morte, do feminino, do amor, da compaixão, ou seja, através de experiências sobre as quais o eu não tem domínio.

Ao ressaltar a fragilidade que acomete o sujeito em seu encontro com o outro, Lévinas se coloca contra a ideia de intersubjetividade se esta se referir ao encontro simétrico entre dois sujeitos constituídos. Como afirmam Moreira e Moro (2010:66):

> O sujeito, para se realizar, tem que abandonar sua posição viril sem ser esmagado. O eu deve desaparecer para sair da solidão, mas desaparecer não é o mesmo que não existir. Assim, o eu só realiza sua dimensão de sujeito quando se abre e hospeda o outro.

Trazendo as contribuições de Lévinas para os termos de minha questão, a figura do terceiro é o que torna possível e necessário o exercício da política, reunindo duas de suas dimensões fundamentais: a ação (enquanto prática, produzindo desdobramentos imprevisíveis de uma intenção inicial) e o dissenso (uma vez que as posições em jogo são completamente heterogêneas, e o acordo imediato entre elas se mostra, de saída, o mais improvável). Ela também torna complexas as relações marcadas pela liberdade, pois a existência do terceiro faz com que as relações entre o eu e o outro não sejam transparentes e previsíveis.

Para discutir as ideias de ética e política na obra de Lévinas, Critchley retoma os trabalhos de Derrida sobre o autor. Assim, segundo Derrida, o sentido da ética levinasiana é de um acolhimento incondicional do outro. "Ética é definida como a infinita responsabilidade de hospitalidade incondicional, enquanto política pode ser definida como o tomar uma decisão sem determinadas garantias transcendentais". A política se configura, portanto, como o campo do risco e do perigo que levaria, nas palavras de Lévinas, à "invenção política": "A política ela mesma pode ser pensada como *a arte* [de dar] *uma resposta à demanda singular do outro*, uma demanda que chega em um contexto particular [...] e clama pela invenção política" (Critchley, 2007:271; grifos do autor).

Com a figura do terceiro a ideia de liberdade individual se complexifica. Sem dúvida, ao agir livremente o sujeito não pode vislumbrar e antecipar todos os desdobramentos de sua ação: "minha intenção não mede mais exatamente o sentido de meu ato" (Lévinas, 2004:42). O terceiro, o outro não previsto inicialmente na intenção do ato, interfere, equivoca o sujeito, produz resultados não antecipados. Para nós, é fundamental ressaltar aqui a potencialidade desse encontro, e não seu caráter de coerção da liberdade individual, tal como o fazem os liberais.

A liberdade também não se restringe à interface eu—tu, entre semelhantes, da sociedade íntima. Nessa sociedade, seus efeitos podiam ser antecipados justamente por se tratar de uma relação entre semelhantes. E, caso fosse necessário, o perdão poderia libertar o sujeito de uma falha em seu passado, pois a vítima consentia em esquecer o mal sofrido (Lévinas, 2004).

Ao contrário do que uma concepção de ação individual pautada pela liberdade negativa poderia sugerir,[25] o problema da relação com o terceiro (o outro) não deve ser tratado, segundo Lévinas, como

---

[25] Ver, a esse respeito, o conceito de *externalidade* comentado no capítulo 1.

um fato contingente, uma simples multiplicidade empírica, [...] criando ao eu autônomo um problema prático entre outros; a relação com um terceiro, a responsabilidade que ultrapassa o "raio de ação" da intenção, caracteriza *essencialmente* a existência subjetiva capaz de discurso. (Lévinas, 2004:45-46; grifos do autor)

A consideração do *outro* certamente nos ajuda a esclarecer o conceito de liberdade na medida em que a relaciona ao tema da intersubjetividade. A instância do outro é central para se entender a constituição subjetiva do homem. É através do reconhecimento do outro que o sujeito se dá conta do que é. Isto é, é através do *olhar do outro* que o sujeito se dá conta de sentimentos, valores e pensamentos que o constituem. É interessante observar que, para a perspectiva levinasiana — assim como para a sartriana —, a experimentação cotidiana do outro não *acrescenta* novos estados e emoções aos que o sujeito possui: antes, e mais primordialmente, ela *constitui* esses estados, seus modos de ser. É o olhar do outro que irá perturbar a unidade do sujeito, perturbando a coesão imaginária que tem de si. Todo o estranhamento, os sentimentos confusos e desagradáveis que são suscitados quando o outro olha o sujeito dizem respeito a essa consciência de que o sujeito escapa a si mesmo, de que seu fundamento não lhe pertence.

Em Lévinas, "justiça — ou política, ou equidade — consiste em levar o terceiro em conta" (Herzog, 2002:204). Essa responsabilidade pelo outro vem em primeiro plano, é algo que constitui o humano. E os problemas que decorrem dessa relação com o terceiro "são inevitáveis porque o terceiro já está aí. O terceiro 'perturba'" (ibid., p. 209). A questão que se coloca na política é: "O que eu devo fazer?" — frente ao outro, às injustiças, a essa "perturbação".

Para Critchley (2007), a ação política surge a partir da raiva e da indignação frente às injustiças vivenciadas ou percebidas pelos sujeitos. É o afeto que leva o sujeito a participar da esfera pública. O autor critica, assim, a noção de sujeito puramente racional da teoria política e do mundo público. O indivíduo está enredado no outro e é dependente dele. A política estaria situada, então, em ações que têm como princípio o sentimento de responsabilidade por esse outro. Ela surge da demanda por um acordo ético, quando o sujeito sente-se convocado a agir. Há, portanto, uma complementaridade entre ética e política: "Se a ética sem a política é vazia, a política sem ética é cega" (Critchley, 2007:277).

Ao pensarmos essa dimensão ética da ação, introduz-se a possibilidade de que o outro não queira, não aceite exatamente o que lhe está sendo oferecido. Essa é uma dificuldade que aparece explicitamente nas relações, e somos levados a pensar que se confrontar com o estranhamento do que quer o outro com quem o sujeito se relaciona é o primeiro passo para uma ação efetivamente política. Abrir-se para a possibilidade de reorganizar, renegociar e repensar o "mundo sensível" é dar esse primeiro passo, que certamente será seguido por outros tantos conflitos, desacordos e dissensos.

De fato, vivemos cotidianamente em nossa sociedade atravessada por valores liberais como se o outro, o estranho, não nos importasse, como se os indivíduos pudessem seguir suas vidas independentemente, exercendo sua liberdade através de suas escolhas, expressando suas opiniões em fóruns privados, sem encontros efetivos com a alteridade. Ou, quando esses encontros se dão, são vividos com profundo desconforto, mal-estar, intolerância.

A perturbação pelo outro é crucial. É através da perturbação trazida pela presença — real ou possível — da alteridade nas relações vividas na cidade que o conflito se insinua, ou mesmo se atualiza. Como afirmam Moreira e Moro (2010:71), "os processos de subjetivação revelam a condição humana pendular que oscila entre o campo do eu e o do outro; a permanência no campo do eu parece um sonho moderno". Ao trazer autores como Sartre e Lévinas, que não tematizam o "outro" como "outro indivíduo", com seus próprios interesses, mas como a figura do estranhamento, da perturbação da unidade do sujeito, proponho questões teóricas para o exercício da liberdade distintas das que são levantadas pela corrente do liberalismo, uma vez que esses filósofos não pensam a relação intersubjetiva como competitiva, nem mesmo como individualista. O que autores como Lévinas e Sartre ressaltam é que a tentativa de homogeneizar, de decantar a figura de alteridade de qualquer estranhamento, é vã. Não se trata de um estranhamento alheio ao sujeito: estamos implicados naquilo que nos é estranho.

A POLÍTICA E O INDIVÍDUO COMO UM VALOR

Na revisão do conceito liberal de liberdade, a *individualização* que o exercício da liberdade pressupõe mostrou-se evidente. Para que esse exercício seja possível, é esperado que o indivíduo encarne características do sujeito racional, tais como julgamento e pensamento lógico, decisão racional, controle das emoções, para ser considerado apto a desfrutar da liberdade. Mas, para além da equivalência entre o exercício racional da liberdade e a escolha individual livre, observamos no pensamento liberal a circunscrição da liberdade ao domínio privado, domínio este destinado à *realização do indivíduo*. Como discuti anteriormente, a liberdade, tal como entendida na teoria liberal, afasta-se radicalmente do exercício da política em seu sentido institucional, mas também no sentido de conflito com o outro, de tensão, de confrontação e desentendimento. No mundo individualizado e privatista, ser livre é não se haver com questões políticas. É cuidar de si mesmo, de seus próprios interesses, buscar conquistas individuais, estabilidade financeira, aventuras e prazeres. Em nosso mundo contemporâneo, a liberdade não costuma ser discutida em termos coletivos, públicos. Ao falar de liberdade, os indivíduos em geral se reportam a suas vidas privadas e aos obstáculos que encontram para exercerem suas liberdades individuais. Foi o que observei entre os jovens participantes do trabalho de campo, cujas falas discutirei nos capítulos 4 e 5.

Trazer o debate sobre a liberdade para o campo político é um esforço que nem sempre foi empreendido. Para Arendt (1972), a concepção liberal de liberdade ampliou o abismo entre a ideia de liberdade e a política ao defender a noção de liberdade negativa focada no indivíduo. Segundo Arendt, o esforço dos liberais em afirmar o modelo da política representativa, a fim de com isso garantir aos indivíduos tempo e disponibilidade para tratarem de assuntos privados, teria como resultado a disseminação da crença de que "quanto menos política, mais liberdade". A representação política de uma sociedade ideal deveria liberar os cidadãos para atividades outras, como a satisfação de seus interesses ou necessidades pessoais, que não implicassem necessariamente ações políticas. Com esse entendimento, Arendt afirma que "toda a idade moderna separou liberdade de política" (ibid., p. 197).

Uma interessante discussão sobre os efeitos da exacerbação da liberdade individual no que se refere à política e à vida coletiva nos é oferecida por Eliasoph (1998). Em seu estudo sobre a produção da apatia política na vida cotidiana dos Estados Unidos, a autora realiza um extenso trabalho de campo com grupos típicos de uma pequena cidade no interior dos EUA, como voluntários que realizam trabalhos comunitários em suas vizinhanças, grupos que se reúnem para dançar *country music* em clubes e mulheres ativistas. Seu objetivo é entender por que os norte-americanos médios fazem questão de "evitar" temas políticos em suas atividades cotidianas, ou melhor, não gostam de se ver vinculados a posições políticas. As questões que são discutidas em seu trabalho iluminam um ponto nevrálgico de minha pesquisa: por que liberdade, quando tomada em seu sentido negativo, surge como uma experiência que se afasta da política?

A pesquisa de Eliasoph parte de uma questão que intrigou a autora durante o trabalho de campo: a maioria dos entrevistados não parecia se mobilizar ou se interessar pela discussão de problemas de ordem política ou coletiva. Ainda que esses sujeitos percebessem inúmeros problemas ao seu redor, como questões relacionadas ao desemprego, à criminalidade ou ao meio ambiente, por exemplo, o fato de considerarem esses problemas "distantes do seu alcance", ou de difícil solução, fazia com que pensassem que os encaminhamentos para esses problemas não lhes diziam respeito pessoalmente. Assim, o tipo de ação possível era aquele restrito ao espaço privado e factível (recolher doações para uma festa local, organizar um evento de dança), que se dá "no quintal de casa".

Segundo Eliasoph, não há como escapar ileso das questões que animam o mundo da política pela via da apatia. "Dá trabalho produzir a apatia" (Eliasoph, 1998:6). Pessoas aparentemente apáticas em relação à política têm posições, opiniões e desconfortos, mas nem sempre se sentem à vontade para expressá-los.

Uma característica que a autora encontrou nos diferentes grupos foi que, na produção dessa "evaporação" da política da vida comum americana, falar de problemas coletivos é algo a ser evitado no espaço compartilhado. Isso, no entanto, não significa que os indivíduos não tenham preocupações e angústias, ou que estas não surjam em conversas privadas. A tese de Eliasoph é que, com a constante restrição a esse tipo de debate nos espaços sociais, a troca de opiniões discordantes não acontece, o que a seu ver seria um processo fundamental para a construção de um sujeito político. A discussão de questões de cunho coletivo e político nos contextos de sociabilidade parece se evaporar na cultura americana contemporânea. A vida coletiva se mostra completamente refratária a discussões que possam trazer conflitos, divergências de opinião e embates.

Como parte de seu argumento, a autora desenvolve a crítica a uma concepção individualista de democracia e política. Segundo esta concepção individualista, a opinião pública se forma pela soma das diversas opiniões individuais. Estas, por sua vez, são entendidas como atributos dos indivíduos, que os carregam consigo, exteriorizando-os ou não nas relações sociais. "Essa ideia se harmoniza com o senso comum americano que nos diz que o que está dentro [do indivíduo] é o que conta" (Eliasoph, 1998:19). Um dado relevante de sua análise é que os voluntários entrevistados não se viam fazendo o bem coletivamente, mas sim como indivíduos agindo isoladamente segundo convicções pessoais sobre o que é fazer o bem. O problema da abordagem individualista seria não considerar que a vida pública acontece *entre* as pessoas, nas relações, quando os valores ganham sentido à medida que são debatidos, exercitados e questionados.

Eliasoph percebe que

> a evitação era o caminho pelo qual os voluntários publicamente tratavam *todos* os assuntos políticos problemáticos. [...] Ter que conversar sobre alguma coisa, de fato, seria o sinal de que ali há um problema; se as coisas estão correndo tranquilamente, pessoas normais não deveriam ter que sentar para conversar. (Eliasoph, 1998:31)

Esses sujeitos apresentavam muitas dificuldades para discutir em grupo problemas que consideravam "deprimentes", sem solução aparente ou imediata. A autora encontrou uma etiqueta social nesses grupos, em que o silêncio sobre a política não era causado por preguiça ou covardia, mas sim considerado uma qualidade positiva. A crença em que as posições políticas são subjetivas (como valores particulares de cada indivíduo) fazia com que o debate fosse evitado a todo custo. O que surpreendeu a autora foi que, para os voluntários pesquisados, silenciar as conversações políticas era, paradoxalmente, a maneira de cuidarem do bem comum (evitando conflitos e desgastes).

Um importante componente da construção da apatia política (ou do desinteresse pelo mundo público) como valor na sociedade americana é a crença difundida de que os riscos a que estão sujeitos os indivíduos são riscos provenientes de escolhas livres feitas por esses indivíduos. Por exemplo, uma pessoa que escolhe fumar estaria assumindo o risco de desenvolver câncer; alguém que dirige embriagado estaria se expondo ao risco de um acidente; quem adota uma dieta rica em gorduras e açúcares estaria ciente de que tem mais chances de desenvolver hipertensão ou obesidade. Ainda que esse raciocínio de responsabilização exclusiva dos indivíduos por suas escolhas seja extremamente difundido na cultura norte-americana, Eliasoph afirma que se surpreendeu, durante sua pesquisa, com a facilidade com que os sujeitos atribuíam as mais diferentes situações envolvendo riscos e consequências danosas às "escolhas pessoais":

> Os voluntários queriam que o mundo fizesse sentido — queriam acreditar que os indivíduos efetivamente têm controle sobre suas próprias vidas — ainda que isso significasse dizer que comer era uma escolha pessoal [se referindo às respostas de seus entrevistados sobre o consumo de alimentos contaminados por agrotóxicos ou modificados pela adição de hormônios e outros produtos químicos]. (Eliasoph, 1998:74).

A responsabilização individual pautada pelo liberalismo, em que o indivíduo deve estar ciente das consequências de suas escolhas, é crucial para discutirmos a liberdade individual e, como veremos nos capítulos seguintes, surgiu nos grupos de reflexão realizados com jovens. A ideia de responsabilização individual por todo e qualquer efeito de ações livres é uma marca do conceito de liberdade liberal. Entretanto, a definição de "ação livre" não pode excluir o mundo em que os indivíduos vivem, as relações estabelecidas com os demais indivíduos, os valores vigentes e as relações de poder que aí se estabelecem. Sabemos que, ao serem introduzidas variáveis contextuais, as noções de justiça, responsabilidade e imputabilidade se complexificam, e novos problemas surgem para a regulamentação e para a legislação (certas definições de infração ou crime, quando contextualizadas, podem ser alteradas ou criadas). Essa não é, contudo, minha questão principal neste trabalho. Minha intenção é trazer para a discussão aspectos que considero fundamentais para o problema da liberdade e que, a meu ver, são deixados de lado ou pouco explorados pela teoria liberal. Fazendo essa discussão, nos aproximamos de questões jurídicas, ainda que eu não tenha a pretensão de discuti-las diretamente neste livro.

Se tomamos a concepção de liberdade que inclui a figura do outro em seu exercício — seja como referência constante para a limitação da liberdade individual, seja fomentando o sentimento de responsabilidade derivado do exercício da liberdade —, é essencial refletirmos sobre a problematização da ideia de liberdade, promovida pelo liberalismo, como escolha individual, ou mesmo como autonomia. Tal redução desconsidera, ou minimiza, tanto as condições sociais, culturais e históricas em que as escolhas se dão (condições estas que engendram o campo da política) quanto a relação com o outro implicada em cada ato livre, pois tomam o indivíduo livre como uma realidade formal, desenraizada, pura.

Assim, partindo do pressuposto de que as relações intersubjetivas são conflituosas, marcadas pelo mal-estar e pelo estranhamento — não porque essas relações não se adéquem às regras e leis vigentes, mas porque é próprio da relação com o outro essa dimensão de inconformidade, de perturbação, de embate —, entendo que o exercício da liberdade leva a experiências não necessariamente exitosas e compatíveis com o ideal liberal de felicidade individual. As relações podem ser vividas com angústia e mal-estar porque a liberdade, que constitui o encontro com o outro, produz esses sentimentos ao colocar o humano diante de suas próprias escolhas, de suas fragilidades. Mas podem, além disso, apontar para situações de injustiça em que o conflito privado se articula em questões coletivas, que ultrapassam experiências individuais. Nessas circunstâncias, a aproximação entre liberdade e o campo da política se daria em uma direção diametralmente oposta à da política liberal, pensada como arena para a defesa dos interesses individuais. O campo da política a que me refiro aqui é o do desentendimento, o do dano que é reclamado por partes que não são reconhecidas como legítimas no debate público. A seguir, trago a discussão da liberdade enquanto constitutiva da relação com o outro, e da política enquanto dissenso.

LIBERDADE E POLÍTICA: PARA ALÉM DO JOGO DEMOCRÁTICO DO CONSENSO

Parto do pressuposto de que a tensão entre as visões de mundo de diferentes sujeitos é constitutiva da política, como uma prática contínua de *dissenso* (de ideias, de posições, de opiniões discordantes e irreconciliáveis). Tal ideia se opõe à concepção liberal de política, em que esta seria o campo da construção e legitimação do consenso, da concordância entre as partes. Ao contrário, pensar a política a partir do conflito é pensá-la da perspectiva do embate entre posições distintas que lutam por se fazer ouvir e perceber no espaço público.

> A política não é em primeiro lugar a maneira como indivíduos e grupos em geral combinam seus interesses e seus sentimentos. É antes um modo de ser da comunidade que se opõe a outro modo de ser, um recorte do mundo sensível que se opõe a outro recorte do mundo sensível. (Rancière, 1996a:368)

Para Rancière, filósofo nascido na Algéria em 1940 e formado na França, a política surge exatamente de uma situação em que há disputa sobre o mundo sensível e sua divisão, sobre quem são aqueles a quem as partes divididas caberiam. O desentendimento é condição para a política, e não deve ser entendido como a afirmação de ideias distintas e conflitantes pelas partes em litígio; também não se equivale ao desconhecimento de algo que a outra parte saberia, prejudicando assim a comunicação; por fim, não se reduz a um mal-entendido, que poderia ser sanado com um debate mais esclarecido sobre o ponto de desentendimento. Aqui, o conflito vai muito além das tensões intersubjetivas, e se consolida na publicização das lutas contra a opressão. O desentendimento, condição fundante da política, seria

> um tipo determinado de situação de palavra: aquela em que um dos interlocutores ao mesmo tempo entende e não entende o que diz o outro. [...] *Os casos de desentendimento são aqueles em que a disputa sobre o que quer dizer falar constitui a própria racionalidade da situação de palavra*. Os interlocutores então entendem e não entendem aí a mesma coisa nas mesmas palavras. (Rancière, 1996b:11-12; grifos meus)

Quem, em determinada sociedade, tem direito à fala? Quem são os cidadãos, aqueles que merecem reconhecimento, que merecem ter suas reclamações e opiniões reconhecidas, escutadas e atendidas? Nas democracias modernas, o cidadão tem definição e reconhecimento jurídicos, e o respeito ao cidadão orienta as relações entre os homens na sociedade. Entretanto, Rancière chama atenção para os casos em que determinados grupos, que são definidos juridica e/ou socialmente como incapazes, não aptos a se colocarem de igual para igual nas relações sociais, discordam do lugar em que são colocados, ou melhor, do não lugar que lhes é legado, e perturbam a ordem social reivindicando espaço e escuta. Na definição do desentendimento, o *estranhamento* que essas manifestações causam é peça-chave para entendermos a posição de Rancière: se aqueles que não são contados estão nessa situação porque não são "racionais", como é possível que suas queixas, que suas perguntas perturbem a divisão social? Como alguém que não pensa propriamente pode pôr em questão a organização da sociedade? Esses problemas são, na contemporaneidade, relacionados pelo autor ao exercício do que ele chama de "pós-democracia" ou democracia consensual. O exercício da democracia consensual, tal como ela é pensada pelo liberalismo e pela filosofia política, colocada como o ideal a ser alcançado pelas sociedades contemporâneas, teria consequências danosas para a política.

> Antes de ser a preferência dada à paz sobre a guerra, o consenso é um certo regime do sensível. É o regime em que as partes já estão pressupostamente dadas, sua comunidade constituída e o cálculo de sua palavra idêntica à sua *performance* linguística. O que o consenso pressupõe portanto é o desaparecimento de toda distância entre a parte de um litígio e a parte da sociedade. É o desaparecimento do dispositivo da aparência, do erro de cálculo e do litígio abertos pelo nome do povo e pelo vazio de sua liberdade. É, em suma, o desaparecimento da política. (Rancière, 1996b:105; grifos do autor)

Em *O desentendimento* (1996b), Rancière discute como a democracia — enquanto regime político no mundo pós-queda do comunismo — considera-se o regime legítimo, vitorioso e sem concorrentes, tomando-se como o regime que permitiria a justiça, a produção de riqueza e a "otimização dos ganhos para todos". O problema que decorre daí é que uma visão prática de política é legitimada. O autor considera que a falta de contestação da democracia (pela inexistência de outras formas de regime político) no cenário atual leva à crença de que a democracia consensual seria um regime "acima de qualquer suspeita".

O filósofo reserva para o termo democracia outro sentido, que não o da democracia consensual da filosofia política. A democracia é tema recorrente em sua obra e, através da definição deste termo em oposição à prática da política institucionalizada atual, em oposição à ideia de tecnicização e eficácia da política, o autor aproxima a democracia de uma experiência constitutivamente política, isto é, em que a ordem do mundo é posta em questão, em que a partilha entre aqueles quem detêm o poder é denunciada em sua arbitrariedade.

Rancière nos oferece um vasto percurso através das experiências democráticas em diferentes momentos históricos em seu livro *O ódio à democracia* (2006). Nesse trajeto, ele ressalta a potencialidade política de diferentes momentos, que têm sempre algo em comum: a igualdade entre os homens como um pressuposto. Ele discute também a despolitização da política e sua aproximação a discussões liberais, que não põem em questão a partilha do sensível, o modo como os poderes, os espaços, os recursos são divididos e distribuídos entre determinados grupos, mas apenas procuram atender os interesses daqueles que já estão inseridos na divisão de poderes e bens no mundo compartilhado.

Para Rancière, a democracia é o modo de subjetivação da política. Essa afirmação é possível uma vez que o autor remonta à Grécia Antiga e mostra como a democracia grega se constituiu, enquanto regime político, como uma ofensa, uma afronta à filosofia, ao se marcar por uma desqualificação do governo. A possibilidade de que o governo da cidade fosse assumido pelo *demos*, pelo povo, que não possuía títulos para governar — nem a riqueza da oligarquia, nem a virtude ou a excelência da aristocracia —, mas apenas a liberdade (algo que todos os cidadãos da *polis* grega possuíam), constitui um escândalo para o pensamento filosófico. Se a cidade pode ser governada por qualquer um, por alguém do povo, vê-se aí a arbitrariedade da ocupação desse lugar. E isso é inconcebível para aqueles que pensam que o governante deve ter uma qualidade superior aos governados. Ao afirmar-se como aquele que possui o "título" da liberdade, algo que todos os cidadãos gregos — o aristocrata, o filósofo, o rico — também possuíam, "o povo apropria-se da qualidade comum como sua qualidade própria. O que ele traz à comunidade é, propriamente, o litígio" (Rancière, 1996b:24).

Tal é a concepção de política que Rancière destaca em seus textos: utilizando-se de termos que são caros à filosofia política moderna, o autor repensa a história da democracia e da política a partir da ideia de que não há um fundamento último para as duas:

> Pois o fundamento da política, se não é natureza, não é tampouco convenção: é ausência de fundamento, é a pura contingência [enquanto arbitrariedade] de toda ordem social. Há política simplesmente porque nenhuma ordem social está fundada na natureza, porque nenhuma lei divina ordena as sociedades humanas. (Rancière, 1996b:30)

Essa posição tem, com efeito, consequências radicais no modo de se pensar a política. A primeira delas é que pode haver longos períodos na história em que a política não se fez presente. Ela só surgiria em circunstâncias nas quais a disposição para a *igualdade* emergisse. A pressuposição da igualdade é, para Rancière, a condição de possibilidade (ainda que não seja suficiente) para a emergência da política:

> É essa igualdade que corrói toda ordem natural. [...] Existe política quando pela ordem supostamente natural da dominação perpassa o efeito dessa igualdade. Isso quer dizer que não existe sempre política. Ela acontece, aliás, muito pouco e raramente. [...] Só existe política quando essas maquinarias são interrompidas pelo efeito de uma pressuposição que lhes é totalmente estranha e sem a qual no entanto, em última instância, nenhuma delas poderia funcionar: a pressuposição da igualdade de qualquer pessoa com qualquer pessoa, ou seja, em definitivo, a paradoxal efetividade da pura contingência de toda ordem. (Rancière, 1996b:31)

Cabe ressaltar que a noção de desentendimento ocorre em contextos de dominação, opressão, e que é essa situação — aliada à igualdade como pressuposto — que permite a emergência da política. Já a igualdade em situações de consenso é reconhecida pelas partes que negociam. No desentendimento, as partes dominantes não reconhecem a igualdade daqueles que falam sem ter o direito de falar. Assim, se tomamos o conceito de política como é definido por Rancière, ainda que a dimensão da universalidade esteja presente, a ideia de política *como algo que diz respeito ao coletivo, que concerne a todos*, só pode valer como questão em disputa, como campo de litígio. E o conflito só aparece porque aquele que é oprimido, que é mantido fora da divisão das partes, se coloca e supõe que o outro — que o domina — pode ouvi-lo, pode entender sua queixa. É assim que a igualdade surge, para o exercício da política, *como um princípio a ser verificado* por aqueles que se implicam numa luta democrática: se somos iguais, por que a opressão? Se somos livres, se temos os mesmos direitos à vida, se somos pensantes, por que a dominação? Há um esforço fundante da política em evidenciar que a igualdade entre aqueles que se confrontam existe, está lá, ainda que parte dos homens não queira reconhecer isso. Desse modo, a igualdade aparece como uma petição de princípio, e não como um objetivo, uma meta final da luta democrática. A política será sempre um campo de desentendimentos provocados pelas exigências de verificação de uma igualdade que não se dá explicitamente, por um desacordo vivido entre os homens a respeito de como o mundo está dividido, organizado, partilhado.

Rancière está interessado em levantar os problemas da política que se pratica no mundo contemporâneo, bem como criticar a tradição da filosofia política que durante muito tempo se dedicou a pacificar o campo das lutas políticas através da argumentação em favor do consenso e do uso equilibrado da razão. Seu argumento que mais se destaca é o de que a igualdade na política está nas lutas e nos conflitos em que sua verificação é exigida, e não — como defendem os partidários do liberalismo — que a igualdade deve ser apenas a finalidade, o objetivo último das conquistas no campo da política. Entender esse argumento é essencial para que a contribuição de Rancière a este trabalho seja efetiva: nos conflitos caracterizados por ele como desentendimento, o autor desloca a questão da igualdade. No debate sobre as lutas políticas, a questão da igualdade é menos um fim — quando os sujeitos ou grupos estariam lutando para que, no futuro, tenham direito à igualdade (política, econômica, social, ou qualquer adjetivo que se queira dar a ela) — e mais uma concepção de que se luta porque se está sofrendo uma injustiça, justamente quando há a suspeita de que *se é igual àquele que oprime*, em alguma instância, e, por isso, a opressão não se justifica, é arbitrária. Com isso, a igualdade precisa estar na base da ação política, como um pressuposto daquele que demanda outra divisão de poderes, de participação, de reconhecimento, e não apenas como uma meta de sua ação. O sujeito político age porque, de saída, se coloca de alguma maneira em posição de igualdade com aqueles que o dominam. Rancière afirma o desentendimento que surge quando um sujeito (ou "parcela") se coloca de tal maneira que cria uma situação impensável por aqueles que estão no poder, ou por aqueles que se encontram assentados na ordem das coisas. Em recente entrevista, ele afirma:

> Partir da igualdade não pressupõe que todos no mundo tenham iguais oportunidades de aprender, de expressar suas capacidades. Não é essa a questão. A questão é que você tem que partir de uma igualdade mínima que é dada. A lógica pedagógica normal diz que as pessoas são ignorantes, que elas não sabem como sair da ignorância para aprender, então tem-se que criar algum tipo de itinerário para movê-las da ignorância para o conhecimento, partindo da diferença entre o que sabe e o que não sabe. (Rancière, 2009, n. p.)

Nessa passagem, Rancière faz referência a seu livro *O mestre ignorante* (2007), em que discute como a pedagogia moderna promove a despolitização da sociedade. Essa despolitização se realiza uma vez que o método pedagógico afirma a total desigualdade na sociedade, perpetuando a submissão e a manutenção da subordinação social, justamente por sustentar a relação de defasagem entre o mestre (que sabe, conhece e explica) e o aluno (que não sabe, não compreende, precisa ser guiado passo a passo até o conhecimento, sempre por meio de etapas, de explicações "não todas", as quais não pode compreender inteiramente, estando sempre dependente do mestre).

> A distância que a Escola e a sociedade pedagogizada pretendem reduzir é aquela de que vivem e que não cessam de reproduzir. Quem estabelece a igualdade como *objetivo* a ser atingido, a partir da situação de desigualdade, de fato a posterga até o infinito. A igualdade jamais vem após, como resultado a ser atingido. Ela deve sempre ser colocada antes. (Rancière, 2007:11)

Como vimos no capítulo 2, a noção de progresso é o pressuposto de base não só da educação como de toda a psicologia do desenvolvimento. Pressupor na base do processo um indivíduo que desconhece, que não é capaz e que precisa se desenvolver é considerar que a educação produzirá um cidadão que *não estava presente no início do processo*. O esforço dos educadores, da família e dos especialistas se faz no sentido de produzir um indivíduo que, uma vez desenvolvido, possa ser considerado um igual — e, então, capaz de agir politicamente, capaz de exercer sua liberdade. O estatuto daquele que se submete ao processo pedagógico, no início do processo, é meramente negativo — imaturo, inculto, analfabeto, criança.

O que Rancière denuncia é a inconsistência de base presente na proposta pedagógica, uma "conta que não fecha". Pois como as relações seriam possíveis, mesmo aquelas que perpetuam a desigualdade de posições, se uma igualdade de base não fosse pressuposta pelos sujeitos?

> Sempre há algo que é compartilhado, por exemplo, quando o professor está explicando algo para o estudante. Por um lado, supõe-se que

ele tem algo a explicar, que o estudante é incapaz de entender por si mesmo etc., então essa é uma relação de desigualdade, mas que só pode funcionar se o mestre supõe que os estudantes simplesmente podem entender a explicação, o que o mestre está lhes dizendo. [...] Penso que é um ponto muito importante a ideia de que o ignorante sempre sabe alguma coisa, sempre pergunta alguma coisa e sempre tem a capacidade, e o problema é como aproveitar ao máximo sua capacidade e começar da igualdade. (Rancière, 2009, n. p.)

Em sua discussão a respeito da igualdade e da política, Rancière nos oferece muitos elementos para pensarmos o problema da liberdade tratado a partir da juventude. A condição do jovem é a de quem, em nossa sociedade e no momento atual, já está com um pé no mundo adulto (supostamente, da independência e da autonomia), mas ainda precisa passar por algumas etapas para que esse credenciamento seja completo: mais alguns anos de estudo, mais alguns anos de vida, renda própria suficiente para cuidar de si sem a proteção dos familiares. Aí sim, será possível ser um "igual" na sociedade. Até lá, é preciso adequar-se às expectativas dos mais velhos, das instituições, do mercado, para conseguir o reconhecimento tão desejado.

A sociedade desigualitária não pode funcionar senão graças a uma multidão de relações igualitárias. O escândalo democrático põe em evidência essa intrincação da igualdade na desigualdade e a converte no fundamento do poder comum. [...] de outro modo é impossível que os alunos compreendam os mestres e que os ignorantes obedeçam ao governo dos sábios. Dir-se-á que, para isso, aí estão os soldados e os policiais. Mas é preciso que estes compreendam as ordens dos sábios e a importância de obedecê-las, e assim sucessivamente. (Rancière, 2006:73)

O que Rancière nos ajuda a diagnosticar nas relações desigualitárias que se estabelecem entre adultos e "ainda não adultos" é que supõe-se que os primeiros sejam livres e responsáveis, e que os segundos precisam sair da condição de não livres, heterônomos, dependentes, para aceder, através dos ensinamentos dos primeiros, a uma condição de igualdade. Se tomamos a liberdade como condição da existência humana, como não supor que ela estaria presente, de alguma maneira, na criança e no jovem? E se consideramos esse ponto, que repercussões ele pode aportar para as relações cotidianas que se tem com esses sujeitos — na família, na escola, na clínica, nos espaços públicos? Entendo perfeitamente que a discussão sobre os limites da liberdade e a responsabilização individual é matéria complexa e delicada, especialmente no que toca crianças e jovens. Reconheço, inclusive, que este não é o tema central de investigação deste trabalho. Mas a discussão que desenvolvo neste livro tem, certamente, ressonâncias no campo jurídico, e o diálogo entre essas áreas — psicologia da infância e da juventude e direito — deve ser cada vez mais promovido e estreitado.

Em *O mestre ignorante*, vemos que a experiência política, a emancipação, tem um caráter pontual. Não pode ser transformada em uma realidade permanente, mas deve, sim, ser pensada como um movimento que rompe com uma maneira de ser, de pensar, de perceber o mundo que reproduz as relações de poder. A descoberta de que essas relações de poder são arbitrárias (no livro em questão essa descoberta se dá quando o mestre percebe que a igualdade entre ele e seus alunos permite que estes aprendam algo que ele não lhes ensinou) funda o momento da política. Essa descoberta permitiria a emancipação dos sujeitos.

Tomar a igualdade como um princípio a ser verificado, e não como uma finalidade da política, é a reversão feita por Rancière que resume suas críticas à filosofia política tradicional e à teoria liberal, hegemônicas no campo de discussão em que o autor se localiza. E essa reversão ilumina o problema da liberdade na medida em que nos ajuda a pensar outras abordagens para o tema que não pela via da eficácia liberal. Além disso, a aposta na igualdade como princípio em questão, e não como objetivo da política, se aproxima da reversão promovida por Sartre, que propõe que a liberdade não seja pensada como um objetivo nas relações, mas como o fundamento da existência do homem. Ambos partem de suas proposições — que, vale a pena ressaltar, são antagônicas às teses tradicionais da filosofia — para pensar os efeitos que teriam nas relações entre os homens. O que mudaria na política, nas relações sociais e no modo de ser das pessoas se admitíssemos que somos iguais, somos livres? Rancière coloca da seguinte maneira a questão:

> É verdade que nós não sabemos que os homens são iguais. Nós dizemos que eles *talvez* sejam. Essa é a nossa opinião e nós buscamos, com aqueles que acreditam nisso como nós, verificá-la. Mas nós sabemos que esse *talvez* é exatamente o que torna uma sociedade de homens possível. (Rancière, 2007:107)

Como características presentes na obra dos dois autores, destaco o combate a uma concepção natural ou naturalizante de homem, a potencialidade política das relações e a afirmação do conflito como constitutivo da existência humana.

Também para Chantal Mouffe, teórica política nascida na Bélgica em 1943 cuja obra levanta importantes críticas à teoria liberal, o campo político da democracia deve ser pensado como marcado pelo agonismo, pela oposição diversa e conflituosa de perspectivas e modos de pensar, mas de tal maneira que essas tensões não inviabilizem o exercício da democracia, que as diferenças tenham sempre espaço no debate sem sofrerem a ameaça de serem eliminadas, silenciadas, suprimidas (Mouffe, 2005-2006). Para Mouffe (2005a), a política não pode ser considerada uma forma de ultrapassar as diferenças existentes entre os sujeitos para alcançar um ponto universal; não é a criação de um princípio transcendental que supera as singularidades. O conflito entre perspectivas e formas diferentes de estar no mundo, o embate entre "nós" e "eles" é extremamente necessário para se manter a pluralidade.

Em *The Democratic Paradox* (2009), Mouffe destaca os dois principais modelos de democracia consensual na teoria política: o modelo "agregativo", que reduz a política democrática a negociações de interesses; e o modelo "deliberativo", ou "dialógico", que sustenta que as decisões a respeito dos assuntos de preocupação comum devem resultar da deliberação pública livre e sem constrangimentos. Os neoliberais seriam representantes da primeira posição, e Habermas e Rawls, da segunda. A crítica feita pela autora à democracia consensual se destina aos dois modelos: em nome da busca pelo consenso, a tensão e o enfrentamento que surgem da defesa de posições distintas, muitas vezes irreconciliáveis, são vistos como negativos, como perturbadores do "bom exercício da política". Em nome desse bom exercício, em nome de uma política eficaz, funcional, o conflito é minimizado, "varrido para baixo do tapete". O problema da supressão dessa dimensão fundamental do exercício da política é que posições não hegemônicas são silenciadas, uma vez que as decisões precisam ser tomadas consensualmente.

Mouffe explora esse funcionamento da democracia consensual com bastante atenção, reconhecendo que os acordos, as decisões coletivas fazem parte do exercício democrático. Entretanto, estes são pontuais, são amarrações provisórias, e não devem ser tomados como o fim último da política.[26] A autora é enfática ao afirmar a

---

[26] É importante atentarmos para o fato de que o papel do consenso e da deliberação racional tem uma enorme importância não só para a história da política institucional democrática, mas também para a história dos movimentos sociais organizados. Não pretendo entrar nas minúcias dessa discussão, pois me faltaria fôlego para tanto, e me tiraria de minha questão, mas reconheço que diversas práticas da chamada "democracia participativa" — tais como as longas assembleias de argumentação e convencimento entre os participantes até que o consenso seja alcançado, ou o compartilhamento de experiências de opressão para a formação de pautas comuns e para a consolidação de uma identidade coletiva, por exemplo — tiveram papel crucial na emergência e reconhecimento dos movimentos da sociedade civil organizada durante o século XX. Como afirma Polletta em seu cuidadoso estudo *Freedom is an Endless Meeting: Democracy in American Social Movements* (Polletta, 2002), o princípio de respeito mútuo e de reconhecimento da legitimidade do raciocínio de outros participantes pode ajudar a construir

necessidade de reconhecimento das diferenças e da impossibilidade de uma completa absorção da alteridade nas relações democráticas:

> Negar o caráter inerradicável do antagonismo e almejar um consenso racional universal — essa é a real ameaça à democracia. De fato, isso pode levar à violência não reconhecida e escondida em apelos à "racionalidade", como é frequentemente o caso do pensamento liberal, que dissimula as fronteiras necessárias e as formas de exclusão sob pretensões de "neutralidade". (Mouffe, 2009:22)

O consenso seria, portanto, uma falsa ideia (e nem por isso menos perigosa) do que efetivamente constitui a democracia. O historiador italiano Luciano Canfora nos adverte que "o consenso é um conceito superficial, ainda que esteja na moda. O essencial é compreender *como* o consenso é obtido — e a distinção entre conquista e manipulação da opinião pública é na verdade bastante tênue; é,

---

um sentimento de solidariedade entre os integrantes de um movimento. Ela escreve: "O *processo* de tomada de decisão tende a resultar em grande aceitação das diferenças que coexistem com objetivos compartilhados. De fato, o consenso frequentemente não objetiva chegar a uma posição ou política acordada unanimemente em todas as suas particularidades, mas a delinear uma série de posições individuais que são consistentes com uma posição do grupo. Ao requerer que os participantes levem a sério as preocupações e prioridades uns dos outros, o processo [de tomada de decisão] equilibra iniciativa individual com solidariedade, e ambas são críticas para o sucesso da ação coletiva" (Polletta, 2002:9; grifos da autora). Seu esforço em mostrar o papel que a busca pelo consenso teve na constituição dos movimentos participativos de base nos leva aos primórdios da cidadania civil moderna, às lutas por direitos humanos e às estratégias dos grupos organizados, como os movimentos de trabalhadores, negros e feministas. Muitos desses movimentos comunitários preconizavam os "encontros intermináveis" para que os consensos fossem alcançados efetivamente, consolidando as lutas como coletivas.

Não pretendo entrar nessa discussão minuciosa, mas duas observações se fazem necessárias para a leitura da crítica de Rancière e Mouffe à democracia consensual. A primeira é que as críticas desses dois autores se endereçam, principalmente, às instituições políticas hegemônicas. Nesse sentido, a noção de consenso traz muito pouco de compartilhamento de experiências, de longas discussões argumentativas, de empatia e solidariedade, estando muito mais voltada para a deliberação urgente. Aqui, a busca pelo consenso equivale à busca pela *eficácia política*. A segunda observação é que, mesmo no texto de Polletta, a noção de consenso argumentativo remete ao referencial habermasiano de ação comunicativa, colocando no horizonte da discussão o sujeito da razão. Como explorei no capítulo anterior, esse pressuposto traz consigo uma série de problemas relacionados ao conceito de autonomia e maturidade, e tende a promover a exclusão daqueles que não se adéquam aos requisitos básicos para o debate argumentativo.

sobretudo, uma questão de pontos de vista" (Canfora, 2007:45). O autor aponta para o controle das elites sobre os meios de comunicação (em especial, a televisão), para a influência direta que esse controle tem na "formação" da opinião pública, e mesmo na definição dos resultados das eleições. Seu objetivo é mostrar o avesso de um conceito que é tomado por muitos como uma característica própria do exercício democrático.[27]

Mouffe destaca que a extrema valorização do consenso põe em risco justamente a característica que difere a democracia de outros regimes: seu pluralismo. Tomado como objetivo que se sobrepõe às relações que envolvem algum desacordo, o consenso arrisca a existência de opiniões divergentes e de posições que não se reduzem aos acordos alcançados. A autora chama a atenção para o fato de que, se o consenso deve ser sempre buscado, a democracia sofre um duro golpe em sua espinha dorsal, isto é, na possibilidade de coexistência de posições distintas e mesmo antagônicas. Nesta passagem esclarecedora, ela afirma:

> A especificidade da democracia liberal como uma nova forma de sociedade consiste na legitimação do conflito e na recusa em eliminá-lo pela imposição de uma ordem autoritária. [...] *O consenso é, certamente, necessário, mas ele deve ser limitado às instituições que são constitutivas da ordem democrática.* Uma democracia pluralista também precisa dar espaço à expressão do dissenso e aos interesses e valores conflitantes. E esses não devem ser vistos como obstáculos temporários na estrada para o consenso, uma vez que em sua ausência a democracia deixaria de

---

[27] Canfora vai mais longe em suas críticas à *retórica democrática* hegemônica na atualidade, afirmando que a democracia contemporânea equivale à oligarquia antiga, ao governo das elites e de sua manutenção nos postos mais altos da sociedade, através da participação pontual da população através do voto. Nesse sentido, podemos aproximar suas críticas à discussão desenvolvida por Rancière a respeito da democracia *praticada*. Lembrando que Rancière reserva para o termo democracia (enquanto potencialidade política) um entendimento muito específico, ligado ao conflito e ao desentendimento, como vimos anteriormente.

ser pluralista. É por isso que a política democrática não pode aspirar à harmonia e à reconciliação. (Mouffe, 1996:8; grifo meu)

Vemos aqui uma ressalva importante, que se repete em diversos textos de Mouffe. Não se trata de negar o consenso como prática da democracia, mas de não lhe dar o lugar de ideal e norte para as relações na política democrática. Caso isso seja feito, a violência — e não a harmonia — pode se introduzir de forma sub-reptícia nas relações, justificando-se pela busca do consenso, isto é, do silenciamento do litígio. A afirmação das instituições democráticas como espaço de elaboração de acordos não pode significar a pacificação de posições discordantes pelo uso da força — ainda que essa força se manifeste através de palavras, argumentos. Como discutimos no capítulo anterior, a defesa da razão argumentativa pressupõe sujeitos descolados de inserções sociais, classes, gêneros, cultura e religião, perpetuando uma série de relações de opressão pela exigência de neutralidade discursiva. Em oposição a essa postura, Mouffe afirma:

> Quando nós aceitamos que todo consenso existe como um resultado temporário de uma hegemonia provisória, como uma estabilização de poder, e que ele sempre acarreta alguma forma de exclusão, nós podemos começar a encarar a política democrática de um modo diferente. (Mouffe, 1996:10)

Ainda para problematizar o alcance que a ideia de consenso tem em nossa sociedade, vale lembrar que, se a politização do conceito de liberdade implica a ação do sujeito no mundo da coletividade, no mundo construído *com* o outro, certamente a ação livre será conflituosa. O conflito inerente à liberdade advém da intersubjetividade, da necessidade de negociação constante com o outro, tantas vezes radicalmente diferente do próprio sujeito. Como ressalta Rancière, o mundo de aparição e de encontro dos homens é sempre um mundo em disputa, cujas "partes contadas" e cujos "ocupantes visíveis" dessas partes são, a todo tempo, colocados em questão por aqueles que não são contados, por aqueles que foram deixados de fora na repartição do mundo sensível: "A política existe quando a ordem natural da dominação é interrompida pela instituição de uma parcela dos sem-parcela" (Rancière, 1996b:26).

A liberdade negativa, defendida pelo liberalismo, é a afirmação do direito de escolha e de realização das escolhas feitas. É definida pelos autores liberais como um desejo ou uma decisão transparente: o indivíduo *sabe* aquilo que quer, e ser livre é poder conquistar o que deseja (desde que seja um desejo legítimo, dentro da lei) sem que o Estado ou outros indivíduos coloquem-se entre sua vontade e sua realização. O Estado liberal deve cuidar apenas para que os cidadãos possam exercer suas liberdades individuais sem interferir no exercício da liberdade dos demais. A questão é que, pensado da perspectiva individualizada, o conceito de liberdade não compreende a dimensão constitutivamente conflituosa da relação com o outro, nem nos permite entender como, fora dos enquadres da representatividade, os conflitos vividos na esfera individual, nas relações intersubjetivas, podem se constituir enquanto lutas coletivas na arena pública, enquanto lutas políticas contra determinadas formas de opressão.

A pergunta que faço aqui é se a concepção de política pensada a partir do *desentendimento* pode nos ajudar a pensar a liberdade fora do esquadrinhamento liberal, do indivíduo que age livremente e é consciente de seus desejos e interesses, e que é capaz de prever, racionalmente, as consequências de suas ações.

Tomemos de empréstimo um exemplo da ficção cinematográfica para pensarmos esta questão. Quando a personagem Grace, no início do filme *Manderlay*, de Lars von Trier (2005), chega às portas da fazenda Manderlay na companhia do pai, protegidos, em carros de luxo, por seus gângsters armados, ela se depara com a cena de punição de um negro da propriedade, que estava sendo amarrado aos portões da fazenda para ser açoitado. Convicta de estar testemunhando uma situação de grande violência e de desrespeito à lei, Grace decide interceder e pede ao pai que a apoie. No ano em que se passa o filme, 1933, a escravidão já tinha sido abolida nos Estados Unidos havia 70 anos. Grace exige que o pai a espere, enquanto ela entra na fazenda para interromper algo que julga ser um absurdo. Ela quer defender os direitos de todos aqueles negros moradores da fazenda, mantidos como escravos, e lhes ensinar que eles são livres. Para tanto, Grace se faz acompanhar dos capangas armados do pai.

O filme, continuação do intenso e angustiante *Dogville* (Trier, 2003), traz uma discussão contundente sobre as formas de opressão e sobre o racismo na sociedade norte-americana. O que me faz trazê-lo aqui é que, ao longo da trama, a personagem de Grace, inicialmente tão convicta de estar fazendo a coisa certa, tão segura de que *sabia* o que era melhor para aqueles escravos, vai se deparando com as dificuldades reais produzidas por sua intervenção. O negro mais velho da fazenda, com quem Grace conversa sobre sua decisão de intervir na dinâmica local, mostra-se descrente a respeito da possibilidade de que os escravos recém-libertos se adaptem à liberdade proposta por Grace, baseada em práticas democráticas como assembleias e votações, e na divisão do trabalho e dos lucros por meio de regras consensuais. O filme aborda a arrogância de quem acha que sabe o que é melhor para o próximo e que, por isso, acaba se confrontando com o que o outro efetivamente quer. Ao fazer uma leitura apressada de uma situação inteiramente nova, a personagem comete repetidos equívocos em suas intromissões, e se enreda na armadilha que ela mesma tece. Essas situações acontecem desde sua primeira intervenção, quando interrompe o castigo do negro, até o final, quando Grace já ocupa o lugar da proprietária de Manderlay (que morre logo após sua chegada), e passa a definir as regras do local. Movida por um desejo arrogante de obrigar os escravos de Manderlay a se *libertarem*, a despeito do que isso pudesse significar para cada um deles e para a dinâmica local, Grace termina, no final surpreendente do filme, escrava, ela mesma, da situação que desencadeou.

Uma ação como a de Grace, seguida por todas as outras que são por ela provocadas, traz as características próprias da concepção de liberdade liberal. *Ela sabia o que queria*: libertar os escravos de uma situação de submissão inadmissível, a seu ver; *ela sabia o que fazer para alcançar este objetivo*: valer-se dos capangas de seu pai para garantir que a propriedade fosse gerenciada democraticamente, e todos (inclusive os brancos) participassem coletivamente do plantio e da colheita do algodão; *e ela antecipava os efeitos de sua ação*: uma propriedade gerida por todos, em que as decisões fossem tomadas em assembleias e pelo voto, em que todos os membros fossem livres e vivessem conjuntamente, trabalhando juntos. A genialidade do filme é mostrar que todas essas pretensões de Grace são postas abaixo quando a protagonista entra em relação com os personagens. Suas certezas se mostram equivocadas. Seus planos, sem sentido para aquele grupo. E aquilo que ela mais queria erradicar, a opressão e a injustiça, reproduz-se, diabolicamente, em sua relação com os negros da fazenda.

Quando discuto a possibilidade de se politizar o conceito de liberdade, tenho em mente que não se trata de tarefa fácil. Entretanto, entendo que é preciso fazê-lo, pois a privatização da ideia de liberdade contribui para o esvaziamento do mundo comum, das lutas públicas contra as injustiças, colaborando para que as injustiças sejam vividas como problemas individuais e localizados e, com isso, perpetuadas. Politizar o conceito de liberdade significa realizar o esforço de deslocar o centro de gravidade do exercício da liberdade do indivíduo como concebido pela teoria liberal — autocentrado, consciente de seus objetivos, desejos e metas, consequente em suas ações — para a relação com o outro, pois é nesta relação que os limites da liberdade, e mesmo os seus sentidos, irão se constituir.

CAPÍTULO 4

Onde começa a liberdade do outro?
As falas dos jovens e os sentidos de liberdade

> *Liberdade — essa palavra,*
> *que o sonho humano alimenta:*
> *que não há ninguém que explique,*
> *e ninguém que não entenda!*
>
> (Cecília Meireles, *Romance XXIV*
> *ou da Bandeira da Inconfidência*)

No presente capítulo e no capítulo 5, discutirei o material empírico do trabalho de campo, realizado sob a forma de grupos de reflexão. Nesses grupos, conversei com os jovens sobre as ideias que têm de liberdade, ouvindo suas falas, promovendo o debate entre os participantes e estimulando a discussão coletiva das opiniões trazidas por eles acerca do tema.

Apresento inicialmente a metodologia utilizada na investigação empírica, bem como os dados gerais em relação aos grupos participantes e a suas instituições de origem. Em seguida, os resultados da pesquisa durante os encontros dos grupos, organizados em torno de dois eixos conceituais: (i) neste capítulo, foco a importância de se pensar e problematizar a relação com o outro no exercício da liberdade. Para tanto, mantive como pano fundo a discussão realizada no capítulo 3 acerca da necessidade de introduzirmos a temática da liberdade no campo da política, o que demanda uma reflexão sobre a intersubjetividade e sobre os conflitos nela implicados. Já no capítulo 5, (ii) me ocuparei da questão específica do exercício da liberdade *pelos jovens*, que se encontram em situação — tanto familiar e escolar quanto social, política e econômica — de alguma tutela, dependência ou subordinação. Levando em consideração que o sujeito livre, suposto pela teoria liberal, é o sujeito autônomo, independente, e considerando o cenário, discutido no capítulo 2, das concepções de infância e adolescência vigentes e de sua relação com a noção de cidadania, analiso as falas dos jovens pensando como os conceitos de "juventude" e "liberdade" se articulam no contemporâneo.

Neste capítulo, tomo como linha central para a discussão dos resultados o problema que assinalei como o mais importante na reflexão sobre a liberdade: a relação com o outro. Os jovens participantes da pesquisa de campo mencionaram recorrentemente definições negativas de liberdade individual, nas quais, na maior parte das vezes, o outro aparece como o limite para o seu exercício, encarnando situações de conflito e tensão. É notável que o tema tenha sido abordado referindo-se a figuras de alteridade que estariam concernidas no exercício da liberdade dos jovens.

Em todos os quatro grupos realizados, os jovens mencionaram, ao menos uma vez, a expressão "a sua liberdade termina onde começa a [liberdade] do outro". Essa definição puramente negativa foi invocada pelos jovens como algo "evidente", que "todo mundo sabe", como algo com que todos concordam ou deveriam concordar em nossa sociedade. Entretanto, o entendimento do que essa expressão quer dizer se complica quando conteúdos são dados às posições eu-outro, quando exemplos são invocados, ou quando os jovens são convidados a pensar sobre as implicações do exercício da liberdade individual num mundo em que é preciso conviver com outras pessoas. Assim, a pergunta que deve ser feita para se explicitar os limites da liberdade individual — "e onde começa a liberdade do outro?" — assinala toda a dificuldade e complexidade no momento em que discutimos, nos grupos, a articulação da ação livre com a convivência com o outro na cidade, seja em espaços privados, seja em espaços públicos. Trarei as falas dos jovens mantendo essa complexidade, explorando os principais pontos de tensão vividos pelos grupos nas discussões que ocorreram em nossos encontros.

OS GRUPOS DE REFLEXÃO:
UMA OPÇÃO METODOLÓGICA

A ida a campo configura-se como um momento de interlocução entre pesquisador e sujeitos da pesquisa, muito mais do que como uma situação em que o pesquisador vai recolher o material sobre o qual irá trabalhar depois, a portas fechadas, adequando-o a conceitos, aplicando-lhe teorias. Nesse sentido, pesquisar significa intervir no objeto pesquisado. No caso das ciências humanas, essa questão é capciosa, pois os objetos pesquisados são sujeitos. Essas preocupações metodológicas me acompanharam durante o planejamento e a realização do trabalho de campo, e os estudos sobre pesquisa-intervenção me ajudaram a pensar minha posição no campo enquanto pesquisadora (cf. Castro & Besset, 2008).

Uma vez que meu objetivo foi discutir a elaboração dos sentidos de liberdade pelos jovens pesquisados — destacando-se aqui os processos subjetivos e interpessoais que o termo "elaboração" compreende —, esta investigação não seria viável sem a aplicação de métodos qualitativos, como é o caso dos grupos de reflexão. A análise das falas produzidas nos encontros desses grupos, que chamei de "oficinas", me permitiu refletir com maior densidade sobre as questões teóricas que foram levantadas, uma vez que as falas dos jovens participantes nas discussões evidenciaram inúmeros problemas que antecipei na discussão teórica acerca do conceito de liberdade.

Por essa mesma razão, optei por realizar grupos de reflexão, e não entrevistas individuais, por exemplo. Ainda que esse último método permita o aprofundamento de certas opiniões e posições dos sujeitos entrevistados, um de meus principais problemas de pesquisa — a necessidade de pensar o exercício da liberdade na convivência com o outro — demandou a abordagem dos sujeitos de modo a privilegiar o exercício da discussão em grupo, o encontro/confronto de posições distintas, a escuta de opiniões divergentes e a reflexão coletiva sobre o tema da liberdade. Nesse sentido, as oficinas realizadas foram espaços ricos e diversificados de discussão, produzindo um extenso material para análise.

Os grupos de reflexão podem ser utilizados como um método qualitativo e participativo que permite uma densa interação entre pesquisador e participantes da pesquisa, e evita a situação objetivante de mera "coleta de dados". A troca, o diálogo, a possibilidade de ir e vir na discussão do grupo, permitindo que diferentes falas se articulem e se contraponham, é marca dessa modalidade metodológica. Especialmente no que se refere à pesquisa com crianças e jovens, o grupo de reflexão pode ser uma estratégia importante para diluir a figura do adulto-pesquisador na condução da atividade (Gallacher & Gallagher, 2009; Hill, 2009). Após a proposta de atividade ou tema a ser debatido pelos participantes, o pesquisador não dirige a discussão, nem fica na posição de quem deve "corrigir" o que é falado pelos participantes, mas introduz perguntas e elementos que estimulem os sujeitos a falarem mais sobre o que pensam, a explorarem as divergências, e até mesmo a elaborarem uma fala coletiva sobre determinado assunto ou fato.

Ao longo de minha pesquisa de campo, percebi que, ao falarem de suas opiniões e de suas próprias vidas, muitos jovens ressignificaram suas concepções e práticas, num processo próprio da elaboração narrativa. Nessa elaboração, o interesse do pesquisador volta-se para a construção de narrativas pelos sujeitos ou, como foi o caso de minha pesquisa, pelos grupos. Assim, a presença do pesquisador no resultado final é inquestionável: a organização dos resultados só pode ser feita evidenciando-se sua própria leitura dos acontecimentos, expondo a sua subjetividade. Em uma pesquisa que lança mão de métodos de análise de narrativas como esta, é preciso admitir de saída que as falas dos participantes e da pesquisadora se sobrepõem e se articulam, ressignificando-se mutuamente.

Outro aspecto interessante dessa opção metodológica é que a análise das narrativas permite o entendimento de *como* os sujeitos constroem, reavaliam e se posicionam em relação aos significados trazidos em suas falas, e não apenas à *identificação* de quais seriam esses significados públicos, compartilhados pelos grupos.

Vale ainda ressaltar que métodos participativos como os grupos de reflexão também implicam o pesquisador no curso de sua pesquisa, ao potencializarem a imprevisibilidade e a surpresa nos processos desencadeados pela investigação, exigindo que o pesquisador se envolva com os resultados suscitados na interação com os participantes. Especialmente no caso dos grupos de reflexão, a imprevisibilidade dos conteúdos produzidos e das dinâmicas que emergem entre os participantes confere ao material uma espessura narrativa que precisa ser analisada em profundidade. Na discussão dos resultados, apresento os impasses e os problemas que surgiram nas reflexões produzidas pelos grupos, pois essa dimensão empírica nos ajudará a entender melhor as nuances que o problema da liberdade coloca para os sujeitos na contemporaneidade.

COM QUEM E COMO PESQUISAR: OS GRUPOS
PARTICIPANTES E O ROTEIRO DAS OFICINAS

Uma vez tendo definido que eu trabalharia com grupos de reflexão com jovens, estabeleci que as oficinas seriam realizadas em três encontros semanais de uma hora de duração cada. Esse formato facilitaria minha entrada em instituições como as escolas, nas quais projetos mais longos têm maior dificuldade de inserção. Também era claro para mim, desde o início, que a participação dos jovens nos grupos deveria ser voluntária, e que as oficinas não ocupariam horários de aulas obrigatórias.

Foram realizados quatro grupos com jovens, com a participação de 35 sujeitos no total. Procurei me inserir em quatro instituições bem diferentes entre si, localizadas em áreas geográficas e de perfil socioeconômico distintos no Rio de Janeiro. Os contatos institucionais foram feitos a partir de minha rede pessoal, bem como através de parcerias institucionais já estabelecidas pelo Núcleo Interdisciplinar de Pesquisa e Intercâmbio para a Infância e a Adolescência Contemporâneas da Universidade Federal do Rio de Janeiro (Nipiac/UFRJ)[28] em trabalhos anteriores. As instituições foram informadas de todo o contexto da pesquisa, e fizeram o convite para as oficinas aos jovens atendidos por elas. Os grupos foram realizados em horários e espaços cedidos pelas instituições, sempre com a preocupação de evitar qualquer constrangimento e obrigatoriedade na participação das oficinas.

Os quatro grupos realizados foram os seguintes:

Colégio Particular (CP) localizado na Zona Sul do Rio de Janeiro: este grupo contou com 10 participantes, estudantes do ensino médio. O convite à participação foi feito nas salas de aula, e os alunos interessados permaneceram na escola uma hora após o final da aula da manhã para participarem do grupo. A colaboração da coordenadora pedagógica da escola foi fundamental para conseguirmos a adesão dos alunos.

Grupo de Teatro (GT) localizado em Centro de Cidadania da Prefeitura do Rio de Janeiro, nas proximidades de uma grande favela na Zona Sul: deste grupo participaram 10 jovens, que foram convidados pelo professor de teatro do grupo. Os encontros foram realizados no horário de uma das três aulas semanais de teatro do grupo, por sugestão dos jovens. O professor não participou das oficinas. A participação dos jovens no grupo de teatro, assim como na oficina, era totalmente voluntária.

Instituto de Educação (IE) estadual localizado em uma cidade da Zona Metropolitana do Rio de Janeiro: deste grupo participaram 10 estudantes

---

[28] O Nipiac/UFRJ reúne pesquisadores de diferentes inserções acadêmicas na área da infância e da adolescência, além de alunos de pós-graduação e de graduação. Atualmente, sou pesquisadora permanente do Núcleo, mas desde 1999 estive ligada ao grupo como assistente de pesquisa.

do ensino médio da escola, do horário noturno. Os alunos foram convidados pela coordenadora pedagógica da instituição, e chegavam uma hora antes das aulas para participarem da oficina.

Colégio Federal (CF) localizado na Zona Sul do Rio de Janeiro: participaram cinco estudantes do ensino médio do colégio. O convite para a oficina foi feito a um grupo de artes que se encontrava semanalmente no colégio, com o acompanhamento de uma das diretoras da escola. Neste grupo, cinco jovens quiseram participar da oficina, que foi realizada no início da noite, após as atividades extraescolares das participantes. Foi o único grupo composto só por jovens do sexo feminino.

O quadro 1 mostra a distribuição dos participantes nas instituições, a faixa etária dos grupos e a divisão por gênero:

QUADRO 1
Faixa Etária, escolaridade e gênero dos participantes por grupo

	Colégio Particular (CP)	Grupo de Teatro (GT)	Instituto de Educação (IE)	Colégio Federal (CF)
Total de participantes	10	10	10	5
Faixa etária	15 a 17 anos	13 a 20 anos[29]	16 a 24 anos[30]	14 a 18 anos
Escolaridade	1º ao 3º anos EM	6º ano EF a EM completo	1º ao 3º anos EM	9º ano EF ao 3º ano EM
Gênero	6F e 4M	5F e 5M	8F e 2M	5F

---

[29] Este grupo teve a maior disparidade entre idade mínima e a idade máxima dos participantes, assim como entre os níveis de escolaridade dos jovens. Atribuo essa discrepância ao fato de não ter sido realizado em uma escola, onde a seriação aproxima as idades dos participantes. A meu ver, a diferença de idade entre os jovens do GT não foi motivo para atrapalhar a dinâmica. Inclusive, como já se reuniam sempre para as atividades do teatro, foi o grupo em que a discussão fluiu mais facilmente, com a participação ativa de praticamente todos os integrantes.

[30] Neste grupo, a idade máxima foi de 24 anos por conta da participação de uma jovem que estava retomando os estudos, e por isso era bem mais velha que os estudantes de sua turma. Com exceção desta participante, a faixa etária dos jovens deste grupo foi de 16 a 18 anos.

O roteiro das oficinas foi pensado de forma a oferecer alguns elementos para os participantes discutirem o tema da liberdade, com a preocupação de não propor atividades em que houvesse respostas "certas" e "erradas" a serem dadas. Como veremos, as produções dos quatro grupos foram muito diferentes, e podemos identificar perfis coletivos bem distintos. Ainda assim, o fato de as atividades propostas terem sido praticamente as mesmas, num mesmo espaço de tempo, faz com que a comparação entre essas produções e falas seja possível.

As oficinas com jovens, que tiveram início no segundo semestre de 2009 e se estenderam até agosto de 2010, foram concebidas a partir dos principais problemas conceituais que identifiquei na teoria revisada sobre a liberdade. Seu formato, entretanto, foi cuidadosamente pensado para evitar que a pesquisa de campo se tornasse uma averiguação de como os sentidos que os jovens têm de liberdade se adéquam aos conceitos de liberdade negativa, de liberdade positiva ou de liberdade no existencialismo, por exemplo, apontando e corrigindo as inconsistências nos discursos dos jovens. Estive atenta quanto a isso, pois, ao lidar com conceitos já estabelecidos pela filosofia e ciência política, corria o risco de acabar colhendo as expressões e falas dos jovens sobre o que pensam que seja liberdade, para em seguida compará-las com os conceitos teóricos, estabelecendo a distância a que se encontram destas definições.

Tal proposta de ler as falas dos jovens a partir das definições da teoria política faria sentido se eu acreditasse que o *esclarecimento* dos sujeitos a respeito de assuntos que lhes dizem respeito no cotidiano contribui para uma vida melhor. Nesse caso, as oficinas acabariam por ser verdadeiras "aulas" sobre liberdade: o que é preciso fazer para ser livre, como a liberdade do outro precisa ser respeitada e entendida, qual a importância de se responsabilizar pela própria liberdade etc. Alinhada a essa certeza, identifico a posição dos liberais, que apostam na preparação política dos cidadãos para um exercício autônomo e consciente das liberdades individuais. A teoria política seria um conhecimento que colaboraria para essa formação. Em entrevista nos anos 1980, Isaiah Berlin explicita essa aposta, afirmando que a filosofia política

> é o exame das finalidades da vida, dos objetivos humanos, sociais e coletivos. [...] ela procura esclarecer as palavras e os conceitos com os quais estes modos de ver são concebidos, de maneira que as pessoas possam compreender o conteúdo daquilo em que acreditam e o que exprimem suas ações. (Berlin, 1996:75)

Segundo o filósofo, a filosofia política teria o poder de iluminar as ideias e crenças das pessoas comuns, explicitando para elas aquilo em que acreditam e o que pensam, tendo como referência as obras de pensadores atuais e do passado dedicadas a discutir e aprofundar conceitos caros à teoria política.

Foi justamente dessa estratégia de esclarecimento através de informações e conceitos sobre a liberdade que procurei me afastar na formulação do roteiro das oficinas realizadas. Sem descartar que haja grandes influências das teorias filosóficas e das ciências humanas nos sentidos e noções de liberdade que são praticados em nossa sociedade, procurei ouvir os jovens e discutir suas falas sem a pretensão de corrigi-las ou adequá-las à teoria, mas buscando reconhecer o quanto tais falas encenam conflitos, tensões e impasses que são problemas para a própria teoria política quando esta se propõe a discutir a liberdade.

A oficina dividiu-se em três encontros com cada grupo. Os encontros foram gravados, com o consentimento dos participantes, e os relatórios de cada encontro foram redigidos em seguida, com a reconstituição das atividades a partir da transcrição de falas e de minhas observações de campo.

No primeiro encontro, era feita a apresentação da oficina e de sua inserção na pesquisa desenvolvida. Em seguida, numa rodada rápida os participantes se apresentavam, e cada um preenchia uma ficha com dados pessoais. Após esse momento inicial, passávamos à atividade A. Cada jovem recebia uma folha em branco e um lápis, e eu pedia que pensassem, por alguns instantes, na palavra "liberdade" e colocassem no papel algo de suas vidas que eles associassem a essa palavra: um momento, uma experiência, um tipo de atividade, uma música, um sentimento etc. O registro podia ser feito com desenho ou com palavras. Em seguida, eles apresentavam para o grupo o que pensaram/escreveram/desenharam, e iniciávamos uma discussão sobre o que surgiu nesse primeiro momento.

No segundo encontro, começávamos retomando o que tinha acontecido no encontro anterior para, em seguida, passarmos à atividade B. Essa dinâmica consistia na leitura de três situações fictícias envolvendo jovens, elaboradas por mim, e que se relacionavam de alguma maneira à temática da liberdade. Pedia que um voluntário lesse a primeira situação e depois era feita a discussão. Em seguida, passávamos à leitura da segunda situação, e então o grupo debatia sobre ela. A terceira situação ficava para o último encontro.

No terceiro encontro, começávamos retomando o encontro da semana anterior, para depois finalizarmos a atividade B com a leitura e discussão da terceira situação. Em seguida, retomávamos alguns temas que tivessem ficado pouco explorados ao longo da oficina, ou que eu considerasse que poderiam render mais na discussão. Ao final, era feita uma rápida avaliação do processo, e a oficina era concluída.

Para a atividade B, elaborei três situações curtas, que tinham jovens como personagens principais e que apresentavam um impasse relacionado à temática da liberdade. Cada uma das três situações foi elaborada a partir de problemas e definições sobre liberdade de diferentes perspectivas teóricas (liberdade negativa; liberdade como questão para o existencialismo; liberdade positiva). A proposta era trazer para o grupo uma situação concreta, pensada a partir de diferentes acepções teóricas de liberdade, e ouvir o que os participantes tinham a dizer sobre cada uma delas. Como discutida no capítulo anterior, a noção de situação, assim como definida por Sartre, não permite uma leitura neutra, desengajada sobre o que se passa, uma vez que os personagens estão em um contexto, ocupando posições específicas. Ao lerem as situações oferecidas na oficina, os jovens se posicionariam a respeito do que lhes era apresentado, e poderiam conversar sobre questões mais gerais partindo de um exemplo concreto. As situações funcionaram como um disparador para que os jovens falassem sobre questões vividas por eles mesmos, e também como um ponto de referência para se posicionarem a respeito do que pensam sobre liberdade.

As três situações discutidas foram as seguintes:

SITUAÇÃO 1: A presença de algo ou alguém impede o exercício da liberdade de um jovem. Elaborada a partir do conceito de liberdade negativa.

Pedro tem 16 anos e está estudando violão. Ele vai para a escola de manhã durante a semana e à tarde faz aula de inglês e futebol, além dos deveres de casa. Para poder praticar o violão, tocar e tirar as músicas de que gosta, ele tem apenas os domingos livres. É nesse dia da semana que ele ensaia sozinho ou com algum amigo. Pedro mora em um apartamento pequeno, e tem uma vizinha da sua idade, a Carol, que adora axé music. *Carol sempre aproveita os domingos pra ouvir seus cds de axé bem alto, dançar e cantar suas músicas favoritas. Ela estuda e trabalha durante toda a semana, e só tem o domingo para ouvir suas músicas. Pedro não está conseguindo estudar violão porque a música da vizinha o atrapalha bastante. Ele chegou a falar com ela sobre isso, mas Carol diz que não é proibido ouvir música alta de dia no prédio, e que ela não acha graça em ouvir o som no volume baixo.*

SITUAÇÃO 2: Uma jovem precisa escolher entre duas opções, vendo-se entre desejos incompatíveis e tendo que decidir por um deles. Elaborada a partir da questão da angústia no exercício da liberdade, abordada pelo existencialismo.

Julia mora em uma cidade pequena do interior e está no 3º ano do ensino médio. Ela tira boas notas e gostaria de fazer faculdade, mas sua cidade não tem nenhuma universidade. Julia tem pensado em fazer vestibular para cursar Letras, mas a faculdade mais próxima fica na capital, a quatro horas de sua cidade. Se ela passar, seus pais podem ajudá-la com algum dinheiro por mês. Mas Julia namora há três anos um rapaz e eles planejam se casar em breve. Além disso, ela é muito ligada aos amigos de infância. Caso resolva continuar morando em sua cidadezinha, Julia tem algumas opções de trabalho. Ela está muito angustiada, pois não sabe que decisão tomar, e o prazo final para a inscrição no vestibular está se aproximando.

SITUAÇÃO 3: A ausência de uma característica/competência impede que uma jovem aja livremente. Elaborada a partir do conceito de liberdade positiva (autonomia).
Kelly mora em uma comunidade do Rio de Janeiro e tem 18 anos. Ela teve que parar de estudar muito cedo, porque sua mãe precisava de ajuda para cuidar da casa e de seus irmãos mais novos enquanto ia trabalhar. Agora, Kelly quer começar a trabalhar fora de casa para poder ter seu próprio dinheiro. Ela está fazendo entrevistas e procurando uma vaga no comércio da região, em lojas, supermercados, lan houses *e lanchonetes, mas, como ela tem dificuldades para ler e escrever, não consegue trabalho em nenhum desses lugares. Ela está preocupada porque acha que não vai conseguir um trabalho e um salário, e ela não quer depender da mãe para sempre.*

As três situações foram apresentadas aos grupos na mesma sequência (1, 2 e 3), com a leitura sendo feita em voz alta por um dos participantes, enquanto os demais acompanhavam o texto impresso. A introdução de casos fictícios permitiu que os jovens se sentissem mais à vontade para opinar sobre a situação discutida, para sugerir possíveis desfechos, para discordar dos personagens. Nesse sentido, acreditamos que a dinâmica utilizada foi muito bem-sucedida, criando um contexto favorável para a discussão e para a reflexão.

Após a leitura de cada situação, o debate era proposto para o grupo. Para ajudar na discussão, eu fazia algumas perguntas: *Essa situação tem alguma coisa a ver com liberdade? O que aconteceu naquela situação? O que vocês acham do que aconteceu? Alguém já viveu ou presenciou uma situação parecida? Como foi? O que aconteceu de diferente?*

De maneira geral, os jovens participaram da discussão e gostaram de discutir cada um dos casos acima. Como veremos, algumas situações foram mais polêmicas em determinados grupos, e a evocação de exemplos da vida pessoal foi recorrente. A seguir, passarei ao primeiro eixo de análise, discutindo o trabalho nos diferentes grupos.

O OUTRO COMO LIMITE PARA A LIBERDADE INDIVIDUAL

O convite para a participação nas oficinas foi feito de diferentes maneiras em cada uma das instituições. Entretanto, a participação nos grupos foi voluntária, e os jovens aderiram à proposta porque acharam que seria interessante e divertido discutir esse tema, ou simplesmente porque ficaram curiosos em saber o que aconteceria nos encontros.

Assim, o início de cada grupo foi marcado por apresentações mútuas e pelo esclarecimento da proposta e de dúvidas que eles tivessem sobre o trabalho. Quando passamos à realização da atividade A, os jovens já sabiam que a proposta geral da oficina era conhecer o que eles pensavam sobre liberdade, que sentidos davam a essa palavra. Entretanto, ao pedir que colocassem no papel algumas ideias, palavras e/ou imagens que achassem que têm relação com a liberdade, foi surpreendente como a maioria dos jovens se dedicou a escrever verdadeiras definições de liberdade, sem que eu tivesse solicitado esse tipo de resposta. A discussão realizada coletivamente a partir da apresentação de cada um ajudou a aprofundar o que os jovens queriam dizer com suas explicações.

A maior parte das associações e explicações apresentadas nesse primeiro momento se remeteu à noção de liberdade negativa, isto é: ser livre é fazer o que se quer, é não estar constrangido por outras pessoas, é poder ir e vir. Algumas falas desse primeiro momento ilustram bem isso:

> Pô, cara, eu vejo que liberdade é a vida... o que vale mesmo na vida é tu fazer o que te faz bem. O que te faz bem é o impulso do ser humano, tá dentro de você, que, pô... vam'bora, é isso que vai te fazer bem, é isso que te dá vontade... Essa que é a liberdade, você não reprimir esses impulsos que vêm dentro de você, você fazer mesmo... Acho que liberdade é você fazer o que quiser mesmo... (Garoto, 17 anos, CP)

> Modo de se expressar, sem ninguém te prender. Poder sair, curtir o que quiser, sem ter hora pra voltar. [Peço pra ela explicar a ideia de se expressar sem ninguém prendê-la.] Porque, tipo assim, você quer falar alguma coisa, mas tem alguém te prendendo. Sei lá... (Garota, 15 anos, GT)

> Depende absolutamente da personalidade. Que existem quinhentos milhões de conceitos de liberdade e eu acho que é relativo pra cada pessoa. Liberdade pra uma pessoa, por exemplo, é falar o que ela quiser. Pra outra pessoa, é fazer o que ela quiser. Pra outra pessoa, é ficar sozinho. Sabe? (Garota, 14 anos, CF)

Para o jovem da escola particular, o grande problema que as pessoas enfrentam quando vão agir livremente é se sentirem limitadas pelas cobranças do outro, "da sociedade", e por conta disso não poderem ser quem gostariam de ser. Ele diz que as pessoas devem ter liberdade de falar o que pensam, mesmo que achem que estão falando "besteira", mesmo que fiquem com medo do que os outros vão pensar. Ser livre seria vencer essas barreiras e "ser você mesmo". Nas palavras do jovem: "se eu achar que isso está me fazendo bem, vou falar independente de qualquer repressão externa e interna, entendeu?". Sua fala no grupo foi bem emblemática de uma posição a favor do rompimento de quaisquer "repressões" que possam se colocar ao indivíduo. Os demais fizeram algumas ponderações, como a jovem que disse que mesmo se ela quisesse largar tudo e ir morar na selva, ela não teria coragem, pois pensaria em sua mãe e em como ela ficaria triste. Mas, de maneira geral, a equivalência entre ser livre e fazer o que quiser foi muito explorada no primeiro encontro pelo grupo do colégio particular.

Na fala da jovem do grupo de teatro, a ideia de poder fazer o que quiser veio articulada às proibições dos pais, que não deixam os filhos saírem, ou estabelecem horários e castigos muito rígidos. A discussão sobre o desejo de ser livre e os limites impostos pelos pais foi intensa neste grupo, e voltarei a ela com maiores detalhes no capítulo 5. Entretanto, é interessante perceber que o sentido de liberdade que parece justificar o sentimento de inconformidade com as proibições feitas pelos pais é o de liberdade enquanto direito de ir e vir, fazer o que se quer, se expressar e, no limite, ser independente.

Já a fala da jovem do colégio federal aponta para a tentativa de pensar o que outras pessoas entendem por liberdade. A discussão nesse grupo sobre o que significa liberdade foi intensa, e as participantes debateram entre si sem que eu precisasse colocar muitas questões. Entretanto, é significativo que os exemplos mais recorrentes se remeteram à liberdade individual, à liberdade como estar livre de constrangimentos. Em outro momento da discussão, essa mesma jovem afirma:

> Eu acho que liberdade, se você for pensar pelo literal, é você fazer o que você quiser, na hora que você quiser, como você quiser. Se você perguntar pra uma pessoa, ela vai falar "ah, eu faço o que eu quero, então eu tenho liberdade" É a maneira que a maioria das pessoas descreve como liberdade. (Garota, 14 anos, CF)

Nesses três grupos (CP, GT, CF) de perfis muito diferentes, a liberdade foi sendo pensada e discutida a partir de uma noção individualizada, negativa, em que a expressão de si não deve encontrar barreiras. Já no grupo do instituto de educação, a ideia de liberdade foi sendo construída de maneira distinta, ainda que esse sentido negativo tenha estado presente das discussões. Nesse grupo, em que quase todos os dez participantes tinham uma forte ligação com a igreja (católica ou evangélica), as falas sobre liberdade foram marcadas, num primeiro momento, pela ideia de libertação na relação com Deus, de plenitude da alma e, também, por uma preocupação com o outro no exercício da liberdade:

> [Liberdade é] fazer as coisas pensando em si e no próximo. Porque tem gente que tem liberdade de fazer as coisas, mas não pensa no próximo. Porque a gente tem que fazer as coisas pra poder trazer benefício pra nós, mas às vezes para o próximo nem sempre traz, né? Então eu acho que a gente tem que fazer as coisas pra trazer benefício a si mesmo e para o próximo também. (Garoto, 17 anos, IE)

Neste grupo (IE), a discussão inicial envolveu questões sobre os cuidados que os pais têm com os filhos, levando ao estabelecimento de limites que impedem uma maior liberdade (mas os jovens foram inicialmente bem compreensivos em relação a esses limites); sobre a liberdade enquanto expressão de sentimentos, e seus impactos para as relações com amigos e parentes; sobre como o vício das drogas é um problema, pois "prende" os jovens, ainda que pareça libertá-los.

Onde começa a liberdade do outro?

Mesmo com algumas diferenças entre os grupos, uma questão que já aparece desde o início da discussão sobre liberdade e se intensifica ao longo das oficinas: falar da liberdade, especialmente em seu sentido negativo, significa falar do que limita e constrange a liberdade, não bastando defini-la como "poder fazer o que se tem vontade". Em outras palavras, discutir a ideia de liberdade negativa só faz sentido quando seu exercício é perturbado, quando o sujeito entende que não pode exercê-la como deveria ou gostaria. Sempre que os jovens se puseram a explicar a noção de liberdade, recorreram à narrativa dos *conflitos envolvidos no exercício da liberdade*. Dessa forma, o outro está sempre em pauta. Desde a proposta da atividade A, no primeiro encontro, essa característica já foi marcante: falar de liberdade é falar de situações em que a liberdade é limitada.

> Eu acho que a palavra liberdade como você fazer o que quiser fazer, quando quiser fazer, é meio utopia. Porque eu acho que a liberdade que o ser humano tem é você se impor como indivíduo, como liberdade de expressão, e tudo o mais, mas você tem que estar dentro da sociedade, você tem que fazer o que você quer, só que sem atrapalhar os outros. Então é muito limitado... (Garota, 14 anos, CP)

> Porque a gente não sabe, na hora em que está com a cabeça quente, que pode estar falando uma coisa que magoa aquela pessoa. [...] Aí a gente fica nessa história, preocupada com a pessoa e [querendo] ser livre, expressar o que você pensa no seu modo de falar... (Garota, 17 anos, IE)

> [Ser livre] é, tipo, o meu carnaval, botar qualquer fantasia e estar livre de qualquer preocupação sobre o que as pessoas vão achar ou se vão achar uma coisa horrível, se vão achar uma coisa legal, ou até meio brega... Aí, eu acho que poder ser o que quiser sem que haja preconceitos, limitações, preocupações, imaginar qualquer coisa e ser aquela coisa, pra mim isso é liberdade. (Garota, 16 anos, CF)

Nessas falas, como em várias discussões em todos os grupos, as jovens falaram da liberdade pela enunciação dos limites que encontram para agir livremente. A estudante do colégio particular reflete sobre a dificuldade de ser livre vivendo numa sociedade em que há inúmeras regras que precisam ser respeitadas, em que é preciso viver a própria vida "sem atrapalhar os outros". Já a jovem do instituto de educação mostra as dificuldades de expressar os sentimentos livremente e, com isso, acabar atingindo outra pessoa. Aqui também a liberdade é apontada como algo que precisa ser pensado em seus limites. O oposto da preocupação com o outro é tematizado na fala da estudante do colégio federal, quando a liberdade se caracteriza por ignorar deliberadamente "o que as pessoas vão achar", como é o caso da jovem que se sente profundamente livre quando sai fantasiada no carnaval: "nos meus carnavais eu boto uma peruca superescandalosa até para os outros ficarem me olhando!". Não se limitar por receio do que os outros podem dizer ou mesmo agir de modo a chamar a atenção dos outros para si é uma forma de ser livre para essa jovem.

Com esses exemplos, surgidos já na primeira atividade da oficina, quero ilustrar algo que se coloca como uma questão teórica maior: a tematização da liberdade em seu sentido negativo, individualizado, não pode ser feita excluindo-se a discussão daquilo que perturba o exercício individual livre, excluindo-se o conflito. Nesse primeiro momento, em que os jovens tentaram produzir falas e sentidos sobre liberdade, compartilhando-os com o grupo, essa questão já aparece. Entretanto, é ao longo da atividade B que essa questão fica mais evidente, e os limites para o exercício da liberdade individual ganham um contorno bem específico: a figura do outro. As características desse outro, que surgiram inicialmente nas discussões, foram de alguém inconveniente, invasivo, inoportuno, que perturba o exercício da liberdade individual dos jovens.

As reações dos jovens à primeira situação (aquela em que o jovem Pedro quer estudar violão em casa, mas não consegue porque a vizinha gosta de ouvir *axé music* no volume alto) foram as mais instantâneas, e esta foi a situação em que eles enxergaram maior relação com a ideia de liberdade. Vale ressaltar que essa situação foi escrita a partir do conceito de liberdade negativa. Nos quatro grupos, logo após a leitura da história, os jovens se puseram a discutir o problema da convivência com vizinhos e com parentes, tematizando como é difícil dividir espaços com outras pessoas. A seguir, algumas falas:

> Mesmo ele tendo direito a poder praticar o violão dele dentro de casa, no espaço dele, ele não pode, porque ele não consegue. [Uma jovem completa:] A liberdade da vizinha atrapalha ele. [Outra jovem diz:] Mas na verdade, gente, num prédio ninguém é livre! Tem muita regra num prédio. [A primeira discorda:] Ah, mas são regras de convivência, sabe? Você faz o que você quiser dentro do seu apartamento, desde que não vá incomodar as outras pessoas. (Garotas 14 e 16 anos, CF)

> [A jovem está falando do seu vizinho que passa o dia inteiro escutando música muito alta] É estrondeante o som! E a casa ainda é pequena, ele abre a porta, abre a janela... aí o som vai pro prédio inteiro, o prédio inteiro ouve. [...] Porque a liberdade de alguns, entendeu?, acaba incomodando a liberdade dos outros. Às vezes a liberdade em excesso incomoda as pessoas ao redor. Porque não tem limite de parar, entendeu? É tão liberto pra fazer aquilo, tem tanto costume de fazer aquilo, que não sabe o momento certo de parar. Pra aquela pessoa, toda hora é o momento certo daquilo. (Garota, 15 anos, GT)

> Porque se ela ouve música muito alta, ela tá meio que... invadindo o espaço dele... porque ele também tem que ter um espaço pra tocar violão. E ele também não pode simplesmente chegar e falar "ah, ouve a música mais baixa!". Eles têm que entrar num consenso. Eu acho que isso [impor sua vontade] é meio invadir a liberdade dos outros.

> Querer limitar o que você pode e o que você não pode fazer, no horário que você tem que fazer... (Garota, 18 anos, IE)

No grupo do colégio federal, as jovens passaram um bom tempo discutindo entre si a situação. Relataram várias situações em que moradores de seus prédios agem de maneira a incomodá-las: o vizinho que fuma diariamente um baseado na janela e o cheiro da maconha, mais o cheiro de incenso que ele acende, incomodam uma das jovens; a vizinha que insiste em colocar um vaso de plantas "horroroso" bem próximo à porta de outra participante, atrapalhando sua passagem; o vizinho de uma delas que utiliza o espaço da garagem para serrar madeira, fazendo um barulho ensurdecedor e sujando a área comum, apesar de ter recebido várias advertências do condomínio etc. A discussão nesse grupo foi interessante porque condensou múltiplos aspectos num debate acalorado entre as jovens: com todas as dificuldades de convivência num lugar como um prédio de apartamentos, uma delas insistia que as regras são necessárias para garantir a convivência entre pessoas diferentes num mesmo espaço. As demais reclamavam que as regras fazem com que a liberdade individual total não seja possível, ainda que concordassem que as pessoas muitas vezes passam dos "limites do bom senso" e precisam de regras para se comportar. Aqui, a tensão gerada pela convivência ficou explícita.

Na discussão com o grupo de teatro, os jovens contaram muitos casos em que se sentiram incomodados com o comportamento de vizinhos e pessoas próximas, especialmente em situações envolvendo som alto. A fala da jovem acima ilustra sua reflexão sobre o problema de alguém se achar "livre demais" e fazer coisas que incomodam os que estão ao redor. A crítica nesse grupo, entretanto, passou pelo crivo do gosto pessoal: quando o vizinho escuta uma música no volume alto que agrada ao jovem, ele não se incomoda e compartilha, inclusive, o som. Quando o estilo não é do gosto do jovem, a situação pode virar um aborrecimento. Como disse uma das jovens, de 14 anos: "[Meu] vizinho de baixo gosta de ouvir proibidão[31] alto. Mas aí, o que a gente vai fazer? Quem gosta é ele... a vizinha da frente também ouve...".

Vale ressaltar a curiosa inversão da situação proposta que os jovens desse grupo fizeram. Ainda que a história colocasse Pedro como o personagem principal, que não consegue estudar violão por conta da música alta da vizinha, os jovens se identificaram com Carol, a jovem que ouvia *axé music* no volume máximo. Eles chegaram a reagir negativamente à possibilidade de que alguém viesse reclamar do som alto escutado por eles (e pela personagem Carol), como se a reclamação fosse uma perturbação da liberdade individual. Logo após a leitura da situação, uma jovem afirma:

> Esse problema aí pra mim está descartado. Primeiro porque eu adoro ouvir som alto [outros jovens concordam], mas se a pessoa pedir pra mim na educação, "poxa, fulana, tá me incomodando, eu preciso estudar, esse som não tá nada legal nessa altura", eu vou abaixar... Vou abaixar, entendeu? Mas também não vou abaixaaar tudo não. Mas vou abaixar pr'um volume que eu sei que vai dar pra ele estudar. (Garota, 15 anos, GT)

Essa discussão do grupo é interessante porque mostra quão difícil é uma possível negociação: o pedido para que o som seja diminuído deve ser feito "na educação", com um bom motivo (o estudo, por exemplo), para que não seja entendido como uma afronta. Entretanto, essa linha tênue pode escapar facilmente para um mal-entendido, como ocorre na fala desta jovem de 14 anos: "Mas quando eu deixo a porta aberta, ao invés dela [a vizinha] pedir

---

[31] Tipo de funk com letras explícitas e agressivas, de conteúdo pornográfico ou de exaltação das facções criminosas locais.

pra eu abaixar, ou falar alguma coisa, não, ela vai e bate a janela dela com toda a força! Aí que eu aumento o som mesmo! Pra ela deixar de ser abusada!...". Em situações como essa, não há mais negociação possível, e o sujeito se sente invadido em sua liberdade a ponto de reagir grosseira ou mesmo violentamente.

Quando entramos na discussão dos casos (reais e fictícios), fica evidente que situações de conflitos cotidianos são muito mais complexas do que podemos supor à primeira vista. Ainda assim, é digno de nota que nos quatro grupos realizados os jovens invocaram, espontaneamente, a necessidade de que os vizinhos Pedro e Carol entrassem num consenso. Espontaneamente porque, na condução da atividade, não pedi que eles dessem uma solução ou um desfecho para nenhum dos casos apresentados. Apenas pedi que falassem sobre as situações e os impasses de cada uma delas. Chama a atenção a necessidade de indicar o consenso como saída ideal dessa situação, mesmo com todos os problemas que apontaram nas relações entre pessoas diferentes. Na fala da jovem do instituto de educação trazida anteriormente (p. 193-194), aparece esse apelo à solução que seria a mais razoável: um acordo entre os jovens. Nesse grupo (IE), quando uma das jovens expressou sua aposta num acordo entre os vizinhos, a outra disse que a personagem poderia ouvir sua música alta usando um fone de ouvido. Assim, ela não deixaria de fazer o que quer, e não atrapalharia Pedro. O grupo se mobilizou para encontrar uma solução para este impasse:

> Ele poderia estudar de dez horas a meio-dia, enquanto ela almoça, por exemplo. Aí, de meio-dia às duas ele almoça e ela ouve a música dela. Aí ficam revezando... [Pergunto como seria possível isso acontecer.] Eles sentando, chegando a um acordo. [Outra jovem diz:] Conversando. (Garoto, 18 anos, e garota, 16 anos, IE)

A aposta numa solução consensual foi trazida como o melhor desfecho para o problema nos quatro grupos. Contudo, quando

Onde começa a liberdade do outro?

eu apontava nos exemplos pessoais que eles estavam trazendo as dificuldades implicadas numa negociação, a solução consensual se revelava mais delicada. Mais alguns exemplos dessas tensões cotidianas, dados pelos jovens do grupo do instituto de educação, podem ilustrar o quanto a simples afirmação do consenso como melhor saída para os impasses pode ser difícil de ser alcançada no dia a dia:

> No ônibus mesmo, às vezes você quer ler um livro, alguma coisa assim, e tem pessoas que não respeitam, colocam o som no celular [com alto-falante] muito alto... Eles poderiam ouvir até no fone, né, pra eles mesmos. Eu acho meio insuportável, até. Você quer ler alguma coisa viajando, pra poder chegar mais rápido, esquecer, e não consegue por causa do som, você tem que ouvir junto com ele, sendo que você nem quer ouvir. (Garota, 24 anos, IE)

> Outro dia desses, eu tava fazendo prova de Geografia. O pessoal da minha sala tem mania de terminar a prova e ficar falando, um desrespeito com quem ainda está fazendo. [Perguntei se as pessoas ficavam na sala depois de terminar a prova.] É, porque é proibido descer para o pátio. Aí a menina ficou falando, falando, eu virei pra ela "Pô, dá pra você ficar em silêncio, por favor?". Aí ela falou "Não!", e eu, "Tá bom...". Aí eu continuei fazendo minha prova, e meu sangue começou a esquentar. Ela continuou falando cada vez mais alto e rindo, e eu querendo me concentrar... Aí teve uma hora que eu explodi, comecei a gritar com ela, pra ela calar a boca. Aí ela calou a boca, ficou meio assustada. Aí eu já tava muito estressado também, aí entreguei a prova. Eu não consegui me concentrar mais, a prova era discursiva. (Garoto, 18 anos, IE)

Assim como estes, surgiram vários relatos de situações em que o outro age de maneira a incomodar profundamente a individualidade do sujeito. Entretanto, como o outro julga estar gozando de sua própria liberdade, a negociação é sempre tensa, ou às vezes impossível. Onde terminam as liberdades individuais? Que recursos estão à disposição dos indivíduos para delimitar essas fronteiras? Como afirmou uma jovem de 17 anos do colégio particular, quem tem a liberdade de reclamar restringe a liberdade de quem está agindo. E completa: "É aquele negócio, né? Até onde vai a minha liberdade para não atrapalhar a sua liberdade...". Discutindo a liberdade individual e a importância de sentir-se livre para fazer o que deseja, outra jovem de 15 anos desse mesmo grupo (CP) disse: "Mas é claro que na sociedade que a gente vive ninguém pode ser completamente livre, porque tem regras, leis". Assim, o exercício da liberdade individual esbarraria na figura do outro e, em última instância, nas leis e regras compartilhadas por todos. Nesse grupo do colégio particular, os jovens deixaram bem claro que a liberdade individual acaba sendo limitada pelo exercício da liberdade de outros indivíduos, e que nem sempre é possível — senão quase nunca — ser "completamente livre".

Na análise dos relatórios dos encontros emergiu uma complexa narrativa em cada grupo sobre o problema da liberdade. Contra toda simplificação da questão, os jovens trouxeram elementos que se articulam em definições intrincadas de liberdade, de individualidade, de relação com o outro. Essas definições foram sendo construídas na discussão coletiva, e os participantes refletiram a partir do que foi pensado ali, nos grupos. Um dos exemplos mais pungentes desse processo se deu no grupo do colégio federal, enquanto as meninas discutiam sobre as dificuldades de ser livre quando é preciso conviver com o outro:

> Você nunca vai conseguir não conviver com ninguém, mesmo que você more sozinho. Você vai ter sempre um vizinho, alguém que more perto de você... Você vai no supermercado, você não vai ser o único do supermercado. Pelo menos pessoas trabalhando lá vão ter... Qualquer coisa que você vá fazer, sabe? Não tem como você ficar 100% sozinho.

Então por isso que você nunca é 100% livre. [A segunda jovem diz que a casa deveria ser o espaço em que cada um é livre, mas nem sempre é assim:] Em casa, realmente, parece que é seu espaço, que você tem que estar livre no seu espaço, e você não tem isso, porque tem um vizinho do teu lado! [A terceira jovem comenta, de maneira perspicaz:] *Então, liberdade é ficar sozinho?* É justamente isso que a gente está falando?! (Garotas, 14 e 16 anos, CF; grifo meu)

A pergunta inusitada lança o grupo na imagem absurda, que estava sendo construída por elas, de um sujeito totalmente livre e totalmente sozinho. Seria esta uma situação a que os indivíduos sempre almejam quando pensam em ser livres? Certamente não. Os jovens falaram de tantas outras situações em que o outro é importante a tal ponto que sem ele o gozo da liberdade não faria sentido. Foi o caso dessa jovem do instituto de educação que falava sobre como a liberdade está relacionada à convivência com o outro:

Porque eu acho que se você não tem uma pessoa do seu lado você não consegue [ser livre], sozinho ninguém consegue. Então pra isso você tem que fazer por você pensando nas pessoas que estão ali do seu lado. Eu tento sempre estar ajudando as pessoas, os meus amigos que estão sempre ao meu lado, porque aí eu me ajudo e ajudo as pessoas. [...] Claro que eu tenho a minha opinião, mas aí, se os meus amigos estão felizes, eu estou feliz. Eu não me sinto satisfeita se eu estiver, entendeu?, sozinha. Eu acho que [isso] é um tipo de liberdade... (Garota, 17 anos, IE)

Ou quando o jovem da escola particular disse que se sente mais livre quando convive com pessoas diferentes:

É assim, tipo um etnocentrismo você achar que você é o certo, superior, e o outro é uma coisa menor que você, diferente de você, entendeu? Acho que a partir do ponto em que você começa a ver que o

> ponto de vista do outro faz sentido pra pessoa, porque ela viveu uma vida inteira que trouxe ela até aqui, vai dando liberdade pro outro e pra si mesmo, de pensar, de conversar com a pessoa, de chegar prum cara que todo mundo fala "é nerdzão, nerdzão", chegar pro cara e conversar e ver que o cara é maneirão, tal... Começa a dar liberdade pra outras pessoas de entender elas. [Você] se sente mais livre de poder falar o que quer... (Garoto, 17 anos, CP)

Pude observar esse tipo de fala, que valoriza a relação com o outro, em diferentes circunstâncias mencionadas nas oficinas: no afeto e no laço emocional que os jovens sentem por seus pais, irmãos, amigos e namorados/as; no desfrute que dizem sentir ao circular por espaços marcados pela diversidade e pela diferença; e mesmo no exercício de compartilhar as opiniões divergentes ali, no espaço da oficina. Muitas vezes, mesmo quando a figura do outro aparecia como se pudesse constranger a livre expressão individual através da reprovação que o próprio jovem coloca a si mesmo ("O que os outros vão pensar?"), lidar com o fantasma do outro fazia com que a ação pudesse ser até mais livre, uma vez que ela afirma a personalidade individual:

> [A jovem está criticando as pessoas que se deixam levar pela maioria] As pessoas acham que liberdade é fazer o que elas quiserem, e fazer o que quiser é fazer o que as outras pessoas fazem. Tem pessoas que pensam assim. Isso pra mim não é liberdade, é "modinha". A liberdade pra essas pessoas é seguir tendência. Isso pra mim não é liberdade, sabe? Liberdade pra mim é você ser o que você *precisa* ser. E não ser o que os outros *querem que você seja*. (Garota, 14 anos, CF)

Todas essas situações envolvendo o outro indicam que a convivência com pessoas diferentes pode ganhar sentidos que não se reduzem à ideia de que o outro limita a minha liberdade. Mesmo assim, cabe a pergunta: por que o questionamento da jovem do colégio federal, que pergunta às colegas se ser livre significa estar sozinho, não soa *tão* estranho? Quais elementos identificamos em todas essas discussões que fazem com que essa proposta, a de um mundo de seres sozinhos e livres, soe estranhamente "familiar"?

A concepção de *indivíduo livre* apareceu explicitamente nas oficinas com os jovens. A liberdade foi pensada por eles principalmente como um exercício a que o indivíduo tem direito, e no qual se realiza. Fazer suas escolhas, agir da maneira que bem entende e como quiser é ser livre. Entretanto, não é possível que todos ajam desse modo sem que causem prejuízo à liberdade dos outros indivíduos. Para isso, existem as regras, as normas, as leis, e mesmo o bom senso: para evitar a anomia social, para garantir que cada um tenha direito ao seu quinhão de liberdade individual. Essa, certamente, é uma leitura que se encaixa em muitos momentos da discussão nos grupos. Ela também equivale, nunca é demais lembrar, à concepção de liberdade negativa e de organização de sociedade defendidas pela teoria liberal. Mas, ao longo dos encontros, as reflexões dos jovens foram produzindo rachaduras nesse sentido aparentemente acabado de liberdade. São essas rachaduras que exploro nesta análise, indicando como as idas e vindas de suas falas, tantas vezes confusas, outras tantas complexas, podem oferecer elementos para repensarmos profundamente o conceito de liberdade.

A primeira questão que salta aos olhos é, como afirmei, que a discussão da liberdade individual (ou negativa) só pode ser feita a partir da tematização dos *limites* encontrados para o exercício dessa liberdade, e não pela mera definição do conceito de liberdade. É fato que a noção de liberdade negativa já traz essa proposta no termo que a define na teoria liberal: a liberdade é negativa uma vez que só a percebemos quando ela é ameaçada. Entretanto, entendo que a teoria liberal se furta a fazer a discussão das situações reais (poderíamos dizer existenciais) de litígio a respeito do domínio da liberdade. Em outras palavras, o conflito sempre presente nessas situações é esfumado da discussão liberal e substituído por termos sem conteúdo, como "liberdade individual", "respeito aos limites da liberdade do outro", "regras de convivência", e assim por diante. As oficinas mostraram que é simplesmente *impossível* discutir liberdade sem enunciar os conflitos envolvidos nas situações específicas.

A segunda questão é a aposta dos jovens no consenso como solução de impasses — o tipo de solução de conflitos privilegiado pela teoria liberal. Analisando suas falas, pude perceber as fragilidades dessa estratégia. A mais fácil de ser apontada é, certamente, que o respeito a regras e leis compartilhadas vem sendo algo cada vez menos observado em nosso dia a dia, e que a preocupação de não incomodar o outro é cada vez menos comum entre as pessoas. Mesmo que consideremos o consenso a saída mais indicada para os impasses produzidos pela liberdade individual, alcançar o consenso é algo muito difícil entre indivíduos com interesses distintos. Como disse uma jovem de 14 anos do colégio federal ao comentar a dificuldade que as pessoas têm em respeitar os limites na relação com o outro: "Até porque duas pessoas podem ter o interesse na *mesma* coisa". O desprezo ou a indiferença pelo outro, que poderia se sentir lesado numa ação do indivíduo, ficaram explícitos em diversos casos narrados pelos jovens: o vizinho que põe o som em volumes insuportáveis para quem não quer ouvir música; os colegas que conversam durante o horário de prova, tornando impossível a concentração de quem ainda está respondendo as questões; o uso de áreas comuns do prédio de maneira privatista, enfim, uma gama de situações que nos fazem refletir sobre quão *individualistas* estão as pessoas hoje em dia, e como as regras de convivência são claramente desrespeitadas e desvalorizadas nessas situações. O individualismo poderia chegar a situações extremas, quando um não quer nem saber do outro e reage de maneira violenta a qualquer reclamação. Esse aspecto foi levantado por um dos participantes:

Nos dias de hoje, as pessoas estão cada vez mais "cavernoicas", tá cada vez pior... O povo tá voltando à era pré-histórica. Você fala qualquer coisa e a pessoa já quer te bater, já quer brigar com você, já quer partir pra agressão! Ainda mais a pessoa que tem uma arma, o comunicado dela é apertar o gatilho. Hoje em dia tá cada vez pior! (Garoto, 17 anos, IE)

A comunicação com o outro esbarraria no não reconhecimento de uma demanda (abaixar o som, falar mais baixo, usar coletivamente um espaço) como algo que deveria ser acatado, respeitado por quem está agindo, fazendo valer a velha (e grosseira) máxima "os incomodados que se mudem". No limite, a possibilidade de uma reação violenta daquele que é questionado em sua ação traz fortes razões para que as pessoas não se sintam à vontade para dialogar, para se expressar.

Mas, analisando o conteúdo das oficinas mais atentamente, percebemos que esse "individualismo" ressoa também nas falas dos participantes. É significativo que, ao longo das quatro oficinas realizadas com 35 jovens, em apenas duas das situações relatadas os próprios participantes reconheceram que faziam algo que incomoda outras pessoas. Uma foi o caso da jovem do grupo de teatro, trazido acima, que admitiu que sua vizinha se sente incomodada com o som alto que a jovem escuta, mas sua avaliação foi de que a vizinha deveria "falar alguma coisa", e não bater a janela com toda a força. A outra situação, um pouco diferente, surgiu entre um casal de namorados, participante do grupo do instituto de educação. A jovem disse que fala muito alto, pois na sua casa todos falam assim entre si, e que o namorado se incomoda com isso. Ele concordou, dizendo que ela não faz por mal, e que, quando isso acontece, ele chama a atenção da namorada.

Assim, é significativo que, ao serem convocados para falar sobre liberdade, os jovens tenham privilegiado falar sobre como *suas liberdades* são vividas e cerceadas. Nesse cenário, a busca pelo consenso pode acabar recaindo na defesa do que é "melhor para mim". Pensar o outro não como um limite, mas como outra pessoa, que tem valores, interesses e perspectivas radicalmente distintos, mostrou-se uma tarefa bem mais difícil, exigindo dos participantes um deslocamento subjetivo intenso, assim como pareceu difícil para os jovens admitir realmente que, para que o consenso seja alcançado, é preciso abrir mão de certas posições. Aqui, voltamos à questão de fundo na discussão sobre o consenso: é preciso que aqueles que entram em negociação compartilhem algumas percepções de base acerca da situação (sobre o que é justo e o que é injusto, sobre o que é direito, o que não é, sobre os limites da liberdade individual) para que um acordo seja possível. Os exemplos que se multiplicaram nas oficinas mostram o quanto isso é difícil de ser alcançado.

Uma terceira questão a ser analisada é que a imediata relação que os jovens estabeleceram entre *liberdade* e *liberdade negativa* não excluiu outros sentidos de liberdade. Esses outros sentidos surgiram desde o início das oficinas, ainda que mais timidamente. Essas outras noções não foram assimiladas pelo grupo todo imediatamente, mas apareceram nos quatro grupos e foram sendo mais discutidas no debate sobre as duas outras situações fictícias (2 e 3). Considero de suma importância enumerar os demais sentidos de liberdade emergentes nos grupos, diferentes da liberdade negativa, porque ajudam a complexificar a ideia mais geral de liberdade que foi sendo construída por cada grupo. Além disso, como veremos a seguir, certas noções de liberdade colocam problemas importantes para o exercício de uma liberdade do agir individual: como agir? Com que princípios, com que finalidades? Qual a importância do outro em minha ação?

Vejamos agora algumas noções que os jovens trouxeram sobre liberdade, ainda no primeiro encontro, que não se reduzem à ideia de liberdade como "fazer o que eu quiser, sem ser impedido". Essas falas, ainda que tenham sido em menor número, podem nos ajudar a dar sentido à discussão das situações 2 e 3:

> No sentimento eu me senti aprisionada. Um amor que eu não estava recebendo. Então eu saí muito prejudicada, e agora eu tô liberta, porque eu lutei por esse objetivo de não querer mais esse amor que eu não estava recebendo. Eu tava dando e não tava recebendo. Esse sentimento estava tirando minha liberdade e eu não estava tão feliz. (Garota, 17 anos, IE)

> [O jovem diz que a liberdade tem dois lados. Existe a liberdade de fazer o que quiser, mas existe também a liberdade entre as pessoas:] Por exemplo, com a N. [sua melhor amiga] eu falo tudo o que eu sinto, ela fala o que sente pra mim... Eu tenho liberdade com ela para desabafar, entendeu? Eu converso com ela sobre o que a gente sente. Essa liberdade que eu tenho com ela eu não tenho com a R., por exemplo. Entendeu? (Garoto, 16 anos, GT)

> [O jovem afirma que a exigência de que a pessoa seja livre acaba por aprisioná-la:] *Ter* que se expressar, *ter* que falar, você já tá preso numa conduta... mesmo se for pra falar o que você quiser, você já tá preso na obrigação de falar o que quiser, não tá livre. [...] Liberdade tem uma escravidão junto, você tá preso à liberdade, entendeu? (Garoto, 17 anos, CP)

> Eu entendo essa questão da liberdade atrelada à responsabilidade. A liberdade, ela te traz responsabilidades e, por você ter responsabilidades, você fica mais livre. Eu acho que as duas estão muito atreladas. Isso começa quando você está crescendo, então você tem mais responsabilidade, sua mãe te deixa mais livre, essa coisa bem material mesmo. Mas você pode ver de várias formas isso. Eu me sinto muito mal, presa, quando eu não cumpro com as minhas responsabilidades, e quando, pelo contrário, eu me sinto bem e livre é quando eu cumpro [com as responsabilidades]. (Garota, 17 anos, CF)

A jovem do instituto de educação trouxe uma situação pessoal para falar o que, para ela, significa liberdade. Envolvida emocionalmente num relacionamento em que não estava se sentindo feliz, a jovem se sentia "aprisionada". Como se uma relação de entrega não correspondida tivesse tirado a jovem do controle de si, da possibilidade de agir, pensar e sentir de maneira equilibrada. Em suas palavras: "eu me culpo bastante também, porque na hora que você tá ali é um amasso, um amor, um carinho, a gente quer viver o hoje, e não o amanhã. Eu não pensei no amanhã, e acabei sendo prejudicada...". Ela conta que conseguiu superar essa fase com o carinho da família, dos amigos, com as idas constantes à igreja, que a ajudaram a ver essa história, que na época a mobilizava tanto, como uma coisa pequena no passado, "uma coisa boba". A ideia de liberdade trazida pela jovem passa ao largo de uma noção de "fazer o que quiser sem impedimentos". Aqui, entram em cena ideais de autocontrole, bem-estar, autonomia, que dão outros sentidos à liberdade. Ser livre, para essa jovem, estava muito mais relacionado nessa situação a cuidar de si e a saber o que é melhor para si do que a agir ilimitadamente.

O jovem do grupo de teatro trouxe um sentido que também foi pouco explorado nos grupos, mas não podemos dizer que esteve ausente das discussões: a liberdade enquanto intimidade entre amigos. Poder conversar abertamente, se expor, falar dos sentimentos para alguém de sua confiança foi considerado por ele uma experiência importante de liberdade, distinta, como ele mesmo marcou em sua fala, da liberdade de "se divertir, de fazer o que você quiser". Esse espaço de intimidade construído pela relação de amizade tem grande importância para os jovens. As falas sobre o prazer de estar entre amigos e sobre a liberdade que essa relação proporciona também apareceram no grupo da escola particular. Um jovem de 17 anos diz que se sente mais livre quando está com os amigos de infância, que já se conhecem há muito tempo e que falam o que querem uns para os outros porque já têm essa intimidade. Outra garota, também de 17 anos, diz que se sente mais livre entre os amigos e familiares, porque sabe que pode falar qualquer coisa e ainda assim ser aceita. A intimidade, nessas falas, aparece como uma relação que expande o domínio do eu, do privado, para o amigo: é possível "ser você mesmo" quando se está com um amigo porque ele já o conhece, já gosta de você, é capaz de aceitá-lo em suas idiossincrasias. A liberdade, nesse sentido, remete ao prazer de exercitar o domínio privado na companhia de outras pessoas — os amigos, os familiares — que gozarão desse momento em parceria com o sujeito.

Já o jovem da escola particular, que falou sobre a "ditadura" da liberdade, propõe uma reflexão sobre a expectativa generalizada em nossa sociedade de que os indivíduos sejam livres. Ele chega a essa conclusão porque durante a discussão os participantes falavam sobre a importância de ser livre e sobre a necessidade de, para isso, ser independente economicamente (trabalhando e ganhando o próprio dinheiro), juridicamente (sendo maior de idade), emocionalmente (sabendo o que quer da vida, fazendo escolhas maduras). Assim, o jovem coloca que talvez a liberdade a que todos almejam acabe se tornando uma imposição — "*ter* que ser livre" — e que as pessoas acabem "presas à liberdade". Considero essa reflexão interessantíssima e, ainda que o grupo tenha seguido a discussão por outro caminho (a dificuldade de lidar com os pais no exercício da liberdade dos filhos), ela se apresentou em toda a sua potencialidade. Esse grupo narrou o problema de ter que cumprir um passo a passo preestabelecido socialmente, em que é preciso estudar e fazer cursos, prestar o vestibular para uma boa universidade, se formar e exercer uma profissão, sendo bem-sucedido em sua escolha. Questionaram, até certo ponto, a validade dessa fórmula, e falaram do quanto se sentem pressionados a colocá-la em prática. É como se estivessem se sentindo aprisionados pelo roteiro que os levaria à condição principal para serem efetivamente livres: a independência individual.

A jovem da escola federal fala, por sua vez, de um aspecto que talvez tenha sido o menos privilegiado nas discussões dos grupos: a liberdade (e a satisfação encontrada) no cumprimento de uma regra. Em suas palavras, no cumprimento de "suas responsabilidades". Entretanto, para praticamente todos os participantes, as regras, os deveres e as obrigações aparecem como empecilhos à liberdade individual. Alguns chegaram a admitir que esse tipo de restrição seja um "mal necessário" à convivência coletiva, mas sempre no sentido de limitar as liberdades individuais para garantir o convívio das pessoas. Um diálogo entre os participantes do grupo de teatro ilustra bem essa concepção:

> [Perguntei para que servem as regras. Um jovem responde:] Pra ter mais responsabilidade. [Uma participante diz:] Pra ter um bom convívio com o outro. Porque aí todos têm que seguir a mesma regra... [Um terceiro jovem afirma:] Regras existem pra não ultrapassar o limite. [A segunda participante completa:] Se cada um tivesse sua regra diferente, não ia... não ia, assim, encaixar, né? Então, uma regra só pra todo mundo fica melhor. [Perguntei quais seriam os problemas de cada um ter uma regra.] Vai incomodar, né? [diz o terceiro jovem].
> (Garoto, 16 anos; garota, 15 anos; e garoto, 14 anos, GT)

Essa foi, sem dúvida, a maneira como as responsabilidades, as regras, as leis foram entendidas pela maioria dos participantes nos quatro grupos: como limites à liberdade individual. Entretanto, a fala da jovem do colégio federal marca outro sentido possível para a regra: quando esta faz sentido para o sujeito, quando uma obrigação é vista como o resultado de escolhas e mesmo de um projeto de vida, o seu cumprimento não é mais um fardo que deve ser carregado para que se possa gozar de liberdade em alguns momentos restritos, mas sim como a consequência do exercício da liberdade. Como ela afirma: se ter mais liberdade implica ter mais responsabilidades (ou deixar de ser criança), não cumprir com suas responsabilidades significa agir contra a própria liberdade (voltar a ser criança?). Uma jovem desse mesmo grupo dá um exemplo de situação em que a liberdade foi maior que a responsabilidade:

> Que nem o caso do adolescente pra quem os pais dão toda liberdade e ele acaba sempre fazendo merda... Os pais dão dinheiro e ele, sei lá, pô, faz qualquer coisa, se mete com droga, aquela coisa toda, justamente por ter uma liberdade maior. Sem responsabilidade. (Garota, 14 anos, CF)

Trouxe esses fragmentos dos grupos para mostrar que, ainda que de início o conceito de liberdade negativa tenha estado muito presente nas discussões, desde o primeiro encontro os jovens acenaram com outros possíveis entendimentos de liberdade, discutindo sobre isso. A referência aos termos "autonomia", "responsabilidade", "consequências das ações", "intimidade", e tantos outros, indica que os sentidos de liberdade produzidos nos grupos não se reduzem a "ser e fazer o que você quiser". Com a apresentação das situações 2 e 3, isso ficou mais evidente. Passemos agora à discussão da situação 2. No capítulo 5, trataremos da situação 3.

"SER LIVRE É FAZER O QUE EU QUISER."
MAS... O QUE EU QUERO? E O QUE O OUTRO
TEM A VER COM ISSO?

A situação 2, como apresentada anteriormente, narra um momento na vida de Júlia, uma garota do interior que está no último ano do ensino médio e é muito boa aluna. O impasse vivido por Júlia deve-se ao fato de que, para ir à universidade, precisaria se mudar para a capital, mas ela é muito ligada à família, aos amigos e ao namorado. A proposta de trazer essa situação foi colocar em discussão um aspecto da liberdade que nem sempre é considerado, especialmente quando a liberdade é pensada em sua acepção negativa: a *angústia* implicada na ação livre. Diferentemente de um incômodo provocado pela presença do outro que limitaria a liberdade individual, esse caso ilustra uma situação em que o sujeito pode escolher entre duas ou mais opções, mas essa escolha implica um engajamento. Não é possível desfrutar das diferentes opções ao mesmo tempo; escolher significa tomar uma posição, decidir por um caminho. Esse momento do impasse traz uma dimensão afetiva que não se reduz à felicidade que o exercício da liberdade negativa parece prometer aos indivíduos. Ao contrário, o afeto que constituiria essa experiência de escolher entre opções — e, com isso, escolher para si mesmo um percurso — seria a angústia. Essa angústia pode ser expressa em outros termos, como "indecisão", "sofrimento", "dúvida grande", como fizeram os jovens. Além disso, os "outros" implicados nessa situação não estão necessariamente limitando a personagem, mas importam para ela e para a sua escolha final na medida em que ela tem vínculos afetivos com eles (o namorado, os pais, os amigos de infância). Ouvi o que os participantes tinham a dizer sobre essa outra configuração para o exercício da liberdade, que não se reduz ao problema de "fazer o que quiser", colocando em questão *o que* o sujeito que escolhe quer.

Uma primeira interpretação que apareceu em três dos quatro grupos foi a leitura da situação de Júlia a partir da ideia de constrangimento, isto é, os jovens falaram desse impasse como se Júlia quisesse realmente ir para a faculdade e os outros fatores a "prendessem", criando essa angústia. Nessa interpretação, o sentido de limitação, de constrangimento, é mantido, e a figura do outro parece assumir novamente esse lugar. Para um jovem do colégio particular, de 17 anos, Júlia quer fazer a faculdade, mas tem medo de fazer essa escolha por conta de uma "questão social que ela não quer quebrar". Como se o contexto tradicional da cidadezinha de interior, onde ela mora, impedisse a jovem de dar esse passo importante e ela tivesse medo de que os moradores a recriminassem em função de sua escolha de ir para outra cidade estudar. Uma das participantes pondera: "e se ela gostar do namorado? [todos riem]." O jovem diz que isso é possível, mas que acha que tem muita gente que deixa de tomar certas decisões sobre questões importantes para atender às expectativas dos outros que vão julgar o que foi feito.

Já no instituto de educação, um dos jovens achava que ela não estará tomando a decisão correta se decidir ficar por causa do namorado. Ele disse que ela seria "maluca" se fizesse isso:

> Porque os pais criam os filhos pro mundo, criam os filhos para terem um futuro brilhante. Como ela teve uma oportunidade, você acha que os pais vão impedi-la de fazer? Eles estão dando força, dizendo que têm condições de pagar. Agora, ela se prender por causa do namorado... Deixa o namorado dela... ele espera! [risos] Se ele ama ela, ele espera ela voltar. E os amigos... pelo amor de Deus! Amigos a gente faz em toda esquina! A internet tá aí, né? Você entra, fala oi, sai... (Garoto, 17 anos, IE)

A possibilidade de que Júlia desistisse de estudar fora por conta dos laços afetivos pareceu estranha ao grupo. Uma das jovens, de 16 anos, disse que a personagem "estaria surtando mesmo" se abrisse mão dessa oportunidade nessas condições.

No colégio federal, as participantes também trataram inicialmente essa situação como se as "questões sentimentais" fossem um constrangimento ao verdadeiro desejo da personagem:

> Eu acho que a situação que mais libertaria a Júlia seria a de seguir o próprio caminho *dela*, o caminho que ela tem vontade de seguir. E a outra situação é a que prende: são as outras pessoas que fazem ela ter vontade de ficar. Por ela, ela simplesmente seguia, então esse é o caminho mais libertador. (Garota, 17 anos, CF)

Uma jovem desse mesmo grupo, de 14 anos, também afirmou que sair para estudar em outra cidade é o que Júlia mais quer, e que a distância física do namorado e dos amigos poderia ser amenizada pela internet, pelo telefone. Ela brinca: "Agora... não tem como você ligar para o seu professor da faculdade e ter aula por telefone, nem por internet". A jovem tenta pensar em que situação Júlia "perderia mais", para apontar a alternativa (no caso, o estudo na capital) como a melhor.

Já no caso do grupo de teatro, os jovens fizeram uma leitura inicial do caso um pouco diferente: afirmam que se tratava de uma situação de "falta de oportunidade", pois não há universidade na cidade onde mora a jovem. Uma das participantes, de 15 anos, afirma que o governo deveria ajudar os jovens que moram longe da universidade.

Alguns jovens também tomaram a escolha entre alternativas excludentes como uma situação de "falta de liberdade", já que o sujeito não poderia ter tudo o que quer. Nas palavras de uma participante do colégio federal,

> é uma forma de não ter liberdade. Porque qualquer uma das opções que ela faça ela vai estar desprestigiando outra coisa que é importante para ela... [...] E aqui ela não pode fazer o que ela quer, porque ela quer os dois. Então é um ou outro. Ela tá com a liberdade restrita por ela mesma, pelas circunstâncias da vida dela. (Garota, 17 anos, CF)

No grupo de teatro, duas jovens discordam sobre Júlia ter ou não liberdade na situação em que se encontra:

> [A primeira participante comenta:] Nunca rola uma parada de liberdade que você vai ter a livre escolha, porque automaticamente [se] você escolher um você vai ter que... abrir mão do outro. [A segunda discorda:] Você já tem liberdade demais, até! Em poder escolher um!... Você tá tendo a sua liberdade de escolher, você tá escolhendo o que você quer... (Garotas, 15 e 14 anos, GT)

Nessa interpretação, as participantes reforçam a ideia de que liberdade é ter, fazer ou escolher *aquilo que é desejado*. No caso de Júlia, sua liberdade estaria restringida justamente por ela querer coisas incompatíveis. A liberdade é considerada a partir da concretização da escolha, e não da situação em que se coloca o sujeito. Em outras palavras, alguns jovens tenderam a pensar essa situação avaliando se a personagem seria livre ou não de acordo com a concretização de sua escolha, e não segundo o fato de ela estar numa situação em que teria que escolher entre duas opções importantes para ela.

Essas significações iniciais (constrangimento de um desejo; falta de oportunidade; limitação da escolha) foram produzidas nos quatro grupos logo após a leitura da história. Percebemos que, principalmente nas duas primeiras falas, aparece a ideia de que haveria uma escolha mais próxima daquilo que realmente quer o sujeito, uma escolha *autêntica*, e a segunda opção seria fruto de constrangimentos do meio: escolher ficar na cidade natal e abrir mão do ensino superior na capital seria "ceder" às tradições locais, aos vínculos familiares, aos apelos do namorado, à saudade que a personagem iria sentir no futuro. Vemos delinear-se aqui, nesta interpretação, a imagem do sujeito autônomo: se escolhe algo que está em consonância com sua individualidade, com seu crescimento pessoal, com sua independência, está sendo livre. Se ele abre mão de uma escolha como essa em função de vínculos que estão ligados à ideia de dependência, de afetividade, de comunidade, é como se estivesse dando um passo atrás em relação à sua autonomia e, consequentemente, à sua liberdade. Vale lembrar, entretanto, que os participantes que deram essas respostas são jovens que estão terminando o ensino médio, para quem a escolha profissional se coloca como um imperativo. Ir para a faculdade, desgarrar-se dos pais, construir um futuro são exigências no contexto pessoal de cada um. Por conta disso, é provável que a leitura que fizeram da situação de Júlia tenha trazido ressonâncias de suas vivências pessoais e dos valores com os quais eles mesmos têm que se confrontar. Isso fica claro na fala da jovem de 17 anos do colégio federal, que acha que Júlia seria mais livre se escolhesse ir para a faculdade: "Hoje em dia [se] você sai do colégio e não vai para a universidade, poxa, você é realmente um merda na sociedade em que a gente vive..." Aqui, certamente ela não está falando apenas da situação vivida pela personagem, mas também do contexto vivido por ela própria.

Quando, após ouvir suas primeiras impressões sobre o caso fictício, perguntei aos participantes sobre os sentimentos envolvidos numa situação em que a pessoa tem que decidir entre dois caminhos a seguir, os jovens trouxeram outras considerações bastante interessantes. No instituto de educação, por exemplo, uma participante reconheceu que se trataria de uma "liberdade diferente" da liberdade de "poder fazer o que quiser". Ela explica que esta última aparece mais quando a pessoa não tem a possibilidade de escolher, de fazer o que deseja:

> É, porque geralmente a gente tá acostumado [a falar de] liberdade... ahn... por não ter escolha. E aqui a liberdade dela, ela tem escolha. [Pergunto como seria uma liberdade de não ter escolha.] Liberdade de não ter escolha é quando... sei lá, você mora na casa dos seus pais e aí você tem que conviver com as regras que eles têm, ou você... sai de casa. Então não é a mesma liberdade, é uma liberdade em que você não pode escolher entre... É uma falta de liberdade. E aqui [na situação de Julia] é uma liberdade diferente, porque ela tem escolha. Ela tem como ficar ou ir. Então eu vejo como uma liberdade diferente.
> (Garota, 18 anos, IE)

É curioso que a jovem não perceba que ela mesma coloca uma alternativa à aceitação das regras dos pais, que seria "sair de casa", apontando assim para uma possibilidade de escolha mesmo na situação em que ela define como "uma liberdade em que você não pode escolher entre...". De qualquer forma, ela afirma que a liberdade em questão na história de Júlia seria uma liberdade diferente porque a decisão depende do sujeito que está na situação. Isso implicaria uma dimensão afetiva completamente distinta da envolvida na afirmação da liberdade negativa. Nesta acepção, o sujeito é tomado como sabendo o que quer, e é esse conteúdo que precisa ser realizado para que a liberdade se materialize. Na situação 2, proposta aos jovens, uma nova questão aparece: o que quer o sujeito que escolhe? Como ele lida com suas decisões?

Refletindo sobre esse ponto, uma jovem de 14 anos do colégio particular diz que uma pessoa pode passar por momentos de avaliação da própria vida como um todo, quando ela se pergunta se o que escolheu até ali era o que ela realmente queria (como, por exemplo, a profissão exercida por toda a vida), e a pessoa se pergunta se é feliz, se ela está se realizando naquilo, chegando mesmo a considerar a possibilidade de mudar sua vida. Foi interessante perceber nessa fala que as ideias de liberdade e de autorrealização podem ser ciclicamente colocadas em questão, e que "o que um sujeito quer para a sua vida" não é algo fechado, definido, que precisaria apenas se realizar, mas algo que pode ser repensado, ressignificado.

Um ponto de inflexão dos grupos na discussão desse caso fictício foi a afirmação feita por alguns jovens de que o exercício da liberdade sempre implica alguma perda. Considero essas falas significativas porque enunciam uma percepção da ideia de liberdade distinta do conceito de liberdade liberal, em que ser livre é ampliar o máximo possível o espectro de escolhas e de possibilidades. Uma jovem de 18 anos, do instituto de educação, comenta a respeito da situação de Júlia que "alguma coisa ela vai ter que perder, isso faz parte da vida. Se ela escolher casar e ficar na cidadezinha, ela vai perder a faculdade. Se ela escolher a faculdade, ela vai meio que perder ou adiar o casamento. Então alguma coisa você vai ter que perder".

Perguntei se os jovens já se viram em situações que envolvessem uma escolha excludente, e como eles se sentiram nesse momento. Uma participante do grupo de teatro diz que está passando por uma decisão desse tipo em sua vida amorosa:

> É tipo assim: você gostar de uma pessoa, mas está com outra pessoa, e ter que escolher entre uma ou outra. Eu ter que escolher entre ficar com um ou outro. E automaticamente uma coisa exclui a outra, entendeu? Aí isso não é legal, porque... você fica na dúvida. Uma das pessoas te dá amor. Só amor, só isso. Você só tem sentimento pela pessoa. E a outra pessoa, você não tem aquele sentimento todo, mas te dá carinho, é paciente, conversa com você, tá sempre presente, entendeu? Te passa confiança a todo momento... É isso. [Pergunto se ela acha que essa decisão tem a ver com liberdade.] Ah... meio que assim... sei lá... não sei... a ver com liberdade tem, porque eu tenho que decidir. (Garota, 15 anos, GT)

Esse exemplo foi bem ilustrativo de uma situação em que a pessoa *precisa* decidir (a jovem coloca: "ter que escolher entre uma ou outra"), mas a escolha é difícil. O grupo ficou bem mobilizado a partir da fala da jovem, e a discussão se voltou para o ponto principal de sua questão: o que ela quer de verdade? Outros exemplos surgiram nos demais grupos, como o da jovem do instituto de educação que, após uma briga com seu marido, foi com a filha para a casa da mãe. Ela precisava decidir entre voltar a morar com a mãe, de quem gosta muito, ou se reconciliar com o marido, com quem brigava bastante e com quem tem uma filha. Ela optou pela segunda alternativa, mas contou ao grupo como foi sofrida sua decisão:

> Minha mãe queria que eu ficasse com ela, não fosse embora. Aí eu ficava chorando, angustiada: ou eu ficava com a minha mãe, ou eu ficava com ele. Eu tava naquela angústia. Aí eu olhei pra frente, eu vi

que ele é o pai, ele vai sofrer, e a criança vai sofrer, todo mundo [vai sofrer] junto, aí eu decidi... eu achava que eu tava perdendo a minha mãe, mas eu não tava! Porque minha mãe não estava morrendo [ri], dava para eu voltar e revê-la. Aí eu continuei em frente [no casamento]. (Jovem adulta, 24 anos, IE)

Se a liberdade implica posicionamentos do sujeito, decisões que explicitam uma escolha que vai além da opção feita, mas que indicam um caminho a ser trilhado a partir daí, essa experiência não pode ser vivida sempre com felicidade ou alegria. Muitas escolhas importantes que são feitas na vida implicam também fazer o luto daquilo que foi deixado para trás, pelo menos naquele momento. Essa pode ser considerada uma característica do exercício da liberdade, e vale ainda lembrar que o período da adolescência é marcado intensamente por uma série de escolhas que trazem em si a elaboração de lutos e a definição de trajetos.

Pensar as escolhas como definitivas pode, certamente, levar o sujeito a se defrontar com angústia, sofrimento, profunda indecisão. Mas ocorre que toda escolha, especialmente as que se dão em terrenos de fortes vínculos afetivos, traz em si a necessidade de abandono das alternativas preteridas. Sensível a essa questão, uma jovem de 17 anos do colégio particular fala que muitas vezes tem esperança de poder consertar, modificar algo que foi escolhido ou feito, e que essa esperança a ajuda a decidir.

No que diz respeito à *autenticidade* da escolha, há uma grande expectativa de autonomia do sujeito que escolhe. Entretanto, quando os jovens falaram de situações de escolhas excludentes vividas por eles próprios, essa exigência não se colocou de maneira tão implacável. A participante que afirmou estar entre dois amores reconheceu que não sabe ao certo o que fazer, e se mostrou muito dividida na escolha. A jovem que ficou em dúvida entre voltar para a casa da mãe ou continuar casada diz que poder continuar vendo a mãe, e com isso manter esse vínculo afetivo tão importante em sua vida, foi fundamental para que ela escolhesse voltar para o marido. A participante do colégio federal, que diz que Júlia se realizaria mais na escolha pelo curso universitário, quando foi dar um exemplo de sua vida pessoal semelhante à situação fictícia, nos contou:

> Muitas amigas minhas fizeram intercâmbio e moraram um ano fora. Eu acabei não fazendo por causa do meu namorado. Porque eu não queria deixá-lo aqui, e tal. [Pergunto se sua decisão foi por causa disso. A jovem diz que sim.] Foi um projeto que eu abri mão. Mas as pessoas tomam essa decisão, várias amigas foram, ficaram um ano... Tiveram experiências ótimas, criaram vários laços fortes com as famílias de lá... A gente sempre perde alguma coisa em algum lugar, né? (Garota, 17 anos, CF)

Ela não fala com pesar de sua decisão. Diz que não deixou para decidir em cima da hora, apenas que abriu mão de um projeto. Mesmo assim, é visível o contraste entre sua avaliação da situação fictícia e do que nos conta a respeito do que viveu. A vivência contextualizada da situação torna a polarização independência individual *versus* dependência afetiva e grupal menos dicotômica. Uma escolha que pode parecer, para quem está de fora, claramente "melhor" — quando os jovens do instituto de educação dizem que se Júlia não for para a faculdade ela é "maluca", estão exprimindo isso — ganha nuances quando é vivida pessoalmente.

Uma participante do grupo de teatro fala sobre a dúvida presente nos momentos de escolha, relacionando essa situação com a experiência de liberdade:

> Se não tiver dúvida, não tem escolha, na verdade. Se você estiver entre duas coisas pra escolher, gostando das duas, se não tiver dúvida... não é escolha! E se tiver uma coisa só pra você fazer, e você tem que

fazer aquilo, também não é escolha!... Escolha é quando tem mais de uma possibilidade da coisa acontecer. (Garota, 15, GT)

O tensionamento do sujeito que escolhe, que experimenta sua liberdade, é apontado pela jovem como a marca da ação livre. Escolher algo sem vivenciar a dúvida não é, em sua opinião, escolher efetivamente. Assim como fazer algo porque não há outra opção, porque é a única coisa a ser feita, também não se configura como uma escolha. Nessa fala, mais uma vez, a liberdade ganha a marca do embaraço, da dúvida, da incerteza, afastando-se da plenitude da liberdade negativa como um poder-fazer ilimitado.

LIBERDADE: UMA PALAVRA, MÚLTIPLOS SENTIDOS

Neste capítulo, apresentei parte dos resultados das oficinas com os jovens procurando enfatizar a consideração do tema da liberdade como um problema, expondo os sentidos que emergiram em cada grupo desde o primeiro encontro. Poder deslocar nas oficinas a questão da liberdade da discussão sobre liberdade negativa (que restringe a discussão e pode tornar a abordagem do tema superficial) para as dificuldades que os sujeitos encontram nessa experiência quando a escolha implica uma posição foi, a meu ver, muito produtivo. As falas trazidas neste capítulo ilustram como é possível explorar o assunto "liberdade" tomando questões de grande significação afetiva para os jovens e como eles foram capazes de fazer análises acuradas sobre essas vivências.

Um ponto que chama a atenção, e que está diretamente relacionado com o que discuto neste trabalho, é que a figura do outro pôde ser ressignificada pelos jovens em algumas situações. O outro pode importar ao sujeito, pode ser pensado como alguém que constitui o sujeito naquilo que ele é, não sendo necessariamente pensado como um impedimento externo à liberdade, mas considerado, no contexto das escolhas individuais, alguém que importa ao sujeito. Certamente, esse movimento se deu quando o outro em questão era alguém que fazia parte da vida e da convivência do jovem, mas já é uma reformulação que vale a pena ser ressaltada. No capítulo seguinte, veremos como os jovens incluem os pais nessa série, admitindo que o cuidado que têm com os filhos é importante para a formação e para o crescimento pessoal da geração mais nova.

Em linhas gerais, o que aparece claramente nas falas trazidas neste capítulo foi *a presença do outro* em todas as discussões sobre o tema da liberdade. Em si, esse aspecto já chama a atenção, pois o conceito de liberdade é tradicionalmente discutido na filosofia, nas ciências sociais, nas teorias políticas e na psicologia a partir do referencial do indivíduo ou do sujeito racional. Esse referencial está presente nos pilares da teoria liberal, de extrema importância para o pensamento sobre as sociedades humanas e seus valores desde a modernidade.

A aposta do liberalismo consiste na afirmação e na garantia das liberdades individuais para que a sociedade seja, por meio delas, regulada. Como afirma Audard:

> Deixado livre para decidir por si mesmo o que tem valor para si, para seu plano de vida, sem que a vontade de ninguém ou o medo da intervenção do outro a lhe dizer ou direcionar autoritariamente suas escolhas, cada um ajustaria suas decisões às decisões dos outros de maneira a otimizar suas chances de sucesso. [...] O liberalismo fez de cada indivíduo o guardião e o verdadeiro responsável pela ordem social. (Audard, 2009:728-729)

A afirmação da liberdade como um direito do indivíduo esteve muito presente nas discussões com os jovens. Entretanto, a discussão sobre liberdade também remeteu os participantes aos problemas da convivência, da negociação, do estranhamento, da compreensão, das desavenças e da (in)tolerância, todos eles relacionados diretamente à figura do outro.

Onde começa a liberdade do outro?

Algumas falas no último encontro de cada grupo mostram as opiniões dos jovens sobre liberdade e sobre a relação com o outro, denotando questionamentos que não estavam presentes nas falas do primeiro encontro, quando os jovens estavam muito mais colados a explicações de liberdade em seu sentido negativo. No primeiro exemplo, uma jovem do colégio particular diz que nunca é possível ser totalmente livre, porque sempre se está ligado ao outro de alguma maneira:

> Não tem como você fazer o que você quer, porque os laços que você estabelece com os outros não permitem isso. Por exemplo, você quer viajar, só que a sua mãe está doente. Você quer viajar, mas você não vai. Você poderia viajar, mas você não vai, porque sua mãe está doente, entendeu? Você tem que pensar se você quer manter os laços ou se você quer romper. Se você quer ter a oportunidade de fazer tudo o que você quer, você vai ter sempre que romper com um monte de coisa. (Garota, 17 anos, CP)

Aqui, o compromisso ou a ligação com o outro (no exemplo dado, com a mãe) marcam um limite que não interessa à própria jovem romper. Não se trata de um impedimento físico, de um obstáculo, mas de um compromisso pessoal com alguém que tem importância em sua vida. A liberdade é pensada aqui como a possibilidade de se posicionar em relação a uma decisão a ser tomada, e não no fato de ser limitada por determinadas circunstâncias.

Um exemplo mais evidente dessa mesma questão surgiu no grupo do colégio federal. As participantes, no final do último encontro, tiraram conclusões surpreendentes da definição de liberdade dada por elas próprias:

> Você não pode ter liberdade absoluta. Se você tem liberdade absoluta, você não tem liberdade nenhuma. Todos estão sujeitos à sua

vontade. Então tem que existir liberdade na medida certa. [A outra participante concorda e complementa:] Até porque, tipo... liberdade, se você tem 100% de liberdade, você não vai conviver com ninguém, né? [Elas chegam à conclusão de que ficar sozinho é impossível, porque todos dependemos uns dos outros em nossas vidas, ninguém conseguiria sobreviver sozinho.] Você precisa que empresa tal fabrique a comida, ou que o cara lá plante a comida pra você poder sobreviver. [A primeira participante completa:] Eu não sei construir uma casa, mas eu moro numa, sabe? Então eu preciso de alguém que construa pra mim, sabe? Você vai estar sempre dependendo do outro... (Garotas, 18 e 14 anos, CF)

Se ser livre significa não estar constrangido, limitado pelo outro e, ao mesmo tempo, ser plenamente independente de outras pessoas, a liberdade é uma ficção. Viver em sociedade, como enfatizaram as jovens, é viver em redes de dependência mútua, em que a convivência cria qualidades que não seriam possíveis no isolamento individual. Mas é justamente no domínio social que a liberdade se torna uma questão em disputa, modulando as relações com o outro conforme a maneira como essa ideia é entendida.

Um dos aspectos dessa disputa que apareceu nas falas dos jovens são os sentidos que a noção de *responsabilidade* pode assumir. Enquanto um termo próprio da teoria liberal, a responsabilidade é uma característica necessária ao exercício, pelo indivíduo, de sua liberdade. Aqui, é preciso que o indivíduo esteja ciente das consequências de suas escolhas para que possa decidir livremente entre opções dadas. Essa responsabilidade individual está intimamente relacionada às capacidades de uso racional do pensamento, ao destacamento da situação para que a decisão possa ser tomada friamente, sem que a escolha esteja suscetível ao calor da emoção. Paixão e emoção estão atreladas, na teoria liberal, ao uso irresponsável da liberdade de escolha:

quanto mais sensível for o sujeito às circunstâncias, menos racional e menos livre será sua decisão.

Nos encontros, os jovens mencionaram a importância da responsabilização individual pelas consequências das escolhas. Entretanto, bastou que a discussão tematizasse situações concretas, isto é, de escolhas contextualizadas, para que essa responsabilização fosse problematizada pelos grupos. Presenciei questões levantadas que vão na direção contrária do que é colocado como ideal de liberdade pela teoria liberal, especialmente em dois aspectos: em primeiro lugar, quando os participantes se perguntaram sobre a legitimidade de responsabilizar pessoas que estão em condições que não favorecem escolhas pró-independência individual. Mulheres, pessoas pobres, crianças, por exemplo, deveriam ser responsabilizadas a despeito de seus contextos de gênero, classe social e faixa etária, por suas escolhas?[32] Lembremo-nos que a responsabilização, no sentido liberal, respalda-se na defesa da individualidade e da independência. Como vimos no capítulo 2, esses são fundamentos que não deixam espaço para outras formas de viver, de sentir, de se organizar que não a do homem ocidental, branco, de elite.

Em segundo lugar, os jovens falaram sobre o incômodo que sentem com a posição de não responsáveis em que se encontram na família, na escola e na sociedade em geral. Enquanto jovens, não estão em posição de poderem desfrutar da liberdade em diversos aspectos, mas esse impedimento (econômico, jurídico, dos costumes) foi problematizado por eles em falas muito sensíveis a esse problema, muito conscientes de quão arbitrários podem ser esses impedimentos.

Essas questões que vimos surgir nas conversas com os jovens participantes das oficinas nos levam a um segundo sentido possí-

---

[32] Essa discussão será aprofundada no próximo capítulo.

vel para a noção de responsabilidade: aquele proposto por Sartre e Lévinas. O convívio com o outro traz a imprevisibilidade do que possa resultar da ação, pois o eu e o outro somos seres de liberdade. Isso significa dizer que o que resulta de um encontro com a alteridade não pode ser antecipado, calculado. A responsabilidade possível, nessas condições, é bem distinta da concepção liberal, ainda que seja constitutiva do sentido de liberdade. Responsabilizar-se pelo outro significa ser sensível a esse outro, significa comprometer-se com o que resultará desse encontro, da sua ação como pessoa no mundo, ainda que esses efeitos não possam ser previamente conhecidos. Abrem-se novas possibilidades de relação consigo e com as outras pessoas, e podemos pensar as situações de liberdade a partir de um referencial existencial.

O processo das oficinas me permitiu conhecer as opiniões dos jovens sobre liberdade, mas também fez com que os participantes repensassem o tema com os problemas que surgiam nos debates, a partir das diferentes posições no grupo, e mesmo por meio de minhas intervenções na condução dos encontros. Nas avaliações feitas no último encontro em cada grupo, os jovens falaram que puderam pensar e conversar sobre experiências de suas vidas e sobre o sentido que elas têm para eles. A fala de uma jovem, da escola particular, ilustra bem os deslocamentos subjetivos que ocorreram durante o processo:

> Eu fiquei até pensando, o que é liberdade, então? E eu não sei mais o que é liberdade! [risos] A gente já falou tanta coisa, conversou tanta coisa... Eu não sei mais o que é, assim... [...] A gente vive numa correria muito grande, e fica difícil a gente viver uma vida plena, feliz... A gente acaba fazendo um tanto de coisa na nossa vida e não para e pensa o que que a gente é. "Quem eu sou? O que eu tô fazendo aqui? Qual o motivo da minha vida? O que que vai ser depois?". (Garota, 17, CP)

No próximo capítulo, discutirei as falas dos participantes inseridas na discussão sobre o exercício da liberdade e a situação do jovem, focando a questão do sujeito que pode ser livre pela conquista da independência e da autonomia.

CAPÍTULO 5

Ser jovem, ser livre: tensão e conflitos na busca por independência e autonomia

É valsa em si contrária.
Só pisando em falso
se pressente o chão.

(Guinga e Mauro Aguiar, *Canção desnecessária*)

Neste capítulo, discuto os resultados das oficinas a partir da possibilidade de exercício da liberdade por parte dos jovens, tendo como referencial teórico a concepção de indivíduo livre da teoria liberal, que explorei no capítulo 1, e da infância e da juventude como momentos de passagem do indivíduo rumo à concretização desse projeto de independência no nível individual, segundo a psicologia do desenvolvimento, visto no capítulo 2.

Quando planejei o campo da pesquisa, que se daria com sujeitos jovens, elenquei algumas características que os sujeitos deveriam apresentar para participar do estudo. Defini que os participantes deveriam apresentar *ao menos uma* das seguintes características:
- Ter idade inferior a 18 anos;
- Morar com pais ou responsáveis, dependendo deles economicamente;
- Estar matriculado em escola regular, frequentando até o ensino médio.

As três condições acima contribuem diretamente para marcar a situação do jovem como um indivíduo dependente econômica e legalmente dos pais ou responsáveis e como um indivíduo "em preparação" para o exercício futuro de sua autonomia. Considero que, ao garantir que os participantes se incluíssem em ao menos uma dessas categorias, a discussão sobre liberdade nos grupos estaria atravessada por uma situação de *juventude* que coloca esses sujeitos numa posição bem específica em relação à liberdade. No primeiro encontro das oficinas, os participantes responderam a uma ficha de inscrição em que essas informações eram solicitadas. No capítulo 4, apresentamos um quadro com as distribuições de idade, sexo e grau de escolaridade por grupos. Como dado importante para a discussão que faremos a seguir, vale acrescentar que, dos 35 participantes das oficinas, 33 moravam com os pais ou responsáveis (tios, avós) no momento da realização dos grupos. Veremos que, ao longo dos encontros, a condição de "dependência" em relação aos adultos foi identificada pelos participantes como algo que põe sérias dificuldades para o exercício de suas liberdades individuais, e as discussões trouxeram muitas insatisfações, questionamentos e reflexões dos jovens participantes sobre a situação em que se encontram.

QUANDO LIBERDADE É ASSUNTO EM FAMÍLIA

Desde o primeiro encontro, os jovens relacionaram a temática da liberdade com suas próprias vidas e, ao fazerem isso, ressaltaram sua condição de dependência em relação aos pais. Essa discussão tomou rumos distintos em cada um dos grupos, mas esteve presente em todos eles. Os jovens falaram dos limites que os pais impõem, criticando a rigidez desses limites. Contaram como tentam (e conseguem) burlar as regras familiares e falaram dos castigos que sofrem quando são pegos. Discutiram os conflitos que se dão na ocupação do espaço doméstico — o espaço em que os jovens moram, mas para o qual não definem as regras. Questionaram o poder dos adultos na escola, que é imposto aos estudantes muitas vezes de forma arbitrária. O panorama desenhado através das conversas nos grupos é muito rico e complexo, e nos oferece muitos elementos para entendermos melhor os sentidos que os jovens participantes dão à ideia de liberdade.

A queixa a respeito dos limites impostos pelos pais apareceu nos quatro grupos, e foi tratada de diferentes maneiras pelos participantes. Insatisfeitos com as exigências dos adultos, muitos jovens se queixaram que ser livre é impossível quando se mora com os pais, quando se deve satisfações aos adultos. Algumas falas ilustram essa posição recorrente de vários participantes:

> Sei lá... liberdade é uma coisa que a gente acha que quase nunca tem... Eu acho que quase nunca tenho liberdade. Eu peço [para os pais] para ir para um lugar, [e] ou tem que ter hora, ou não deixam eu ir! Ou tem que ir com alguém, ou escondido!... Não entendendo [a jovem fala isso indignada]. Por que não podem confiar na gente?! NÃO! Eu acho engraçado isso! A gente é novo demais para sair, para namorar, mas é velho o suficiente pra saber arrumar a casa, cuidar das coisas... Dá vontade de perguntar: "gente, eu não sou nova demais para namorar? Como eu sou velha suficiente pra arrumar a casa?!". (Garota, 15 anos, GT)

> Quando a minha mãe deixa eu ou a minha irmã fazer alguma coisa, tem outra pessoa que atrapalha que é a minha avó. Minha avó fica botando coisa: "Ah, mas não vai, vai chegar lá e vai acontecer isso, não vai dar certo, vai ter droga, vai ter homem, que não sei o quê, que vai passar a mão... não deixa, não deixa". Por muitas vezes a gente quer fazer uma coisa e não pode fazer, porque tem alguém impedindo. E pode ser que [o que queremos fazer] seja uma coisa boa, mas pra ele seja ruim. E isso impede da gente viver a nossa vida. Eu falo pra minha avó que nem tudo que ela fala é verdade. Mas ela, não, ela quer julgar. O negócio da minha avó é julgar as pessoas. Isso cria uma

revolta muito grande, porque a gente quer fazer uma coisa e ela não deixa. (Garota, 17 anos, IE)

Liberdade pra mim é poder sair de casa, porque eu não sei se é um jeito da criação dos meus pais, mas o meu pai gosta bastante de ficar em casa. Aí, por isso eles me prendem em casa. Então pra mim [liberdade] é poder sair de casa. Ficar naquele ambiente é um saco. Mas também não quer dizer ficar a noite inteira na rua. Eles me dão um limite, e nesse limite eu volto pra casa. (Garota, 15 anos, CF)

Vemos como a experiência de liberdade é relacionada por eles à possibilidade de ter privacidade, de poder fazer escolhas e tomar decisões em suas próprias vidas. Essas falas, assim como tantas outras que se referiam à (falta de) liberdade na convivência com os pais, surgiram já no primeiro encontro. Falar de liberdade com os jovens significou ter as oficinas atravessadas pela questão que analiso neste capítulo: o que significa ser livre quando se vive em uma condição que não é aquela prototípica do indivíduo liberal, isto é, independente, autossuficiente, responsável por si mesmo e preparado (legal e educacionalmente) para assumir as consequências de seus próprios atos? Ficou claro para mim, ao longo dos encontros, que a imagem ideal desse indivíduo é uma referência quando falavam sobre a liberdade que almejam. Entretanto, as discussões não giraram apenas em torno do ideal de individualidade. Os jovens falaram de outros aspectos que nos fazem refletir sobre esse modelo de liberdade calcado no individualismo, que apresento mais adiante.

As conversas em cada grupo tiveram ênfases distintas. Especialmente no grupo de teatro, a discussão sobre as proibições dos pais mobilizou bastante os jovens. Eles passaram muito tempo falando sobre como se sentem presos pelas regras e ordens dos pais, e ficaram à vontade para contar as estratégias que encontram para burlar essas proibições. Nesse grupo, grande parte do primeiro encontro foi dedicada a essa discussão. Os participantes se divertiram em partilhar com os colegas histórias sobre proibições e sobre suas "fugas", em que saíam escondido de casa, mentiam, faziam coisas que os pais não permitem e, nessas ocasiões, se sentiam livres. Também contaram o que acontece quando os pais descobrem a "fuga" ou a mentira, e descreveram com detalhes os castigos que sofrem. Nesse grupo foram feitas muitas referências a castigos e punições físicas por parte dos pais, o que praticamente não apareceu nos outros grupos.

[Um jovem diz que na primeira vez em que fugiu fez tudo o que queria e não podia.] Porque eu sabia que quando eu chegasse no outro dia eu ia apanhar! Não adianta eu fugir pra ir jogar videogame e voltar pra casa. Não vale a pena, porque vou apanhar. [...] Eu pego a chave de casa e fujo pra ir pro baile. Não adianta eu ir pro baile e não curtir no baile, porque eu vou voltar pra casa e vou ter que sofrer a consequência porque eu fugi, então eu vou ter que curtir. [Pergunto se ele consegue "curtir" nessa situação.] Ah, consigo! [ri]. (Garoto, 14 anos, GT)

[Uma jovem comenta que certa vez fugiu de casa e foi para a casa da tia por causa de uma discussão entre seus pais, que estavam se separando.] Eu era totalmente mimada, não queria ver os dois separados, aí eu fiz minha trouxinha, esperei os dois estarem discutindo, e quando eles estavam discutindo eu peguei minha mochilinha, botei nas costas, peguei o dinheiro da minha mãe sem ela saber, e fui pra Niterói, pra casa da minha tia. Aí aquela vaca contou pra minha mãe que eu tava lá! Aí ela foi lá me buscar, me pediu desculpa, chorou um monte de vezes, eu falei que não ia voltar, aí eu fugi de novo, só que eu fui pra casa da minha avó. (Garota, 15 anos, GT)

Quando esses depoimentos foram dados, todos os participantes se mobilizaram e começaram a contar várias histórias semelhantes.

Com exceção da jovem acima, que fez de sua saída de casa uma forma de protesto contra a separação dos pais, os demais participantes deixaram bem claro que o que os mobilizava para fazer escondido dos pais as coisas que estavam contando era o desejo de viver certas experiências proibidas. Falaram dessas situações como momentos em que se sentiam libertos das restrições paternas, quando faziam aquilo que mais desejavam.

Uma das jovens deste grupo tem 18 anos e mora com o pai. Sua relação com ele é muito difícil, pois ele proíbe que ela faça várias coisas e, como ela sempre desobedece, ele sempre a castiga com surras violentas. Ela contou que o pai não deixava que ela saísse para lugar nenhum quando ele ia trabalhar, trancando-a em casa. Um dia, ela resolveu fazer escondido uma cópia da chave, para que pudesse sair de casa enquanto seu pai estava fora. Ela contou ao grupo, em detalhes, o que aconteceu depois disso. Nesse momento da discussão, os jovens estavam falando sobre como lidar com as consequências de fazer algo proibido pelos pais:

> Eu aproveitei muito essa questão de sair escondido pra vir pro teatro. Só que teve um belo dia — maldito dia! — que a minha chave desapareceu no teatro. Aí eu fiquei: "meu Deus, como é que eu vou voltar pra casa?!" Entendeu? Aí eu voltei pra casa e pedi pro namorado da minha vizinha arrombar a porta. O cara deu um chute na porta que arrancou pedaço da parede! Aí olhei aquele estrago na porta e pensei: meu pai vai chegar, vai arrancar minha cabeça! Porque meu pai, quando ele me pega, é loucura. Da última vez que ele me bateu, eu andei na rua com os ossos estalando, tchec, tchec, tchec... [risos]. Enfim, qual era minha alternativa para não apanhar? Porque eu não tinha desculpa. Aí eu arrumei as minhas coisas e fui embora, fui dormir na casa da minha amiga. Quando foi no outro dia, meu pai me ligou várias vezes, falou várias coisas, envolveu pessoas que não deveria envolver... aí eu fui obrigada a voltar pra casa por causa dos meus amigos que me ajudaram. Enfim... Aí eu falei pra ele que só ia voltar

se ele prometesse que não ia me bater. Ele prometeu. Eu cheguei em casa, ele conversou comigo, eu falei toda a verdade, e tal... Moral da história? Ele me deixou trancada no dia da apresentação, minha primeira apresentação [do teatro]. Fiquei revoltada! Mas aí no outro dia eu fiquei livre. Então é por isso que eu acho que a gente não deve se preocupar muito com a consequência. Porque depois que aconteceu, aconteceu, não tem mais volta. Entendeu? (Garota, 18 anos, GT)

A fala dessa participante sintetizou vários comentários que estavam sendo feitos nesse momento da oficina: muitas vezes os jovens discordam das regras que os pais impõem a eles, e não veem meios de negociar e conseguir mudar essas regras. Nessas situações, em que se veem tendo que obedecer ao que é imposto pelos pais e percebido por eles como arbitrário, fazer algo escondido surge como uma possibilidade de viver certas experiências de maneira autônoma, isto é, *por si mesmos*. Enquanto conversávamos, os jovens narraram com certo orgulho as "escapadas", divertindo-se com a semelhança entre os casos contados por cada um. As punições que sofreram eram divididas com o grupo com cumplicidade, e eles riam das surras e castigos enquanto contavam suas histórias. Nesse grupo, arcar com as consequências foi ganhando o sentido de viver uma escolha de maneira *verdadeiramente* livre. Da maneira como foram construindo essa discussão, ser livre não se tratava de fazer algo "sem sofrer impedimentos", até porque a condição de filho(a) em que todos se encontravam não permitia esse tipo de experiência. Entretanto, agir e arcar com os castigos e punições era uma maneira de legitimar essa ação, de concretizar a liberdade desejada. Isso fica evidente na fala de uma das participantes, de 15 anos, que estava contando sobre os momentos em que ela e os colegas de escola decidiam matar aula juntos para passear: nesses casos, a cumplicidade deveria ser total, pois se algum deles falasse o que realmente aconteceu, todos seriam castigados. Se alguém do grupo fosse pego por um adulto, deveria sofrer as consequências sem denunciar os demais, esse era o trato. Ela diz: "se um *caguetar*, a gente quebra na porrada! É aquela união: se vai aprontar, aprontou com todo mundo, e você sozinho foi descoberto, se você *caguetar* alguém, vai sofrer depois!". Mesmo que de maneira extrema, até pela violência física, a garantia dessa cumplicidade está diretamente ligada à tentativa de fazer algo por eles mesmos, sem se submeterem às regras dos adultos.

Os jovens do grupo de teatro foram os que trouxeram de maneira mais explícita o incômodo com as regras e os limites dos pais. Nos outros grupos, entretanto, essas questões também apareceram, ainda que com outras entonações. No grupo do colégio federal, por exemplo, as participantes falaram sobre as dificuldades da convivência com os pais, especialmente no que se refere ao uso do espaço comum — a casa em que vivem.

> Pra mim, liberdade não é só sair de casa, "poxa, tô livre!", sabe?, livre dos meus pais, de quem for. Liberdade também é poder ficar em casa à vontade, entendeu? Principalmente sendo numa quitinete, não é muito legal [a jovem mora numa quitinete com a mãe]. Então eu penso mais a liberdade assim, talvez por isso. [...] Se os pais esperam que você saia de casa, pra onde você vai, sabe? Pra mim isso é uma questão... (Garota, 15 anos, CF)

> Se você for pensar assim, você não é livre nem na sua própria casa. Porque tem a sua mãe. E se você resolver ficar deitada assim, nua, no meio do apartamento, sabe? [risos] Alguma coisa ela vai falar... Ela não vai olhar pra você tipo "ah, deixa!...". [...] Se eu fizesse isso, minha mãe ia ficar me encarando, né? Ou então, principalmente, meu irmão. Eu não tenho muita liberdade dentro de casa com o meu irmão. [Outra jovem concorda:] Dentro de casa você não tem muita liberdade. Mesmo que aquele seja o seu lar, onde você se sente à vontade. (Garotas, 14 e 15 anos, CF)

Nesse grupo, as participantes falaram muito da dificuldade encontrada pelo jovem para ser livre, e para isso se remeteram várias vezes à situação de morar com os pais. Em alguns momentos, suas falas sobre o indivíduo livre apontavam claramente para uma situação idealizada de total privacidade. As mesmas participantes que protagonizaram o diálogo acima discutiram em outro momento a possibilidade de que alguém possa gozar de sua liberdade sem a intervenção de outras pessoas: "Porque dentro de casa você faz o que você quiser!" A outra jovem retruca: "Ah, mas a minha mãe não quer que eu faça certas coisas!" A primeira refaz a afirmação: "É, digamos, se você mora sozinha... Aí você faz o que você quiser dentro da sua casa, sabe?"

Chama a atenção nesse grupo a importância dada pelas jovens ao espaço privado como o lugar de exercício da liberdade por excelência. Essas mesmas jovens protagonizaram discussões sobre a dificuldade de ser livre na convivência com o outro quando se divide o mesmo espaço (no prédio, por exemplo), como vimos no capítulo 4. Ao falarem da convivência com os pais, voltaram a esse ponto e fizeram diversas queixas sobre o convívio desgastante com pais e irmãos. Na fala trazida acima, da jovem que mora numa quitinete com a mãe, transparece um tema de conflito recorrente entre pais e filhos: os pais estabelecem as regras para os filhos que moram na casa dos pais. Os filhos, por sua vez, discordam dessas regras, mas escutam dos pais que se desejam viver segundo outras regras têm que sair da casa dos pais. A questão colocada pela jovem — "pra onde você vai?" — ilustra claramente a tensão dessa situação: a relação entre pais e filhos vivendo sob um mesmo teto não se trata simplesmente do convívio entre indivíduos livres que precisam encontrar consensualmente maneiras de viver em conjunto. Trata-se, antes, de uma relação em que há uma hierarquia familiar, respaldada pela sociedade, em que os últimos dependem dos primeiros até que se tornem indivíduos desenvolvidos, independentes, *livres*. Essa é, ao menos, a expectativa da sociedade e dos próprios integrantes das famílias. Entretanto, as oficinas ofereceram a oportunidade de ouvir dos próprios jovens como esse caminho para a independência e para a liberdade é tortuoso, custoso e não se dá de maneira tão previsível assim.

Quando falavam sobre a dependência dos filhos em relação aos pais, os jovens reconheceram que essa situação existe e que é justificável até certo ponto. Essa foi uma fala mais característica de alguns grupos do que de outros, mas esteve presente em todos os quatro grupos. Entre os participantes do colégio particular e do instituto de educação, os jovens deram a entender desde o início das oficinas que compreendem as razões dos pais para serem rígidos ou limitarem a liberdade que dão aos filhos. Entretanto, ao longo dos encontros, essa "compreensão" foi sendo nuançada e os participantes falaram mais abertamente sobre os conflitos vividos com os adultos. Uma jovem do colégio particular disse que há muito conflito entre os jovens e os pais, principalmente na sua idade — ela tem 16 anos: "Nesse período de mudanças que a gente passa na adolescência, os pais ainda estão tentando nos entender, então meus pais não me dão muita liberdade ainda. É um motivo de conflito, você tentando se encontrar e ao mesmo tempo seus pais tentando te entender..."

Nesse grupo (CP), a situação do adolescente, que está "se conhecendo", foi tomada pelos participantes como a razão de muitos dos conflitos vividos com os pais. Os desejos de ser independente, de fazer e experimentar coisas por si próprio entrariam em choque com as preocupações dos pais. Uma garota de 15 anos explica: "Porque hoje os pais estão muito preocupados com a segurança, né? A gente acaba tendo que se limitar mais por conta disso". Outra participante, também do colégio particular, diz que uma situação que sempre gera esse tipo de conflito é quando surge uma festa:

> A hora de voltar, sabe? Minha mãe nunca concorda com a hora [em que a jovem quer voltar pra casa]... Agora eu tenho aula aos sábados,

então pra sair sexta é difícil... Ela acha que o compromisso com a escola é muito importante, sabe? Ela acha que a escola tem que estar acima da diversão. (Garota, 15 anos, CP)

Outra jovem desse grupo se mostra mais compreensiva com os limites dados pelos pais e tenta encontrar um espaço em que ela poderia ser livre apesar das limitações. Esse espaço seriam seus pensamentos, seus sentimentos:

> Ah... eu não tenho muita liberdade porque eu não sou maior de idade. Não tenho liberdade pra sair, voltar tardão, tem várias coisas que meus pais impõem... Mas acho que, em relação ao que eu estou sentindo, às minhas opiniões, isso eu tenho liberdade, entendeu? [...] Em relação a esse negócio de idade, eu ainda não posso fazer certas coisas, eu sei disso, mas também eu não acho ruim, porque eu sei que vai chegar uma hora em que eu vou poder fazer isso... (Garota, 15 anos, CP)

Os jovens do colégio particular, entretanto, foram em sua maioria muito críticos à ideia que os adultos têm de que podem "mandar" nos mais jovens por conta da hierarquia que existe entre mais velhos e mais novos. A escola foi apontada por eles como um espaço em que esse "abuso de autoridade" ocorre frequentemente. Uma aluna comentou no grupo uma situação que se passara na manhã daquele dia, envolvendo um professor considerado por todos muito "mandão". Diante do pedido da turma para desligar o aparelho de ar-condicionado, porque estava muito frio, a resposta desse professor foi: "Eu não quero saber, sou eu que estou aqui, eu que sou o professor, eu que estou mandando. Eu quero que fique ligado!" — e a turma não contestou mais a última palavra do professor. Mesmo que os alunos fossem maioria, o professor se valeu de sua autoridade em sala para impor sua vontade. Os participantes da oficina consideraram essa atitude muito ruim, e se queixaram desse tipo de postura autoritária. Uma participante de 17 anos colocou que "tem muito adulto que acha que tem uma autoridade superior e que é melhor mesmo, [que] seu pensamento é o melhor". A jovem que relatou o acontecido com o professor resumiu a situação do jovem:

> Além de ter que respeitar o que todo mundo tem que respeitar por conta do convívio, de todas as regras, a gente ainda tem que respeitar quem é maior de idade, que tem vários direitos sobre a gente. [Pergunto que direitos seriam esses. Ela diz que os pais, por exemplo, podem mandar nos filhos. Podem determinar a hora em que eles vão chegar, se podem fazer tal coisa ou não...] (Garota, 15 anos, CP)

Nesse sentido, os participantes do instituto de educação falaram que os pais nunca admitem quando erram ou quando estão se comportando de uma maneira que eles mesmos criticam. Duas jovens dão exemplos desse tipo de confronto entre elas e suas mães, e ressaltam que certos comportamentos (mentir, magoar a outra pessoa) têm pesos diferentes quando ocorrem com elas e quando são as mães que se comportam dessa maneira:

> [A jovem diz que às vezes vai criticar alguma coisa que a mãe fez — quando ela mente, por exemplo — e a mãe diz que não quer falar sobre isso, e desconversa:] "Não quero falar sobre isso, vamos falar sobre outra coisa!" Ela diz que não vai falar sobre isso, aí eu fico lá, sem poder me expressar! Mas aí eu deixo passar, não ligo muito. (Garota, 16 anos, IE)

> Uma vez minha mãe me falou uma coisa que me magoou muito. A gente começou a discutir, aí eu magoei ela. Ela reclamou do que eu fiz, dizendo que eu era filha dela e não tinha o direito de falar daquele jeito. E eu disse: "engraçado, só porque a senhora é mãe?!" Aí lembrei a ela o que ela falou da outra vez. Ela ficou quieta, não teve palavras para retribuir o que eu falei. É como se o filho não pudesse falar nada... (Garota, 17 anos, IE)

Por mais que o jovem perceba que as regras do jogo familiar não valem para pais e filhos da mesma maneira, tematizar isso em casa e ser ouvido nem sempre é fácil. Entender essa diferença de posições entre jovens e adultos, entre filhos e pais, é fundamental para compreendermos como a ideia de liberdade é significada e vivida pelos primeiros. Especialmente porque, se o modelo de indivíduo livre e independente é tomado como referência em nossa sociedade — reproduzindo-se em muitas falas dos jovens nas oficinas —, sua realização não pode ser completa em relações hierarquizadas e de dependência, como são as relações familiares escolares.

Mas será que os jovens sentem que esse período de tutela de suas vidas é necessário, que precisa ser assim? Como vimos, surgiram muitas falas criticando essa relação de dependência imposta aos filhos. Entretanto, em todos os grupos houve também ponderações sobre a importância dos limites, colocados pelos pais, para a boa educação dos filhos. Nesses momentos de reflexão, os jovens não estavam reclamando diretamente dos constrangimentos paternos, mas tentando dar sentidos a regras que, tantas vezes, parecem completamente sem sentido. Essas reflexões foram desde a afirmação de que é preciso "prender" os filhos — ou melhor, "não soltar demais" — para evitar que os jovens façam coisas que não devem até ponderações muito sensíveis de alguns participantes que avaliaram quão difícil deve ser ocupar a posição de pai ou responsável:

> Eu acho que a mãe da pessoa não pode dar muita liberdade pra ela, assim, sair para todo lugar, mas também não pode prender muito. Porque, tipo assim, se prender muito, quando soltar uma vez já vai como?... [Todos falam ao mesmo tempo:] "Já era!" [A jovem continua:] Vai se perder na vida e... posso falar um palavrão? Vai virar uma piranha igual tem um monte aqui [na comunidade]! (Garota, 15 anos, GT)

Eu gosto muito de ir para a igreja, pois eu toco na orquestra da igreja, e às vezes não tenho a liberdade de sair para os meus compromissos pela intervenção de minha mãe. Às vezes eu gosto de sair, de ir em lugares como o shopping sozinha, [ir ao] cinema, gosto de comprar roupa, me divertir... e tem coisas que às vezes a gente não pode fazer, né? Até pela minha idade, às vezes minha mãe não me permite sair, né? Mas é por cuidado, por amor, por proteção. (Garota, 16 anos, IE)

[Um dos jovens diz que quer muito ter uma filha. Pergunto como ele acha que vai lidar com os limites com ela. Ele dá o exemplo de seu namoro atual:] A minha namorada tinha 13 anos quando a gente começou a namorar, e os pais dela não deixaram a gente namorar. A gente continuou namorando e já faz um ano. Eu acho que proibir é pior. Vai fazer escondido, e tal. Eu não quero isso pra minha filha... Quer namorar? Então namora em casa, sem chegar tarde... [Uma participante comenta:] Se der muita liberdade também... [Outra participante completa:] Se prende demais, [o jovem] se revolta. Se solta demais... acaba fazendo besteira. (Garoto, 17 anos; e garotas, 16 e 17 anos, IE)

Curiosamente, os jovens assumiram posições e falas bem conservadoras ao se imaginarem ocupando funções de pai e mãe, ainda que esses mesmos jovens tenham sido bem críticos aos limites impostos pelos pais. Pensar no que poderia acontecer se os pais dessem muita liberdade aos filhos foi um exercício feito em quase todos os grupos, mas gerou mais polêmica no grupo do instituto de educação. Entre esses jovens, a discussão sobre quais devem ser os limites dados aos jovens pelos pais foi acalorada. Muitos casos de filhos (jovens conhecidos dos participantes) que se "revoltaram" contra a rigidez dos pais foram contados, e foram desenvolvendo seus argumentos sobre o que é dar uma "boa educação" para um filho. Ao longo de toda essa discussão, os conflitos entre pais e filhos estiveram em primeiro plano. Uma jovem de 16 anos (a mesma que afirmou que as proibições feitas por sua mãe são "por cuidado, por amor, por proteção") fez questão de lembrar: "Os pais têm que saber também que os seus filhos crescem, né?" Inspirado por toda a discussão, um jovem disse:

> Mas esse negócio de falar, por exemplo, que o pai não deve dar muita liberdade, que deve dar pouca, é difícil balancear... Porque você não sabe direito, por mais que seja o seu filho, você não sabe a índole dele. Cada um nasce com sua própria índole. Aí você pode estar achando que tá na medida, que tá no nível, mas pro seu filho já é muito. Por exemplo, você fala pro seu filho: "cala a boca". Aí ele acha que aquele cala a boca ali já é falta de respeito, ele pode confundir aquilo, aí vira bagunça. Você acha que está no caminho certo, mas pra ele você não está dando liberdade. O difícil é balancear. (Garoto, 18 anos, IE)

Esse jovem toca em um ponto que é fundamental para toda a discussão sobre liberdade entre pais e filhos: o que acontece quando há a discordância sobre a medida ideal de liberdade a ser dada? Se os filhos são pessoas incapazes de discernir o certo do errado, o que pode e o que não pode, os pais precisam ser rígidos e impor os limites, mesmo que à força. Entretanto, durante todos os encontros das oficinas realizadas, conversamos com jovens que mostraram pontos de vista bem elaborados sobre essa relação tensa e difícil que é a relação com os pais quando já se é um sujeito que sabe o que quer, de certo modo, e é preciso se manter obediente em uma série de normas com as quais não se concorda mais. Por essa razão a fala desse rapaz é tão interessante: ela põe em cena as dificuldades que são *constitutivas* da relação em família, e — podemos extrapolar — da relação com o outro. Como saber se o que eu estou fazendo para o outro, com a melhor das intenções (como os jovens afirmam que são as intenções dos pais), não está sendo tomado como um desrespeito, uma arbitrariedade, uma injustiça? Se é interesse dos pais fazer com que sua relação com os filhos se dê da melhor maneira possível, gerando bons resultados (isto é, filhos bem educados, bem-sucedidos, felizes, como foi dito durante as oficinas), essa dificuldade em lidar com o outro, de se fazer entender e entender aquilo de que o outro precisa, torna a tarefa de ser pai/mãe algo extremamente complexo. Uma das jovens aposta na *confiança* para que essa relação se dê da melhor forma:

> Se você consegue conversar, se seu filho meio que te conta tudo, você tem uma boa relação, acho que dá pra medir. Mas ser pai deve ser difícil [sorri]. Parece ser difícil. Acho que tem que ter a confiança de ambos os lados. Porque tem muita gente que faz coisa escondido porque tem medo de falar pra mãe, que a mãe vai brigar, entendeu? E se você tem confiança, se você joga aberto com a sua mãe, com o seu pai, não tem porque você ficar escondendo as coisas. (Garota, 16 anos, IE)

Mas essa confiança não é fácil de ser alcançada. Ela, inclusive, não é possível quando os jovens querem fazer coisas que os pais não permitem. Mesmo assim, a conversa foi apontada por muitos participantes como a melhor maneira de mostrar para os pais aquilo que os jovens desejam, e também dos jovens entenderem melhor por que os pais os proíbem de fazer certas coisas, ou exigem que façam tantas outras. A conversa foi mencionada por muitos jovens como uma maneira de os pais ocuparem uma função que vai muito além do lugar do constrangimento, da coerção, podendo ser cúmplices dos próprios filhos na difícil tarefa que é viver, experimentar a liberdade. Como disse uma jovem do colégio particular:

> Eu, particularmente, sempre preciso da ajuda de alguém, eu tenho esse problema de ser muito indecisa... Eu fico muito tempo pensando "Ah, o que vai acontecer se eu fizer isso, se fizer aquilo..." e começo a pensar um monte de coisa. Eu sempre conto com a ajuda da minha mãe, eu sempre pergunto pra ela. Às vezes eu acho que ela me conhece melhor do que eu mesma! Aí eu sempre peço: "ai, mãe, me ajuda!"

Mas eu acho que a única coisa que ela faz é mostrar o que eu já sei, sabe? [risos]. Eu conto com ela. (Garota, 17 anos, CP)

Se essa confiança não é uma realidade, ela é ao menos desejada. Os jovens demonstraram, durante os debates nos quatro grupos, que sabem que os pais se preocupam com eles, mas que eles mesmos têm opiniões sobre as regras e as orientações que lhes são dadas e gostariam que elas fossem ouvidas, respeitadas. Nesse sentido, a fala da jovem do grupo de teatro que mora com o pai é bem enfática:

> Os pais falam sempre: "ah, cuidado com isso, cuidado com aquilo, eu faço isso pro seu bem, eu não quero ver seu mal, e tal..." Eu até entendo, eu acho que os jovens entendem isso também, mas eu acho que, de uma certa forma, não só os pais, mas qualquer outro responsável, eles deviam deixar a gente ser mais livre para a gente aprender com os nossos próprios erros, entendeu? Por exemplo, eu falo isso por mim, pelo que acontece na minha casa. Meu pai fala assim: "ah, eu faço isso pro seu bem, porque você vai por esse caminho e você vai quebrar a cara..." Aí eu falo pra ele: "ó, então deixa eu quebrar a cara! Porque eu tenho que aprender as coisas sozinha, eu não vou estar sempre com você do meu lado. Vai ter um dia que eu vou estar sozinha e vou ter que tomar as minhas decisões sozinha. Só que quando é que eu vou ter essa responsabilidade? Quando eu tiver 40 anos? Eu tenho que começar... eu já tenho que começar..." (Garota, 18 anos, GT)

REFLEXÕES SOBRE AUTONOMIA, RESPONSABILIDADE, INDEPENDÊNCIA

Refletindo sobre a fala da jovem acima, somos levados ao centro da discussão sobre liberdade e juventude: quem é o sujeito livre, efetivamente? Que tipo de liberdade pode ser vivida pelos jovens?

E, principalmente, que concepção de sujeito está presente quando tematizamos a liberdade? Ao mostrar que está submetida a uma autoridade com a qual não concorda, e que a própria justificativa do pai não faz sentido porque ela não se vê protegida pelos cuidados paternos, a jovem evidencia a dificuldade contida numa relação em que um dos polos se julga capaz de fazer certas escolhas, de cuidar de sua própria vida, e o outro não reconhece essa capacidade. Certamente há graus diferentes nessa dissintonia. Essa mesma jovem reconheceu, em seguida, que sua situação era diferente da de uma participante de 13 anos presente no grupo, pois ela já era mais velha e tinha que continuar se submetendo ao pai, enquanto a outra participante, mais nova, não poderia arcar com tantas responsabilidades sozinha, e estaria mais ligada à família. O que importa destacar aqui, no entanto, é que esses limites não são claros, não são pontos pacíficos entre pais e filhos, e que durante a oficina a experiência de liberdade esteve associada, para esses jovens, à difícil relação que têm com os pais.

Como disse inicialmente, os jovens falaram de diversas maneiras que desejam ser livres e que as circunstâncias em que vivem não permitem que eles possam gozar de uma liberdade plena. Nessas falas, misturam-se diferentes ingredientes: a dependência econômica em relação aos pais, a menoridade legal, o fato de não terem completado todo o processo de escolarização ou mesmo a imaturidade para tomar certas decisões. A liberdade individual apareceu aqui como algo a que o jovem não tem acesso direto, precisando se submeter a um longo processo de preparação, legitimação e reconhecimento social para que possa desfrutá-la no futuro.

[Uma jovem diz que só se pode ser livre até certo ponto. Eu pergunto qual seria esse ponto. Ela ri, diz que não sabe.] Depende do momento em que você está. Se você já é maior de idade, já tem mais liberdade. Você pode querer tudo! (Garota, 14 anos, CP)

Ser jovem, ser livre...

É, se você for menor de idade, principalmente, você não tem liberdade, você vai estar sempre dependendo de alguém. Alguém vai ter que trabalhar pra você. Com alguém você vai ter que morar. Se sustentar, você não vai. [Sem liberdade pra fazer] qualquer coisa, sabe? Tipo, uma coisa bem comum, de adolescente, se ele quiser ficar no computador até mais tarde, não pode... Se quiser ficar assistindo televisão, se ele quiser trazer alguém em casa, vai ter que passar sempre pela permissão da mãe, do responsável. [...] Acho que meu sonho mesmo era ser independente, sabe? Não ter que depender de outra pessoa pra viver, sabe? (Garota, 14 anos, CF)

[As jovens falavam entre si que querem ser "independentes" de seus pais. Perguntei por quê. Uma das jovens disse que queria começar a trabalhar logo e ser independente, porque sua mãe, avó e irmão "enchem muito o meu saco."] Quero logo começar a trabalhar, sair daquela casa, ter a minha casa. Porque eu arrumo a casa e vou pro curso de tarde. Aí eu chego umas 5, 6 horas, e como tá a casa? Toda revirada de novo. Eu não tenho paciência! [As outras jovens falaram que isso também acontece na casa delas.] (Garota, 15 anos, GT)

Ser independente, como podemos ver nas falas acima, pode significar ser livre de diversas maneiras: poder fazer tudo o que quiser, ter o próprio dinheiro ou organizar a casa da maneira como preferir. Em relação a essa última fala, vale ressaltar que, no grupo de teatro, foi notável a divisão de gênero que apareceu na discussão sobre independência *versus* cuidados com a família e o espaço doméstico: as jovens, mais velhas ou mais novas que os irmãos, acumulavam as responsabilidades de arrumar a casa, cozinhar, organizar as coisas, enquanto os rapazes do grupo praticamente não falaram de tais aspectos na oficina. Assim, as obrigações se duplicam para essas jovens: a de obedecer aos pais porque são filhas e mais novas e a de participar ativamente nas tarefas domésticas porque são mulheres. Talvez esse aspecto não seja tão evidente para as jovens de classe média que participaram da pesquisa, mas se deixa entrever em pequenos detalhes, como na fala de uma jovem de 18 anos do colégio particular, quando ela comentou a importância da escola: "você tem que estudar para não depender de ninguém, de dinheiro de marido, de mãe..." A possibilidade de que a tutela da jovem passe da mãe para um eventual marido não está imaginariamente descartada, e é exatamente por isso que o estudo — e a independência financeira que ele assegura — tem tanta importância.[33] Aqui, vemos como as críticas feministas ao conceito de liberdade liberal, de autonomia e de independência, trazidas no capítulo 2, podem nos ajudar a compreender a situação vivida pelas jovens, tornando a condição das garotas um tanto distinta da dos garotos, isto é, afastando-as ainda mais da posição de sujeito autônomo e independente num contexto social que ainda valoriza as características ditas masculinas para que essa posição seja ocupada.

Para aprofundar a discussão nos grupos sobre o ponto deste subcapítulo — quem é que está em condições de agir livremente? — e convidar os participantes a falar mais sobre situações que não se dão de maneira destacada, mas que se passam em um contexto bem específico, propus a situação 3. Essa situação, apresentada anteriormente, traz um momento da vida de Kelly, jovem de 18 anos, moradora de comunidade, que largou os estudos muito cedo para cuidar dos irmãos e ajudar a mãe e, agora que quer trabalhar para ter o próprio dinheiro, não consegue um emprego porque não sabe ler e escrever. Cabe lembrar que uma das principais críticas deste trabalho à teoria liberal é que ela estabelece o conceito de liberdade apenas formalmente, sem problematizar circunstâncias e contextos em que os indivíduos vivem e fazem suas escolhas.

---

[33] Apontar a divisão de gênero (homens trabalham e são produtivos; mulheres cuidam de casa e são sustentadas) implícita nessa fala pode parecer exagero. Entretanto, seria ouvida com surpresa uma fala equivalente vinda de um rapaz, dizendo que quer estudar para "não depender do dinheiro de sua mulher nem de sua mãe", uma vez que é socialmente esperado dos homens adultos que eles *jamais* dependam financeiramente das mulheres para viver.

Acompanhando as teóricas feministas e também os autores existencialistas trabalhados nos capítulos 2 e 3, considero que não pensar essas situações significa menosprezar o caráter potencialmente político da liberdade, especialmente no que se refere às relações de desigualdade e opressão que se perpetuam sob o ideal de indivíduo livre liberal.

A construção dessa história teve como propósito trazer para o debate uma situação em que a figura tradicional do "indivíduo que escolhe" não está evidente. Há nelas componentes que se misturam, como a realidade social de pobreza, a questão do gênero da personagem e o fato de ela ser uma criança quando se deu o abandono escolar. Esses elementos tornam a situação bem complexa e complicam uma avaliação pautada na ideia de livre-arbítrio. Por outro lado, não é possível afirmar que houve uma determinação causal na história da jovem, uma vez que há um sujeito que se insinua nessa narrativa — Kelly quer ter o próprio salário, não quer mais depender da mãe. Outro aspecto importante dessa situação é que ela traz o problema da autonomia: quem está preparado para tomar decisões "corretas"? Os componentes mencionados acima (classe social, gênero e idade) são impeditivos para o exercício da autonomia? Ciente das dificuldades implicadas nessa última situação, levei a história fictícia para os jovens comentarem. Como veremos a seguir, esse caso foi um disparador de questões muito interessantes, em que os participantes se aproximaram da discussão sobre o contexto em que as escolhas se dão, ou mesmo em que elas se impõem aos sujeitos.

Em relação à condição de Kelly no momento da decisão de deixar a escola, a história menciona apenas que "ela teve que parar de estudar muito cedo, porque sua mãe precisava de ajuda" no cuidado da casa e dos irmãos. Os participantes tiveram interpretações distintas sobre essa passagem. No colégio particular, alguns jovens leram a situação de Kelly responsabilizando-a diretamente pelas consequências que a personagem enfrentava aos 18 anos, como não conseguir um emprego, por exemplo. As falas abaixo se deram logo após a apresentação da situação 3:

> Se ela quer ser livre, ela precisa arranjar uma outra fonte de dinheiro pra ter a sua própria casa e a sua própria vida. Ter mais poder sobre o que ela faz. (Garota, 15, CP)

> Saber ler e escrever ia dar toda a liberdade pra ela. [...] Ler e escrever é essencial para conseguir um emprego, pelo menos o emprego que ela quer. [A jovem diz que Kelly está enfrentando agora as consequências de não ter estudado para cuidar dos irmãos.] As escolhas têm um contexto, e tal, mas a partir do momento que você escolhe o que vai fazer, você sabe as consequências e sabe o que você quer. Então você escolheu tendo todas as outras opções, você foi livre naquele momento, você escolheu aquele caminho, você foi. E aí... acho que liberdade é um pouco isso, é a sua capacidade de fazer escolhas. Não tem tanto a ver com dinheiro assim... (Garota, 17 anos, CP)

Um terceiro jovem, de 17 anos, diz que Kelly não quis quebrar certos vínculos "sociais e familiares" e dizer para a mãe: "não, não quero deixar de estudar [para cuidar dos irmãos], foda-se!". Ele diz que ela poderia ter feito isso, mesmo que essa reação tivesse consequências para sua vida.

A discussão nesse grupo ficou muito presa à ideia de que Kelly poderia ter se recusado a sair da escola, mas, como não fez isso, agora está colhendo os resultados de sua "escolha". A jovem de 17 anos disse, inclusive, que a grande questão dessa situação é a decisão de Kelly, e que isto estaria acima das questões sociais e familiares, colocando todo o peso das consequências na responsabilidade individual da personagem:

> A partir do momento que você é o senhor da sua ação, você tem que ter responsabilidade. Então mesmo que você não saiba muito bem o que

quer, mas fez, não sabe muito bem o que vai acontecer, mas foi, você tem que arcar com todas as consequências, boas ou ruins, e com tudo o que vai acontecer. Você que sabe... [Ela segue dizendo que se você concede ao outro autoridade sobre você mesmo, você acaba com sua liberdade. Nesse sentido, Kelly também foi responsável, pois teria sido ela a escolher não estudar.] Ela poderia ter escolhido outra coisa... [...] É claro que não dá pra tirar o contexto social. Mas ela teve a liberdade de poder escolher, uma liberdade inicial. (Garota, 17 anos, CP)

Nessa discussão no colégio particular foi difícil ressaltar os aspectos *contextuais* da situação. Ainda que nem todos os participantes tenham se colocado, aqueles que falaram fizeram a defesa da culpabilização do indivíduo por suas escolhas, não importando em que circunstâncias elas se deram. A possibilidade de "escolher" já seria, em si mesma, o exercício da liberdade. Vemos que alguns pressupostos caros ao liberalismo atravessam a fala desse grupo: o sucesso e o fracasso se devem, de maneira geral, ao esforço individual e às escolhas feitas ao longo da história de vida, muito mais do que ao contexto em que essas escolhas se realizam.

Já os jovens do grupo de teatro e do colégio federal se dedicaram a discutir se Kelly foi livre ou não para decidir sobre abandonar a escola quando era criança. Os participantes desses dois grupos trouxeram o contexto em que Kelly vivia, os problemas que estava enfrentando, para a discussão:

Aqui diz que ela teve que parar de estudar, não foi uma opção. Ela teve que ajudar a mãe a cuidar dos irmãos, então ela não tinha como falar assim: "não, eu escolho estudar, eu vou estudar, se vira e vai pagar alguém pra cuidar desses pestes, que eu não quero, eu quero estudar". Ela não teve essa liberdade pra poder escolher. Entendeu? E também não teve liberdade de escolher um emprego e lutar por um emprego. Lutar que eu digo é poder ir atrás e conseguir. Ela não sabia escrever... (Garota, 18 anos, GT)

> Uma decisão que ela não tinha muito como não tomar... Nem foi ela que tomou, tomaram por ela. A partir do momento que a mãe dela teve mais filhos do que poderia sustentar, ela acaba condenando os que ela já tinha a levar uma vida bem mais prejudicada... E... pelo próprio contexto em que a Kelly nasceu, ela já tem a liberdade um pouco cerceada. Se ela tem várias crianças que dependem dela, tem certos luxos que ela não pode se dar. Como, por exemplo, estudar. (Garota, 17 anos, CF)

As duas jovens tratam da noção de liberdade aqui como "liberdade de poder fazer escolhas". Entretanto, são escolhas que não se dão em condições puramente formais, nem dependem exclusivamente do sujeito que escolhe. Elas enfatizam, em suas falas, que tais circunstâncias são importantes para se entender o que se passou, e mesmo para não se responsabilizar exclusivamente a personagem pelas consequências do abandono escolar. É o que podemos apreender da fala de duas jovens do colégio federal:

> A mãe escolheu sacrificar uma filha pelos outros. [Outra jovem diz:] Que nem a gente tinha conversado antes, o fato de ser menor de idade, sabe? Você vai estar sempre ocupando o tempo de alguém com você e vai estar sempre dependendo de outra pessoa. Se ela fosse maior de idade, mesmo sendo os irmãos dela, ela não seria *obrigada* a cuidar deles se ela tivesse os estudos dela. (Garotas, 17 e 14 anos, CF; grifo meu)

Alguns jovens se colocaram mais próximos dessa compreensão da situação vivida por Kelly. Mesmo assim, muitos foram críticos em relação ao tempo que Kelly levou para perceber que algo que se passou com ela quando criança (e, segundo muitos dos participantes, quando ela não poderia entender claramente os efeitos negativos que o abandono escolar teria em sua vida) poderia atrapalhá-la. Para esses jovens, a personagem deveria voltar o quanto antes para os estudos. Essas falas demonstram que os participantes apostavam que Kelly pudesse ser dona dos rumos de sua vida, quando ela poderia tomar decisões por si mesma e, assim, definir seu futuro com mais propriedade:

> Eu acho que ela deve voltar para a escola. Porque o que adianta? Vamos supor que ela trabalhe numa lanchonete de esquina. Aí ela vai trabalhar até os 23 anos, mas vai continuar numa favela. Ela não vai crescer. E no dia que o dono cansar dela? Aí ela vai estar velha para o mercado de trabalho e ainda é analfabeta. Nem pra empregada doméstica ela vai servir! Como é que ela vai pegar recado, anotar as coisas, pegar um ônibus, pagar uma fatura? Então eu acho que ela deve ir pra escola. Ou então ela sobe o morro, casa com um bandido e pronto [fala em tom irônico]. Isso já é normal hoje em dia. (Garoto, 17 anos, IE)

> Essa história aí de não saber escrever... Então ela nunca estudou, né? Porque, tipo assim, os irmãos dela iam crescendo, crescendo. Com cinco, seis anos, as crianças já tinham uma noção [já eram grandinhas], e ela podia muito bem deixar as crianças na creche de dia inteiro e ir estudar. (Garota, 15 anos, GT)

Essa última fala é bem interessante porque propõe uma saída para uma possível armadilha da situação apresentada: se consideramos apenas o fato de que a personagem não podia decidir sobre o futuro de seus estudos por ser criança, contrapondo essa situação de submissão de Kelly ao momento em que a personagem tem 18 anos e quer um emprego, perdemos um longo período entre os dois momentos, quando a personagem poderia ter se dado conta dos prejuízos que a falta de estudos lhe traria e, com isso, poderia ter se matriculado novamente na escola. Assim, a questão da liberdade parece se deslocar de *poder exercer a escolha livremente* para *implicar-se numa escolha a ser feita*. Nesse último caso, é apenas ao dar-se conta de como o estudo tem importância para a realização pessoal, para a independência individual, que ele aparece como algo que deve ser "escolhido" na vida da personagem. Uma jovem do colégio federal, de 14 anos, ressalta essa importância do estudo para o exercício da independência individual: "Não tem como viver, ser independente, sem saber ler e escrever, sabe? Você vai estar sempre dependendo de alguém, vai continuar sendo dependente...".

Outra participante, esta do instituto de educação, traz o caso do irmão, que acabou largando a escola. Ela recriminou a decisão dele, pois acha que já é muito difícil conseguir um trabalho tendo completado os estudos, mais ainda sem terminá-los.

Meu irmão também parou de estudar... Ele não gostava de estudar mesmo. Ele fez até o fim do ensino fundamental. Com 18 anos no ensino fundamental! Por causa de brincadeira, ele brigava muito também, na escola, muito mesmo, pegava lanche dos outros, coisa ridícula... Aí ele foi pra uma escola mais perto de casa, mas mesmo assim ele parou, não quis mais estudar. Mas aí é como eu disse pra ele: "um dia você vai precisar do seu estudo, você vai se arrepender, porque minha mãe te avisou e eu te avisei". (Garota, 17 anos, IE)

Tentando despertar no irmão a consciência de que o estudo será importante no futuro, mesmo que seja algo maçante ou sem sentido no presente, a jovem aposta na implicação do irmão nas escolhas e nas consequências de sua própria história. Nesse sentido, vale ressaltar que muitos participantes, em diferentes momentos e em diferentes grupos, afirmaram como característica do "ser jovem" alguma imprudência, alguma irresponsabilidade, uma "falta de consciência" sobre os efeitos das escolhas feitas no dia a dia. Essa caracterização chama a atenção, pois, ainda que os participantes se reconhecessem na categoria de "jovens", ao falarem da marca de irresponsabilidade da juventude, não pareciam estar falando de si mesmos. A afirmação da precipitação, da irreflexão e da inconsequência dos "jovens" era sempre seguida de exemplos de jovens que usam drogas, de desrespeito familiar, de abandono da escola, ou qualquer outra experiência que claramente (da perspectiva dos participantes) colocasse o jovem em risco. Mas os próprios participantes não pareciam se incluir nesses comportamentos. Assim, parece que essas falas se amparavam numa certa ideia de juventude — imatura, irresponsável, inconsequente — com a qual os próprios participantes não se identificavam.

SER JOVEM E SER LIVRE: UMA EQUAÇÃO POSSÍVEL?

Se a liberdade individual é um valor privilegiado em nossa sociedade, entre os jovens ela assume um estatuto peculiar. Ainda que a sociedade, de maneira geral, associe liberdade e juventude (a cultura do consumo sendo grande responsável por essa vinculação através da publicidade e dos objetos oferecidos incessantemente no mercado, que aliam o fetiche aos ideais de juventude e liberdade nos bens de consumo produzidos em larga escala), no que toca o exercício da liberdade enquanto direito, os jovens não se encontram em posição de gozar plenamente da liberdade.

Essa condição fica evidente nas falas discutidas neste capítulo. Os participantes apontaram reiteradamente situações em que, apesar de discordarem dos pais ou responsáveis, precisam acatar suas decisões, que dizem respeito às suas próprias vidas, uma vez que estão submetidos hierarquicamente a elas. Mas, ainda que se encontrem nessa condição de tutelados e/ou dependentes, os jovens se colocaram intensamente nos encontros, dispondo-se a avaliar as relações que entretêm com os adultos na família e na escola, a discutir os problemas que veem na maneira desses adultos lidarem com eles, refletindo sobre as dificuldades que podem ser enfrentadas por aqueles que ocupam o lugar de quem deve educar os mais novos.

Em estudo publicado recentemente (Castro et al., 2010), discutimos as dificuldades que crianças e jovens encontram para participarem efetivamente do cotidiano das escolas em que estudam. Em tempos de tecnologias altamente interativas, de mídias em tempo real, a escola parece, cada vez mais, um espaço desinvestido em nossa sociedade. A autoridade do professor, assim como a dos pais, parece ir perdendo o sentido, ainda que as relações hierárquicas continuem fazendo parte da longa trajetória percorrida pelos mais novos até o seu credenciamento como cidadãos. Como afirmamos no referido estudo, tal crise da autoridade no mundo moderno está relacionada ao projeto iluminista de abolir a dominação dos homens por leis e regras arbitrárias ou dogmáticas, que não fossem fundadas na Razão.

> Esse efeito pode ser sentido especialmente nas relações familiares e educacionais. O mote da filosofia iluminista de desenraizamento das tradições se realiza de maneira perturbadora nos conflitos geracionais e hierárquicos que hoje se dão, de um lado, entre pais e professores que não se sentem respeitados, e, do outro, entre filhos e alunos que não os reconhecem como figuras de autoridade, e se sentem injustiçados por suas decisões. [...] Nessas relações hierárquicas a estrutura de subordinação permanece; no entanto, os indivíduos não encontram mais uma justificativa última que possa servir de fundamento à relação de autoridade. No mundo contemporâneo, que se constituiu recusando o divino e a tradição como fundamentos e afirmando a liberdade e a igualdade entre os homens, obedecer a professores e à família pode parecer, a crianças e jovens, uma exigência muitas vezes sem sentido, já que a autoridade atribuída a eles carece, então, de um fundamento que a justifique. (Castro et al., 2010:51)

Assim, não é de estranhar que os jovens participantes das oficinas tenham levantado tantos questionamentos em relação às regras, definidas pelos mais velhos, que são obrigados a aceitar. Em nossa sociedade, que tem seus principais valores oriundos da modernidade, a liberdade dos cidadãos é um valor muito importante. Entretanto, crianças e jovens (assim como tantas outras minorias) não possuem as características estabelecidas para terem acesso à liberdade, ainda que a reconheçam como um valor. Como pudemos ver neste capítulo, aí residem muitas das condições para os conflitos entre jovens e adultos, filhos e pais, estudantes e professores.

Uma pergunta, entretanto, que permanece ecoando após a leitura de tantas falas que se queixam da pouca liberdade é: se os jovens não podem ser plenamente livres porque lhes faltam certos atributos, será que, quando adultos, se livrarão das dificuldades por eles apontadas no exercício da liberdade? Como discuti no capítulo anterior, essas dificuldades não estão relacionadas ao fato de um sujeito ser adulto ou jovem, mas sim à convivência inevitável com o outro que se presentifica na ação livre. A esse respeito, o que argumentei ao longo deste livro é que a teoria liberal, assim como as teorias psicológicas do desenvolvimento e da socialização, não parece contribuir para o entendimento das relações intersubjetivas entre pessoas livres. Ao contrário, através do estímulo à individualização, à competição, à privatização dos interesses, essas teorias só vêm afastar a discussão da liberdade do campo da coletividade, da esfera pública, da relação com o outro e daquilo que defini neste trabalho como campo da política.

Aproximar a discussão da liberdade ao campo da política — numa acepção de política que requer a convivência com o outro e se estabelece através do dissenso — ajuda a pensar como outros sujeitos que não o indivíduo exaltado pelo liberalismo (independente, autocentrado, racional) experienciam a liberdade. A análise das falas dos jovens participantes evidenciou que a questão da liberdade está muito mais próxima da experiência do desentendimento e do conflito do que da realização do consenso e do cultivo individual da tolerância, ensejados pela teoria liberal. Assim, proponho que a liberdade seja pensada, enquanto conceito, como exercício *potencialmente político*, e não simplesmente como a posse de um atributo individual.

CONSIDERAÇÕES FINAIS

A palavra "liberdade" evoca sentimentos e ideias relacionados à plenitude e à felicidade, a direitos e a conquistas. Mas, como explorei neste trabalho, ela provoca, acima de tudo, conflitos, desentendimentos, embates. As perturbações causadas pela liberdade podem ficar restritas às relações íntimas ou ocorrer entre pessoas que não se conhecem, mas que dividem os mesmos espaços. E podem ganhar corpo e marcar diferenças que não são apenas modos distintos de viver, mas são atravessadas por relações de opressão, nas quais determinadas posições são tomadas como *ilegítimas*, ou *incapazes* para o exercício da liberdade. Em todas essas situações, a tensão, e não a harmonia; o dissenso, e não o consenso; o incômodo, e não a conformidade são marcas da experiência de liberdade.

Este livro parte de uma crítica à abordagem que a teoria liberal faz da ideia de liberdade como liberdade negativa, promovendo sua individualização. Com isso, a dimensão privada ganha prioridade em relação à esfera pública, como se esta tivesse que estar regida pelos valores cultivados pela vida privada, como o culto ao indivíduo e à intimidade, a valorização da sociabilidade em detrimento do engajamento em questões coletivas, o respeito às liberdades individuais. Discuti as características do conceito de liberdade na teoria liberal para, em seguida, apresentar os problemas gerados por essa perspectiva sobre o problema da liberdade, especialmente no que se refere à pouca atenção dada aos conflitos que surgem na convivência com o outro, seja no espaço público, seja no espaço privado.

Outra questão que abordei em relação a esse conceito de liberdade foi a definição de sujeito que ela implica. É crucial destacar que a noção de liberdade negativa pressupõe o dualismo mente *versus* corpo, tão caro à filosofia, em que a primeira seria a dimensão em que se realiza o livre arbítrio, e o segundo seria a materialidade que o limita, impondo obstáculos de finitude, incapacidade ou de determinismo físico ao pensamento racional e autônomo.

Se, à primeira vista, o conceito de liberdade negativa parece não reproduzir essa dicotomia por estipular que um sujeito é livre quando ele age livremente (a própria ação traz em si a dimensão corporal), isto é, sem que nada se anteponha à sua vontade, em minha análise discuti que a concepção de corpo que age livremente é definida, pela teoria liberal, a partir de um referencial universalizante. E esse referencial está comprometido com a perspectiva masculina, adulta, ocidental. Assim, a mulher, com seu corpo significado por valores não masculinos como a afetividade, a fragilidade, a dependência, a permeabilidade, considerados de outra ordem que não a racional (quando não de outra natureza); as culturas ditas não civilizadas, com seus corpos que portam outras marcas culturais (valores, limites, hábitos, crenças); e as crianças e os jovens, com seus corpos tomados em defasagem em relação ao corpo adulto, aquém das capacidades maduras e desenvolvidas; todos esses corpos que não se enquadram no ideal universal estão à margem, ficam de fora das condições pressupostas pela teoria liberal para o exercício da liberdade.

Considerações finais

A psicologia do desenvolvimento, partilhando desse referencial universalizante, destaca-se na tarefa de estudar a criança e o jovem como sujeitos em formação, como "ainda não sujeitos". Essa abordagem tem sido responsável por alimentar a ideia de que crianças e jovens se encontram naturalmente despreparados para agir propriamente na sociedade. Sua participação, quando ocorre, é regulada e tutelada pelos adultos, e pouco levada em consideração na hora da tomada de decisões importantes que, frequentemente, afetam os mais novos.

Dentre todas as características da socialização que são oferecidas em nossa sociedade para as gerações mais novas, talvez a que mais diga respeito ao problema da liberdade seja a da produção individualizante que ela propõe aos sujeitos em formação. O caminho que se coloca para estudantes – assim como para trabalhadores, consumidores, amantes, e todas as posições que podem ser ocupadas pelos sujeitos na contemporaneidade – é um caminho individual, em que os sucessos e os fracassos são imputados ao indivíduo, acima de qualquer contexto. Por mais que se viva hoje um momento (que já se perpetua por décadas) de crise da autoridade, a família e a escola ainda têm um papel determinante na manutenção desse processo de socialização pautado pelo ideal de sujeitos independentes, autônomos, livres. Nas oficinas com os jovens, vimos como essa exigência se fez presente em suas falas e em seus anseios, e acompanhamos as dificuldades que surgem para eles como verdadeiros obstáculos à concretização desse projeto: a preocupação e as proibições excessivas dos pais; a dependência econômica em relação à família; o longo caminho de instrução formal que precisam trilhar até conquistarem uma profissão; e, em última instância, a relação com outras pessoas, que acabaria por dificultar ou mesmo impossibilitar uma liberdade completa, plena.

Nas falas dos jovens, muitos conflitos foram enunciados, assim como ficou evidente a inconformidade sentida pelos participantes ao terem que se submeter a regras e ordens com as quais não concordam. Nas inúmeras situações relatadas, a liberdade apareceu como um mote para os jovens falarem daquilo que não compreendem, daquilo que os angustia. Além disso, a própria questão do que significa a liberdade levou os jovens a falarem sobre as dificuldades que encontram no convívio com outras pessoas – sejam familiares, amigos, conhecidos ou estranhos. Suas falas foram, num primeiro momento, muito críticas em relação à figura do outro. Como discuti, o outro apareceu recorrentemente nas oficinas como aquele que limita, que perturba a liberdade individual. Além disso, foram muito poucas as falas que deslocaram o incômodo presente no exercício da liberdade: os jovens praticamente não colocaram como tema de conversa a possibilidade de que eles mesmos façam algo que incomode ou que atrapalhe a liberdade do outro. Nesse sentido, ficou evidente a marca da liberdade como atributo e direito individuais, o que dificulta, inclusive, que o outro seja visto como alguém que também é livre.

Mas colocar o outro como um obstáculo à liberdade individual não foi a única maneira de os jovens falarem sobre liberdade e sobre as relações intersubjetivas. Eles também ressaltaram a importância das relações com os demais para que suas vidas tenham sentido, para que o próprio exercício da liberdade não seja algo vazio. Com isso, os jovens produziram falas que estão em consonância com um dos argumentos centrais deste livro: que o estatuto da relação com o outro na experiência de liberdade precisa ser positivado, realçado e discutido para que a liberdade seja pensada em sua complexidade. Afirmar isso é reconhecer que, de saída, é preciso lidar com o outro na ação livre e que, por conseguinte, a ação livre é sempre limitada. Como os jovens participantes desse estudo destacaram, não faz sentido falar em "liberdade plena" se estamos, dia a dia, a cada momento, enredados com outras pessoas, envolvidos em decisões e atos de outros sujeitos, sobre os quais não temos controle. Não se trata de negar a relação com o outro para que se possa alcançar a máxima liberdade (essa negação se faz, tantas vezes, sob o ideal de independência, por exemplo). O que procurei explorar nas falas dos jovens, a partir da perspectiva teórica discutida nos primeiros capítulos, foi a positividade da relação com o outro, dos constrangimentos, dos conflitos e dos dissensos para a discussão da liberdade. Especificamente em relação ao constrangimento, vale ressaltar que esse tema esteve muito presente nas falas dos jovens. A liberdade foi discutida por eles por meio da enunciação dos constrangimentos vividos. Entretanto, percebemos que, para além do sentido de "limite à liberdade individual" que esses constrangimentos apontaram, os jovens reconhecem que eles conferem sentido à liberdade que se experimenta ou que se deseja experimentar: seja na forma de leis, de regras, de proibições dos pais ou da liberdade do outro que limita a liberdade do sujeito, é no encontro com esses constrangimentos que a liberdade se configura como uma experiência que pode ser significada por eles, dizendo respeito ao que eles desejam, ao que eles são, ao que querem com suas ações.

Uma consequência considerável da problematização da liberdade, nos termos que propus neste trabalho, é que a psicologia pode ganhar um papel privilegiado na discussão da liberdade quando esta é remetida à relação com o outro e pensada sob a perspectiva do conflito. Para tanto, é necessário que a psicologia não se coloque como uma disciplina que tem como dever zelar pela manutenção das posições sociais já estabelecidas, pela defesa dos processos de socialização e individualização vigentes, mas se coloque como um campo de saber que pode contribuir para o entendimento das relações entre pessoas, e entre instituições e pessoas, com toda a dimensão conflituosa e com as situações de opressão e de injustiça que constituem essas relações. Assim, é imprescindível pensar a liberdade para além do silenciamento das relações intersubjetivas e da normatização de sua experiência, como produtora de ruídos, de mal-estar e de estranhamento. Mais especificamente em relação ao tema deste livro, destaco uma questão que se coloca para a psicologia do desenvolvimento: como pensar a infância e a juventude sem propor a elas um processo de socialização exclusivamente voltado para a individualização e privatização dos sujeitos, e sem abdicar de discutir temas como liberdade e ação política? Certamente, esse problema ultrapassa a questão central deste estudo, mas permanece como um tema de reflexão para pesquisas futuras.

Meu interesse em aproximar a discussão da liberdade ao campo da política, distanciando-me das proposições liberais de liberdade negativa e de política como realização eficaz do consenso, esteve calcado no reconhecimento da complexidade do problema da liberdade e das dificuldades de se identificar e demarcar um "sujeito livre puro", como deseja a filosofia política. A discussão feita sobre o sentido de política, em que o dissenso é reconhecido como próprio da política, ofereceu outro referencial para pensarmos a liberdade: tomada como um problema *da* convivência humana, e não como uma prerrogativa individualizada, a liberdade cria perturbações na ordem estabelecida, gera impasses, exige posicionamentos que podem levar a ações coletivas e políticas. Esta não foi especificamente a proposta do trabalho de campo, mas considero que o modo como discuti a temática da liberdade a partir da relação com o outro, e da perturbação de si e do mundo, permite que ela se aproxime da discussão da política naquilo em que ambas trazem de conflituoso.

Ao intitular este livro *Liberdade, um problema do nosso tempo: os sentidos de liberdade para os jovens no contemporâneo*, fiz um recorte temporal que se refere à história de um Brasil recente, democratizado. Os jovens participantes dessa pesquisa nasceram todos num país democrático, com eleições livres, regido por uma constituição. Sem dúvidas, esse aspecto precisa ser considerado para que suas falas possam ser lidas não só na dinâmica dos grupos aqui descrita, mas também em seu contexto histórico: os jovens que, hoje, se veem às voltas com o problema da liberdade em suas vidas, nasceram num contexto em que as lutas pela liberdade política e pelas liberdades civis não são mais uma causa que mobiliza coletivamente a sociedade. Em nossa sociedade atual, marcada pela cultura do consumo e pelo afastamento dos indivíduos da vida política, a liberdade que vem em primeiro lugar é a liberdade privada, individual. Entretanto, as questões coletivas que, num passado tão próximo, ligaram intimamente os jovens e a liberdade, não estão silenciadas, resolvidas ou apagadas. Vemos essas questões emergirem aqui e acolá, em debates acalorados nos meios de comunicação, nas falas dos jovens, nas pautas das políticas públicas. A discussão sobre a diminuição da maioridade penal, a preparação dos jovens para uma entrada bem-sucedida no mercado de trabalho, a qualidade da educação pública, as políticas de segurança que têm entre jovens pobres seu maior alvo e suas maiores vítimas, todos esses são problemas que enfrentamos hoje e que nos remetem, em alguma medida, à questão da liberdade e sua articulação com a juventude.

Não podemos desconsiderar o passado histórico de nosso país. Se, por um lado, não foi possível trazê-lo mais explicitamente em minha argumentação, por outro, ele permanece como um pano de fundo para a questão aqui desenvolvida. Para me apropriar do tema da liberdade neste estudo, foi preciso percorrer vasta bibliografia estrangeira referente à consolidação da modernidade, às principais correntes de pensamento da liberdade, como a teoria liberal e o existencialismo, e mesmo aos grandes sistemas de pensamento da teoria política. Todo esse material foi muito importante para o entendimento de meu objeto de pesquisa, e são referências fundamentais no pensamento universitário brasileiro. Entretanto, impõe-se, como uma necessidade, em trabalhos futuros, pensar especificamente o contexto brasileiro, para que seja possível entender melhor o processo de formação de um sentido (ou de vários sentidos) de liberdade em nossa sociedade, pois há especificidades na história de nosso país que precisam ser trazidas para essa reflexão: os longos séculos de escravidão, as relações de subserviência e de autoritarismo nos espaços privados e públicos, o patriarcalismo e o machismo nas relações, e tantas outras características que marcam nossa formação como nação, e que merecem estudos mais detalhados.

Espero que o percurso teórico e os resultados apresentados neste livro levantem questões para a psicologia e para os estudos da infância e da juventude, e que possam oferecer novas perspectivas para a discussão do tema da liberdade – uma ideia tão valorizada em nossa sociedade contemporânea e de significados por vezes tão pouco discutidos.

REFERÊNCIAS

ACHBAR, M.; ABBOTT, J. (dir.). *A Corporação*. [Filme Cinematográfico]. Cor, 145'. Canadá, 2003.

ALANEN, L. Estudos feministas — estudos da infância: paralelos, ligações e perspectivas. In: CASTRO, L. R. (org.). *Crianças e jovens na construção da cultura*. Rio de Janeiro: NAU, 2001.

AMENÁBAR, A. (dir.). *Mar Adentro* [Filme Cinematográfico]. Cor, 125'. Espanha, 2004.

ANDERSON, P. Balanço do neoliberalismo. In: SADER; GENTILI. *Pós-neoliberalismo*: as políticas sociais e o Estado democrático. São Paulo: Paz e Terra, 1994.

ARENDT, H. *A condição humana*. Rio de Janeiro: Forense Universitária, 2001.

_____. *Entre o passado e o futuro*. São Paulo: Perspectiva, 1972.

_____. *On Violence*. Nova York: Harcourt Brace & Company, 1970.

AUDARD, C. *Qu'est-ce que le liberalisme?* Éthique, politique, société. Paris: Gallimard, 2009.

BAQUERO, R.; BAQUERO, M. Educando para a democracia: Valores democráticos partilhados por jovens porto-alegrenses. *Ciências Sociais em Perspectiva*, v. 6, n. 11, p. 139-153, 2007.

BARATA, A. Liberdade e má-fé. In: ALVES, P.; SANTOS, J. M.; FRANCO DE SÁ, A. *Humano e inumano*. Lisboa: Phainomenon, 2005.

BECK, U. (Ed.). *Liberdade ou capitalismo*: Ulrich Beck conversa com Johannes Willms. São Paulo: Unesp, 2003.

_____. *Hijos de la libertad*. México. D.F.: Fondo de Cultura Económica, 2002.

BECK, U.; BECK-GERNSHEIM, E. *Individualization*: Institutionalized Individualism and its Social and Political Consequences. Thousand Oaks, Califórnia: Sage, 2009.

_____; GIDDENS, A.; LASCH, C. *Modernização reflexiva*: política, tradição e estética na ordem social moderna. São Paulo: Unesp, 1997.

BENHABIB, S. The Generalized and the Concrete Other: The Kohlberg-Gilligan Controversy and Feminist Theory. In: _____; CORNELL, D. (ed.). *Feminism as a Critique*. Minneapolis: University of Minnesota Press, 1987. p. 77-95.

BERGER, P.; LUCKMANN, T. *A construção social da realidade*: tratado de sociologia do conhecimento. Petrópolis: Vozes, 2003.

BERLIN, I. Dois conceitos de liberdade. In: _____; HARDY, H.; HAUSHEER, R. (Ed.). *Estudos sobre a humanidade: uma antologia de ensaios / Isaiah Berlin*. São Paulo: Companhia das Letras, 2002, p. 226-272.

_____. Introdução. In: MILL, J. S. *A liberdade; utilitarismo*. São Paulo: Martins Fontes, 2000, p. VII - LIV.

_____. *Isaiah Berlin*: com toda liberdade. São Paulo: Perspectiva, 1996.

BIGNOTTO, N. Entre o público e o privado: aspectos do debate ético contemporâneo. In: DOMINGUES, I.; PINTO, P.; DUARTE, R. (org.). *Ética, política e cultura*. Belo Horizonte: Editora UFMG, 2002.

BOBBIO, N. *Liberalismo e democracia*. São Paulo: Brasiliense, 1990.

BRASIL. *Código Civil Brasileiro*. Disponível em: http://www.planalto.gov.br/ccivil_03/Leis/2002/L10406.htm. Acesso em: 21 jan. 2011.

BURMAN, E. *Deconstructing Developmental Psychology*. Londres: Routledge, 1994.

CANFORA, L. *Crítica da retórica democrática*. São Paulo: Estação Liberdade, 2007.

CANTO-SPERBER, M. *Dictionnaire d'éthique et de philosophie morale*. Paris: Presses Universitaires de France, 1996.

CASSIRER, E. *A filosofia do Iluminismo*. Campinas: Editora da Unicamp, 1997.

Referências

CASTRO, L. R. Participação política e juventude: do mal-estar à responsabilização pelo destino comum. *Revista Sociologia Política*, Curitiba, v. 16, n. 30, 2008, p. 253-268.

_____. Uma teoria da infância na contemporaneidade. In: _____. (ed.). *Infância e adolescência na cultura do consumo*. Rio de Janeiro: NAU, 1998. p. 23-53.

_____. Desenvolvimento humano: Uma perspectiva paradigmática sobre a temporalidade. *Psicologia: Reflexão e Crítica*, v. 5, n. 2, 1992, p. 99-110.

_____ et al. *Falatório*: participação e democracia na escola. Rio de Janeiro: Contracapa, 2010.

_____; BESSET, V. L. (org.) *Pesquisa-intervenção na infância e juventude*. Rio de Janeiro: NAU, 2008.

CONSTANT, B. Da liberdade dos antigos comparada à dos modernos. *Revista Filosofia Política*, n. 2, 1985, p. 9-75.

COOLE, D. Constructing and Deconstructing Liberty: A Feminist and Poststructuralist Analysis. *Political Studies*, v. 41, 1993, p. 83-95.

CORBIN, A. Bastidores. In: Perrot, M. (ed.). *História da vida privada*. São Paulo: Companhia das Letras, 2009, p. 387-572. V. 4: da Revolução Francesa à Primeira Guerra.

CRITCHLEY, S. *Infinitely Demanding*: Ethics of Commitment, Politics of Resistence. Londres: Verso, 2007.

_____. The Other's Decision in Me (What Are the Politics of Friendship?). *European Journal of Social Theory*, v. 1, n. 2, 1998, p. 259-279.

ELIASOPH, N. *Avoiding Politics*: How Americans Produce Apathy in Everyday Life. Cambridge: Cambridge University Press, 1998.

EWALD, A. Fenomenologia e existencialismo: articulando nexos, costurando sentidos. *Estudos e Pesquisas em Psicologia*, v. 8, n. 2, 2008, p. 149-165.

FEINBERG, J. Liberty. In: CRAIG, E. (ed.). *Routledge Encyclopedia of Philosophy*. Londres: Routledge, 1998. V. 3, p. 753-757.

FLANAGAN, C.; Gally, L. Reframing the Meaning of "Political" in Research with Adolescents. *Perspectives on Political Science*, v. 24, n. 1, 1995.

FOUCAULT, M. *Nacimiento de la biopolítica*: curso en Le Collège de France 1978-1979. Buenos Aires: Fondo de Cultura Económica, 2007.

FRIEDMAN, M. *Capitalismo e liberdade.* São Paulo: Abril Cultural, 1984.

FRIEDMAN, M.; BOLTE, A. Ethics and Feminism. In: ALCOFF, L.; KITTAY, E. (ed.), *The Blackwell Guide to Feminist Philosophy.* Malden: Blackwell Publishing, 2001. p. 81-101.

GALLACHER, L.-A.; GALLAGHER, M. Methodological Immaturity in Childhood Research? Thinking Through "Participatory Methods". *Childhood,* v. 15, n. 4, 2009, p. 499-516.

GIDDENS, A. *Between Left and Right:* The Future of Radical Politics. Cambridge: Polity, 1994.

GRONDONA, M. *Os pensadores da liberdade*: de John Locke a Robert Nozick. São Paulo: Mandarim, 2000.

HABERMAS, J. *A inclusão do outro*: estudos de teoria política. São Paulo: Edições Loyola, 2007.

_____. *O futuro da natureza humana.* São Paulo: Martins Fontes, 2004.

_____. *Mudança estrutural da esfera pública*: investigações quanto a uma categoria da sociedade burguesa. Rio de Janeiro: Tempo Brasileiro, 2003.

HAYEK, F. *Os fundamentos da liberdade.* São Paulo: Visão, 1983.

HERZOG, A. Is Liberalism "All We Need"? Lévinas's Politics of Surplus. *Political Theory,* v. 30, n. 2, 2002.

HILL, M. Children's Voices on Ways of Having a Voice: Children's and Young People's Perspectives on Methods Used in Research and Consultation. *Childhood,* v. 13, n. 1, 2006, p. 69-89.

KOLM, S.-C. *Estudos sobre a humanidade* — uma antologia de ensaios. São Paulo: Companhia das Letras, 2002.

_____. *Le Liberalisme moderne.* Paris: Presses Universitaires de France, 1984.

LEFORT, C. *Essais sur le politique: XIXème-XXème siècles.* Paris: Éditions Du Seuil, 1986.

LEGROS, R. *L'Idée d'humanité* — Introduction a la phenomenologie. Paris: Bernard Grasset, 1990.

LÉVINAS, E. *Entre nós*: ensaios sobre a alteridade. Petrópolis: Vozes, 2004.

_____. *Humanismo do outro homem.* Petrópolis: Vozes, 1993.

Referências

LOCKE, J. *The Works of John Locke in Nine Volumes.* V. 8 (Some Thoughts Concerning Education, Posthumous Works, Familiar Letters) ([1690] 1824). Disponível em: http://oll.libertyfund.org/title/1444 on 2010-09-18. Acesso em: set. 2010.

MATTOS, A. R. *Fazer escolhas, ser você mesmo, ter personalidade*: um estudo sobre a experiência de liberdade de jovens cariocas na contemporaneidade. 2007. Dissertação (Mestrado em Psicologia) — Programa de Pós-Graduação em Psicologia, Universidade Federal do Rio de Janeiro. Rio de Janeiro, 2007.

_____; CASTRO, L. R. Ser livre para consumir ou consumir para ser livre? Descaminhos e invenções de jovens cariocas. *Psicologia em Revista*, v. 14, n. 1, 2008, p. 151-170.

MERQUIOR, J. G. *O liberalismo* — antigo e moderno. Rio de Janeiro: Nova Fronteira, 1991.

MILL, J. S. *A liberdade; utilitarismo.* São Paulo: Martins Fontes, 2000 [1859].

MONTEIRO, R. A.; CASTRO, L. R. A concepção de cidadania como conjunto de direitos e sua implicação para a cidadania de crianças e jovens. *Psicologia Política*, v. 8, n. 16, 2008, p. 271-284.

MOREIRA, J. O.; MORO, U. V. A concepção de subjetividade em Lévinas: da solidão da hipóstase ao encontro com a alteridade. *Educação e Filosofia*, v. 24, n. 47, 2010, p. 55-72.

MOUFFE, C. *The Democratic Paradox.* Londres; Nova York: Verso, 2009.

_____. *Por um modelo agonístico de democracia.* Lisboa: Livraria Pretexto Editora, 2005-2006.

_____. *The Return of the Political.* Londres; Nova York: Verso, 2005a.

_____. *On the Political.* Nova York: Routledge, 2005b.

_____. Deconstruction, Pragmatism and the Politics of Democracy. In: MOUFFE, C. (ed.). *Deconstruction and Pragmatism.* Londres: Routledge, 1996, p. 1-12.

MUSSEN, P.; CONGER, J.; KAGAN, J. *Desenvolvimento e personalidade da criança.* São Paulo: Harper & Row do Brasil, 1977.

PERDIGÃO, P. *Existência e liberdade.* Porto Alegre: L&PM, 1995.

PIAGET, J. *O julgamento moral na criança.* São Paulo: Mestre Jou, 1977.

_____. *Seis estudos de psicologia*. Rio de Janeiro: Forense-Universitária, 1986.

PIAGET, J.; INHELDER, B. *A psicologia da criança*. Rio de Janeiro: Difel, 1978.

POLLETTA, F. *Freedom Is an Endless Meeting*: Democracy in American Social Movements. Chicago: The University of Chicago Press, 2002.

RANCIÈRE, J. Interview with Jacques Rancière, Conducted by Lawrence Liang. Kafila, Déli, n. p., 12 fev. 2009. Disponível em: http://kafila.org/2009/02/12/interview-with-jacques-ranciere. Acesso em: 7 jan. 2010.

_____. *El odio a la democracia*. Buenos Aires: Amorrortu, 2006.

_____. *O desentendimento*. São Paulo: Editora 34, 1996b.

_____. O dissenso. In: NOVAES, A. *A crise da razão*. São Paulo: Companhia das Letras, 1996a. p. 367-382

_____. Ten Theses on Politics. *Theory & Event*, v. 5, n. 3, 2001.

RIVELAYGUE, J. *Leçons de métaphysique allemande*. — Paris: Bernard Grasset, 1992. Tomo 2: Kant, Heidegger, Habermas.

RORTY, R. *Objectivity, Relativism, and Truth: Philosophical Papers*. Nova York: Cambridge University Press, 1991. V. 1.

_____. *Pragmatismo*: a filosofia da criação e da mudança. Belo Horizonte: Editora UFMG, 2000.

ROUSSEAU, J.-J. *Emílio ou Da educação*. São Paulo: Difusão Europeia do Livro, 1973[1762].

SARTORI, G. *A teoria da democracia revisitada*. São Paulo: Ática, 1994.

SARTRE, J.-P. O existencialismo é um humanismo. In: _____. *Os Pensadores*. São Paulo: Nova Cultural, 1987, p. 2-32.

_____. *O ser e o nada*. Petrópolis: Vozes, 2005.

SILVA, J. C. *Liberalismo*: afirmação e contenção da liberdade. São Paulo: Faculdade de Filosofia, Letras e Ciências Humanas da Universidade de São Paulo, 2003.

TAVAILLOT, P.-H. Fundação democrática e autocrítica liberal: Sieyès e Constant. In: Renault, A. *História da filosofia política*. Lisboa: Instituto Piaget, 2000. V. 4, p. 83-106.

TOCQUEVILLE, A. d. *A democracia na América* — sentimentos e opiniões. São Paulo: Martins Fontes, 2000.

TRIER, L. v. (dir.). *Dogville* [Filme Cinematográfico]. Cor, 178'. Bélgica, 2003.

_____. (dir.). *Manderlay* [Filme Cinematográfico]. Cor, 139'. Dinamarca, 2005.

WALKER, M. Moral Psychology. In: ALCOFF, L.; KITTAY, E. (Ed.), *The Blackwell Guide to Feminist Philosophy*. Malden: Blackwell Publishing, 2007, p. 102-115.

WALLON, H. *As origens do pensamento na criança*. São Paulo: Manole, 1989.

WATTS, R.; FLANAGAN, C. Pushing the Envelope on Youth Civic Engagement: A Developmental and Liberation Psychology Perspective. *Journal of Community Psychology*, v. 35, n. 6, 2007, p. 779-792.

WEBER, M. *A ética protestante e o espírito do capitalismo*. São Paulo: Martin Claret, 2001. [1905]

Este livro foi produzido nas
oficinas da Imos Gráfica e Editora na
cidade do Rio de Janeiro